[期货投资者教育系列丛书]

菜 籽 油

中国期货业协会 编

中国财政经济出版社

图书在版编目（CIP）数据

菜籽油/中国期货业协会编. —北京：中国财政经济出版社，2010.3
（期货投资者教育系列丛书）
ISBN 978-7-5095-2025-3

Ⅰ.菜…　Ⅱ.中…　Ⅲ.菜籽油-期货交易-基本知识　Ⅳ.F830.9

中国版本图书馆 CIP 数据核字（2010）第 024810 号

责任编辑：马　真　　　　责任校对：胡永立
封面设计：陈　瑶　　　　版式设计：孙俪铭

中国财政经济出版社出版

URL：http：//www.cfeph.cn
E-mail：cfeph@cfeph.cn

社址：北京市海淀区阜成路甲 28 号　邮政编码：100142
发行处电话：88190406　财经书店电话：64033436
北京富生印刷厂印刷　　各地新华书店经销
787×1092 毫米　16 开　20.25 印张　320 000 字
2010 年 5 月第 1 版　2012 年 3 月北京第 3 次印刷
定价：40.00 元
ISBN 978-7-5095-2025-3/S·0022
（图书出现印装问题，本社负责调换）
本社质量投诉电话：010-88190744

期货投资者教育系列丛书编委会

总 序 言

近年来，在党中央国务院的正确领导下，随着《国务院关于推进资本市场改革开放和稳定发展的若干意见》的深入贯彻落实，我国期货市场取得了稳步较快发展的良好局面。但是由于当前我国期货市场“新兴加转轨”的特征依然突出，市场制度和结构仍存在缺陷，风险防范和化解的自我调节机制尚未完全形成，市场主体发育不成熟，我国期货市场的整体波动和投机性仍较强，这些都对期货市场的改革发展提出了新的挑战。

与此同时，在新的市场环境和对外开放的条件下，随着我国期货市场规模的不断发展壮大，国内市场与国际市场的联系日趋紧密，影响期货市场运行的外部因素也更为多样化和复杂化，由美国次级债危机引发的国际金融市场动荡不安，国内外商品市场价格频繁而剧烈的波动，都增加了期货市场风险控制和日常监管的难度，给我国期货市场的稳定、健康的运行带来了新的挑战。

在这样一个新的形势下，期货市场的持续活跃和规范运作吸引了许多新的市场参与者，期货市场的开户数快速增长，特别是新入市的个人投资者比重较大且呈持续上升趋势。大宗商品和资产价格的频繁剧烈波动也使越来越多的企业开始意识到利用期货市场进行风险管理的重要性。但是由于对期货市场的交易特点和运行机制缺乏详细了解，同时风险意识淡薄，受期货高杠杆高回报的诱惑，而忽视了期货的高风险特征，导致了非理性投资行为上升，产生了不必要的损失。投资者是期货市场的重要主体，期货市场的发展离不开投资者的积极参与，特别是成熟投资者的参与。因此，在当前我国期货市场的快速发展时期，做好投资者教育工作更加意义深远。

做好投资者教育工作，既是保护投资者合法权益，促进期货市场稳步发展的客观需要，也是加强我国期货市场建设、促进市场稳定运行的关键环节。持续不断地开展行之有效的投资者教育活动，使投资者了解期货高杠杆、高风险的特点，了解期货市场的产品及交易规则，减少投资者的盲目性，特别是牢固树立“买者自负”的风险意识，从而理性的参与期货交易，增强投资者的自我保护能力，才是对投资者最好、最有效的保护。同时，通过投资者教育，有助于投资者客观、正确地认识和参与期货市场，可以进一步促进培育诚实守信、理性健康的市场文化，促进期货市场功能的有效发挥和市场的平稳有序运行。期货市场的投资者教育工作任重而道远，是一项长期的、系统性的工程，需要持之以恒地开展下去。

近年来，围绕投资者教育工作，期货市场的监管部门、自律组织与中介机构都深入进行了形式多样、内容丰富和卓有成效的大量工作。由中国期货业协会组织编写的这一套《期货投资者教育丛书》就是协会按照中国证监会的统一部署，贯彻落实期货投资者教育工作的重要措施之一。该丛书作为期货市场第一套系统介绍我国上市期货品种的投资者教育普及读物和中国期货业协会期货投资者远程教育学院课程的基础性教材，以广大普通投资者为服务对象，兼顾了现货企业等专业机构的需求。本套丛书在体例上采取简单明了的问答体例，在语言上深入浅出，通俗易懂，可读性强。在内容上，丛书以“风险教育”为主线，不仅对国内上市的期货品种基本知识和交易规则进行了详细的介绍，更从期货品种相关的现货生产、加工、贸易和消费等产业链的各个环节对该产品的特性进行了系统的介绍，从而使得投资者能够得到更加全面、深刻的理解。同时，丛书还选取了大量包括套期保值、套利交易等典型实务操作案例，作为投资者了解和学习该产品的辅助材料，充分体现了丛书的实用性和可操作性特点。衷心地希望本丛书的出版能够为期货投资者了解期货市场，树立风险意识，理性参与交易提供有益的帮助。

姜　洋

2010 年 3 月

目　录

第一章
概　　述

【本章要点】

本章主要介绍了本书对于参与菜籽油期货交易的投资者的重要意义，简明阐述了菜籽油的基本属性和用途等基本知识；对全球菜籽油期货历史、现状、相关特点以及我国菜籽油期货上市的背景和意义作了深入浅出的讲解，并对相关政策作出介绍；帮助投资者了解参与菜籽油期货需要做好的必要准备。

一、参与菜籽油期货交易为什么需要阅读本书？

本书是《期货投资者教育系列丛书》中的一本，旨在对菜籽油期货的基础知识和常用技法作一个全面系统的介绍。参与菜籽油期货交易的人员有普通投资者、机构投资者，也有菜籽油行业的生产企业、加工企业及贸易企业。参与交易的目的，也不外乎投机套利和套期保值。本书针对不同参与主体的实际需要，分别介绍了相关的必备知识。

对于普通投资者，本书详细介绍了菜籽油产业链从生产、加工、贸易等各个环节的基本情况以及行业发展趋势、国家产业政策等内容，为投资者了解菜籽油产业的总体概况提供参考。同时，我们分析了产业链各个环节中对菜籽油市场价格构成影响的各种因素，这将有助于投资者在分析市场行情时能全面掌握各方面的情况。此外，我们还简要介绍了投机套利（特别是对菜籽油期货品种）需要了解的基本技巧、风控手段及相关注意事项，可以帮助初学者（或不熟悉菜籽油期货品种的人）掌握常用技术、避免常见失误。

对于菜籽油行业参与套期保值的企业，本书针对各类型企业不同的经营需要及风险成因，详细剖析了各类型企业利用菜籽油期货规避价格风险的基本原理，并通过众多的实际案例介绍了各种套期保值方案的具体操作方法。这些案例从各个侧面体现了在套期保值策略上不同企业作为买方和卖方的区别、大企业和小企业的区别、不同生产方式和经营方式的区别，让涉足这方面业务的企业能够尽快掌握基本的套期保值技术，并结合自身情况，选择相适应的套期保值对策。

本书立足于期货投资者基础教育，充分结合菜籽油期货的特点，重点介绍常用的市场分析方法及套期保值策略在菜籽油期货上的具体运用。有关分析侧重于实用性，可操作性强，内容深入浅出、通俗易懂。特别是针对不同投资者、不同企业（甚至是同一企业的不同经营情况），书中各个章节运用了大量的实际案例（案例数达到50个），来讲解各方面理论知识的操作方法。

因此，本书是初次参与菜籽油期货交易的投资者和实体企业的基础参考书。

二、菜籽油为什么这样香?

菜籽油就是我们俗称的菜油，又叫香菜油，是由油菜籽（含油约35%～42%）压榨或浸出而得。菜籽油为淡黄色油状液体，熔点约－9℃，碘价97～108。菜籽油的主要成分是油酸、亚油酸和亚麻酸的甘油三酸酯，富含维生素E、磷脂、蛋白质，是一种高品质的植物油。

我国在东汉时期就已开始种植油菜籽。到了宋代，菜籽油就已进入寻常百姓家庭。1000多年以来，名扬天下的中华美食就一直用菜籽油来烹饪，特别是以“色、香、味”著称于世的川菜，更是离不开菜籽油，原因是菜籽油能带来一种特别的香味，更能体现川菜的风味。

菜籽油色泽金黄或棕黄，有一定的刺激气味，民间叫作“青气味”，这是由于其中含有一定量的芥子甙所致。一些精炼菜籽油经提取后所含芥子甙极少，“青气味”就不明显。

菜籽油不仅有特别的香味，而且有很高的营养价值。

大家都知道，油酸、饱和脂肪酸含量多寡，是衡量食用油脂肪酸组成品质的重要指标。吸收过多的饱和脂肪酸易使胆固醇升高，患心血管病的危险增大。优质菜籽油的饱和脂肪酸含量只有7%，是大豆油的1/2，是猪油、棕榈油的1/7～1/6。优质菜籽油不饱和脂肪酸中的油酸含量仅次于橄榄油，平均含量在61%左右。此外，菜籽油所含有的对人体有益的油酸及亚油酸含量居各种植物油之冠。菜籽油所含胆固醇很少或几乎不含，所以控制胆固醇摄入量的人可以放心食用。

人体对菜籽油的吸收率很高，可达99%，因此它所含的亚油酸等不饱和脂肪酸和维生素E等营养成分能很好地被机体吸收，具有一定的软化血管、延缓衰老的功效。由于榨油的原料是植物的种实，一般会含有一定的种子磷脂，对血管、神经、大脑的发育也大有裨益。

近年来，随着大豆、豆油和棕榈油进口量大幅增长，我国菜籽油消费量逐年下降。专家认为，由于国外粮商强力推销，城乡居民食用油消费存在不少误区。因此，应让老百姓更多地了解菜籽油的营养特点，并积极倡导菜籽油消费。

三、除了食用外，您知道菜籽油还有哪些用途吗？

菜籽油是我国主要食用油之一，也是世界上第三大植物油，和豆油、葵花籽油、棕榈油一起，并列为世界四大油脂。

历史上，菜籽油不仅作为植物食用油使用，而且被广泛应用于照明、治病等方面。姚可成《食物本草》并谓菜籽油“敷头，令发长黑。行滞血，破冷气，消肿散结。治产难，产后心腹诸疾，赤丹热肿，金疮血痔”，李时珍《本草纲目》则谓油菜籽“炒过榨油，黄色，燃灯甚明，食之不及麻油。近人因油利，种植亦广云”。截至20世纪80年初，部分边远地区仍有使用菜籽油点灯照明的习惯。

进入工业化时代，菜籽油在工业上用途很广：可以制造人造奶油等食品，在铸钢工业中可以作为润滑油，在机械、橡胶、化工、塑料、油漆、纺织、制皂和医药等方面都有广泛的用途。油菜籽压榨之后得到的菜粕，蛋白质含量高达36%～38%，其营养价值与大豆粕相近，是良好的精饲料，广泛运用在淡水养殖业中。

另外，近几年兴起的生物柴油工程使菜籽油转化为生物柴油的比例逐年增加，成为石油柴油的理想替代品。

四、菜籽油期货的历史及现状是怎样的?

国际上是先有菜籽期货、后有菜籽油期货的。

菜籽是国际上比较成熟的期货品种之一。目前，国际上共有四个国家的交易所上市了菜籽期货，分别为加拿大温尼伯商品交易所（WCE)、法国国际期货交易所（MATIF，后与泛欧交易所合并为EURONEXT)、澳大利亚期货交易所（SFE）和印度多种商品交易所（MCX)。

各国菜籽期货是随着菜籽现货贸易的兴盛发展起来的。1963年，加拿大温尼伯商品交易所（WCE）率先在世界上推出了第一张菜籽期货合约。到了2006年，该交易所的菜籽期货交易总量达到2427297手，占世界菜籽交易量的85%以上，居世界第一。

1994年，法国国际期货交易所（MATIF）推出菜籽期货，2000年9月该交易所并入泛欧期货交易所（EURONEXT)，目前，菜籽期货合约是该交易所农产品期货合约中最活跃的合约，其期货价格在欧洲油脂油料市场具有一定的影响力。2005年，该交易所菜籽期货、期权交易总量达到129094手。

2001年，澳大利亚悉尼期货交易所（SFE，现并入澳大利亚证券交易所）上市了菜籽期货。2003年印度多种商品交易所（MCX)、全印商品衍生品交易所（NCDEX）和印度多种商品交易所（MCX）先后推出了菜籽期货。

随着菜籽期货市场的不断发展，菜籽期货价格越来越受到重视。国外贸易商们已习惯根据近交割月菜籽期货价格加上基差来确定现货贸易合同价，主产国政府也将菜籽期货价格作为制定相关政策的重要参考。

但是，实践证明，只有菜籽期货不足以满足产业链上相关现货企业保值的需要，上市菜籽油这一终端产品是市场发展的需要。长期以来，由于没有菜籽油期货，国际上的现货企业只好使用泛欧交易所的菜籽期货、芝加哥期货交易所豆油期货或者马来西亚衍生品交易所的毛棕榈油期货合约进行套期保值。由于豆油和棕榈油价格走势已经与欧洲的菜籽油价格出现严重背离，促使印度多种商品交易所（MCX，于 2003 年）和泛欧交易所（EURONEXT，于 2007 年 1 月）相继上市菜籽油期货。

我国郑州商品交易所（ZCE）在 2007 年 6 月 8 日推出菜籽油期货合约交易。

五、我国菜籽油期货上市的背景是什么？

菜籽油是我国第二大植物油品种，也是市场放开较早（1993 年）的植物油品种之一。菜籽油市场是一个竞争性市场，企业可以自由收购和销售油菜籽和菜籽油，一些基层粮管所受大型油厂的委托，也参与收购和短期储存。菜籽油加工和经营企业较多，生产和经营的集中度低。目前，国内国有、民营、外资、个体油厂众多。

多年来，菜籽油价格完全由市场供求关系决定，影响我国菜籽油价格的因素日益增多。我国农业种植结构调整，国内油菜籽种植面积和菜籽油产量波动较大。入世后，我国油脂和油料进出口量逐年增加，菜籽油价格受国际市场的影响程度越来越大。2006 年以后，我国取消了菜籽油进口配额，只征收 9% 的单一进口关税，菜籽油与世界市场联系更加紧密，受世界供求影响增大。此外，石油价格出现剧烈波动，菜籽油转化为生物柴油的比例逐年增加，生物柴油需求对我国菜籽油价格影响日益增大。

因此，我国为了争夺菜籽油的国际定价权，也为了给国内众多的贸易和生产企业提供一个规避风险的工具，决定推出菜籽油期货。

我国各级政府对发展农产品期货市场高度重视。中央连续两年的"一号文件"都明确提出发展农产品期货市场。地方政府和植物油行业协会对推出菜籽油期货非常支持。2001 年 7 月 26 日，中国植物油行业协会代表全国油脂油料行业向中国证监会提出了《关于大宗油脂油料进入期货市场的建议》，建议反映："由于我国油脂油料期货交易机制尚未建立，植物油企业不能利用期货交易套期保值，规避价格风险，以致生意越来越难做。"2002 年 2 月 28 日，河南省政府向国务院请示在郑州商品交易所上市油菜籽期货品种。2002 年 3 月 28 日，中国植物油行业协会向中国证监会提交了《关于油脂油料进入期货市场有关问题的报告》，报告指出："积极推动大宗油脂油料进入期货市场，是形势发展的需要。菜籽油等大宗油脂油料进入期货市场，是加快完善市场体系，建立健全市场机制，规范市场经济秩序和提高商业信誉的迫切要求，是业内绝大多数企业的强烈呼声。郑州地处油菜籽主产区（长江沿线及河南）的中心，就菜籽油期货交易来讲，可放在郑州商品交易所。"2003 年 1 月 22 日，安徽省政府请示国务院将油菜籽列入期货交易品种。2006 年 3 月，中国植物油协会会同河南省发改委向国家发改委提出上市菜籽油期货的请示。2006 年 9 月，中国植物油行业协会第四届会员大会将推动菜籽油期货尽快上市作为重要任务之一。2006 年 10 月 13 日，青海省政府向中国证监会发函支持上市菜籽油期货。

郑商所从 2001 年 8 月开始菜籽油期货课题研究，到上市之前的五年当中，课题小组成员深入菜籽油主产区和主销区进行实地考察和调研，先后走访了该地区的农业部门、粮食主管部门、生产企业、加工企业、经营企业、仓储企业、质检机构等上百个单位和企业，收集并分析了 3000 多个样品的检验数据，掌握了现货市场菜籽油质量水平和自然变异规律，也掌握了菜籽油生产、流通和消费的基本规律。在有关合约及制度设计过程中，郑商所借鉴了国外菜籽和菜籽油期货管理的成功经验，历经 16 次修改，建立了完善的保证金制度、涨跌停板制度、持仓限制制度、大户报告制度、强行平仓制度等国际上成熟的风险控制制度。这些制度可以有效地控制市场风险，保证菜籽油期货市场平稳运行。

在过去两年的市场运行中，菜籽油期货市场总体走势与现货市场高度一致，期货、现货价格相关性达到 0.97。而且，当价格出现某些转折时，期货市场往往能提前灵敏地反映市场的变化。

实践证明，菜籽油作为大宗商品，相关现货企业避险需求强烈，菜籽油期货合约、规则设计合理，贴近现货市场实际，适合我国油脂市场的基本国情，市场基础雄厚，发展前景广阔。两年来的健康发展和平稳运行表明，郑商所的菜籽油期货是成功的。

六、我国菜籽油期货上市的重大意义在哪里？

从以下几个方面看，我国推出菜籽油期货交易有着重大的意义：

（一）有利于确立我国在国际菜籽油市场中的定价权

目前，在世界菜籽主产国中，加拿大和欧盟已经成为菜籽和菜籽油的国际定价中心，拥有菜籽和菜籽油的国际定价权。

我国是世界菜籽、菜籽油第一大生产国和消费国，更应该拥有菜籽油的国际定价权。由于我国菜籽油现货价格存在地区差异，较为分散，难以形成定价中心。上市菜籽油期货，通过集中交易形成公开、透明、权威的菜籽油期货价格，有利于菜籽油的集中定价，尤其是扩大我国在国际植物油市场上的影响力，逐步确立在国际植物油市场上的定价权。

（二）有利于生产、经营和加工企业规避现货价格风险

菜籽油是植物油中生产和经营风险较大的品种。我国菜籽油现货价格波动较大。举例来看，1999 年 1 月我国四级菜籽油价格为每吨 8037 元，随后大幅下跌，2002 年 7 月下跌至每吨 4400 元，跌幅高达 45.2%；2004 年 3 月又上涨至每吨 7300 元左右，此后再次大幅下跌，2005 年 9 月跌至每吨 5200 元左右，2006 年 5 月 18 日，菜籽油价格跌至每吨 5120 元左右，2006 年 12 月份又上涨至每吨 7900 元左右。由于菜籽油价格大幅波动，很多菜籽油现货企业亏损严重，一些大型企业因无法偿还贷款而倒闭。上市菜籽油期货，生产、经营和加工企业可以利用期货市场开展套期保值业务，规避价格风险，锁定成本，实现预期利润。

（三）有利于增加农民收入，引导调整农业种植结构

油菜籽是我国中西部地区农村（湖北、安徽、湖南、四川、重庆等）与水稻轮作的主要经济作物，是农民脱贫致富和增加收入的重要农业品种之

一，其收入在中西部地区农民收入中占有相当重要的位置。上市菜籽油期货，形成真实反映市场供求信息和变化趋势的期货价格，通过期货价格引导作用，可以使农民减少种植菜籽的盲目性，获得良好的种植效益。同时，也有利于推进种植结构调整，提高我国农产品的竞争力，加快农业现代化进程，促进中西部地区农村经济的发展。因而，主产区政府都比较支持上市菜籽油期货。

（四）有利于完善植物油市场体系，健全市场运行机制

现货市场和期货市场都是现代市场经济体系的重要组成部分。上市菜籽油期货，建立由菜籽油现货市场和期货市场构成的市场体系，对于完善我国植物油市场体系，更好地发挥市场机制的基础性调节作用，提高植物油市场运行的效率和活力具有重要作用。同时，也有利于规范市场秩序，减缓价格波动对行业的不利影响，减少企业生产经营的盲目性，引导生产要素和资源在行业内合理配置。

（五）发现未来价格，为政府宏观调控提供参考

期货市场是通过公开、公平、透明的集中交易方式，通过对国内外影响价格的大量信息进行加工，进而对远期价格进行预测的经济行为，所形成的未来价格信号能够超前反映市场供需因素在未来一定时间的变化趋势，因而具有广泛性、权威性和预期性。上市菜籽油期货，政府及相关职能部门可以及时了解未来价格走势，及早调整和确定宏观经济政策，提高决策的效率和效果，引导企业调整生产经营规模和方向，使其符合宏观经济发展的需要。

七、菜籽油期货市场能为种植农户及实体企业带来哪些帮助?

菜籽油期货市场将为种植农户及实体企业带来以下几方面的帮助：

（一）菜籽油期货能够帮助种植农户调整种植结构

菜籽油期货为农民提供了明确的价格信号，增强了农民对油菜籽生产销售的掌控能力，通过直接或间接利用期货市场提前锁定未来销售价格，有助于解决农民“卖籽难、卖价低”的问题，实现农民增收。

（二）菜籽油期货能够帮助实体企业有效规避价格波动的巨大风险

规避价格风险是期货市场的基本功能之一。如前所述，菜籽油现货市场价格波动剧烈，企业经营风险加大，迫切需要借助期货市场来规避价格风险。

不同的企业有不同的避险需求，譬如菜籽油生产企业需要规避产品价格下跌的风险，而消费企业又需要规避原料价格上涨的风险。而且，同一个企业在不同的情况下也会形成不同的避险需求，譬如同样是菜籽油消费企业，该企业在有库存与没有库存时所面临的经营风险是不一样的，就需要有相应的套期保值对策。本书在第八章中将会通过众多的实际案例来详细介绍具体操作方法。

（三）菜籽油期货能够帮助实体企业制定生产经营计划，提高资金效率

发现价格是期货市场的另一个基本功能。菜籽油期货推出以后，由于期货价格综合反映市场的预期，期货市场形成的价格具有权威性和前瞻性，油菜籽种植农户可以利用期货价格信息制定种植计划、推算油菜籽的合理收购价，从而在与油菜籽收购商的谈判中掌握主动权。而实体企业可以利用期货价格走势制定远期采购和销售策略、安排相应资金，并通过套期保值锁定采购成本和订单利润，利用期货市场实现持续稳定经营。

目前，菜籽油期货已成为国内菜籽油产供销各方面形成价格预期、规避价格波动风险、制定经营销售策略的指导。本书将在第七章中对这个问题作详细说明。

（四）期货交易可以改变实体企业的贸易形式，增加盈利模式

菜籽油期货市场为实体企业（特别是贸易企业）提供了诸多新的贸易形式及盈利模式，譬如利用期货市场与现货市场的价差变化来进行期现套利，根据期货价格进行“点价交易”等。有关具体做法，本书将在后面的章节中予以介绍。

（五）期货市场可以帮助实体企业拓展资金供应渠道，实现融资目的

菜籽油期货还能为贸易商提供更多的融资渠道选择。充裕的流动资金，是一个企业维持正常经营活动的重要条件，而资金周转一直是中间贸易商的一大难题。目前，参与菜籽油期货正成为中间贸易商的重要融资渠道，已经有多家商业银行允许企业利用期货仓单质押的方式贷款。同时，由于期货能

有效地规避现货市场的价格波动，使得企业生产平稳进行，减少了企业的经营风险，参与期货套期保值交易的企业甚至能获得更高的银行授信额度。通畅的融资渠道、充裕的经营资金，为企业的进一步发展打下良好基础。

延伸阅读：

期货市场的两个基本功能是发现价格和规避风险，初学者需要了解这两个基本功能的意义，可以阅读本书附录1：什么是期货市场的发现价格功能？附录2：什么是期货市场的规避风险功能？

八、在参与菜籽油期货交易之前应做好哪些准备？

《礼记·中庸》里说过："凡事预则立，不预则废"。无论是普通投资者还是实体企业，在参与菜籽油期货交易之前，都应当做好各方面的准备，这样可以避免今后不必要的损失。

（一）企业必须明确自身参与菜籽油期货交易的目的及预期目标

如上所述，菜籽油期货可以为实体企业带来诸多帮助。作为企业本身，必须结合自身生产经营的具体情况和实际需求，明确参与菜籽油期货交易的目的及预期目标，制定相应的实施计划并予以严格执行。不少企业在参与交易之后往往随意改变初衷，原本是做套期保值的，眼看着价差变动潜在的盈利机会，轻易改变计划、参与投机交易，又没有掌握投机交易的基本技术，从而遭受损失。

（二）充分了解菜籽油期货交易规则

作为普通投资者，即使参与过其他期货品种的交易，在参与菜籽油期货交易之前，仍然应当充分了解菜籽油期货相关的交易规则以及风险控制管理办法。实践中，很多投资者对菜籽油期货的交易规则未充分了解，就急急忙忙参与交易，结果遭受不必要的损失。

举一个简单的例子，曾经有位投资者，在菜籽油期货价格跌破8000元/吨的时候想做空，就委托了一笔7999元/吨的空单，但是发现系统一直提示出错，最后向期货公司人员了解以后才发现菜籽油的最小变动价位是2元/

吨，7999 元/吨的委托价格根本就是一个非法的委托指令，白白错失了赚钱的机会。

（三）充分了解菜籽油价格的影响因素

初学者在参与菜籽油期货交易前，除了掌握常用的价格分析方法之外，还应充分了解影响菜籽油价格波动的各方面因素。例如库存变化数据、影响供给的因素、天气状况对油菜籽产量的影响、替代商品价格波动对菜籽油价格的影响等等。只有把常用分析方法与菜籽油期货的特点相结合，才有可能发现获利机会、避免交易失误。

本书从油菜籽种植开始，详细介绍了菜籽油生产、流通、消费、产业政策及行业前景等各个环节中可能对价格构成影响的基本情况。这些情况都是参与菜籽油期货所必备的知识。本书在第九章专门介绍了菜籽油期货价格影响因素。

此外，不同的品种有不同的关注焦点，或称“炒作题材”，本书也将在后面介绍菜籽油期货常见的热点、题材。

自 测 题（答案见本书最后）

一、填空题

1. 世界四大油脂包括豆油、葵花籽油、棕榈油和________。

2. 历史上，________不仅作为植物食用油使用，而且被广泛应用于照明、治病等方面。

3. 菜籽油期货于________年________月在郑商所正式挂盘交易。

4. 全球上市油菜籽类期货的交易所中，________期货交易所的菜籽油期货交易量位居第一。

5. 油菜籽压榨之后得到的菜粕，蛋白质含量为________。

6. 期货市场套期保值功能将帮助实体企业有效规避________的巨大风险。

7. 期货市场________功能将帮助实体企业制定生产经营计划、提高资金效率。

8. 参与菜籽油期货正成为中间贸易商的重要融资渠道，已经有多家商业银行允许企业利用_________的方式贷款。

二、判断题

1. 菜籽油是植物油中生产和经营风险较小的品种。（ ）
2. 我国是从西汉开始种植油菜籽的。（ ）
3. 油菜籽是我国中西部地区农村与水稻轮作的主要经济作物。（ ）
4. 国际上是先有菜籽期货、后有菜籽油期货的。（ ）
5. 我国推出菜籽油期货是为了争夺菜籽油的国际定价权，也为了给国内众多的贸易和生产企业提供一个规避风险的工具。（ ）
6. 菜籽油价格完全由市场供求关系决定，影响我国菜籽油价格的因素日益减少。（ ）

三、单选题

1. 我国菜籽主产区是（ ）。

A. 松花江流域　B. 黄河流域
C. 秦岭黄淮一带　D. 长江流域

2. 优质菜籽油的饱和脂肪酸含量只有7%，是大豆油的（ ）。

A. 1/3　B. 1/4　C. 1/5　D. 1/2

3. 1963 年，（ ）率先在世界上推出了第一张菜籽期货合约。

A. 加拿大温尼伯商品交易所（WCE）
B. 法国国际期货交易所
C. 澳大利亚期货交易所（SFE）
D. 印度多商品交易所（MCX）

4. （ ）年以后，我国取消了菜籽油进口配额，只征收9%的单一进口关税。

A. 2004　B. 2005　C. 2006　D. 2007

5. 在世界菜籽主产国中，（ ）已经成为菜籽和菜籽油的国际定价中心，拥有菜籽和菜籽油的国际定价权。

A. 加拿大和欧盟　B. 美国和欧盟
C. 加拿大和美国　D. 加拿大和印度

6. 近几年兴起的生物柴油工程使(　　)转化为生物柴油的比例逐年增加，成为石油柴油理想替代品。

A. 豆油　　B. 菜籽油

C. 棕榈油　　D. 葵花籽油

第二章 菜籽油期货的标准合约

【本章要点】

本章主要介绍了郑州商品交易所上市交易的菜籽油期货的标准合约，对合约的具体设计作了深入的分析和讲解，简要介绍了菜籽油期货交割的特点和交易的特点，揭示郑商所期货价格和现货价格之间的关系。帮助菜籽油期货投资者深入了解菜籽油期货。

一、郑州商品交易所的菜籽油期货合约是什么样子？

大家知道，期货交易是以期货合约为交易标的物，期货合约是由期货交易所统一制定的、规定在将来某一特定的时间和地点交割一定数量和质量商品的标准化合约。而菜籽油期货指的就是菜籽油的标准化合约。

我们来看看在郑商所挂牌上市的菜籽油期货合约是什么样子（表2－1）。

表 2－1 菜籽油期货标准合约

交易品种	菜籽油
交易单位	5 吨/手
报价单位	元（人民币）/吨
最小变动价位	2 元/吨
每日价格最大波动限制	不超过上一交易日结算价 ±4%
合约交割月份	1、3、5、7、9、11 月
交易时间	每周一至周五（北京时间 法定节假日除外）上午 9：00～11：30 下午 13：30～15：00
最后交易日	合约交割月份第 10 个交易日
最后交割日	合约交割月份第 12 个交易日
交割品级	基准交割品：符合《郑州商品交易所期货交易用菜籽油》（Q/ZSJ 003－2007）四级质量指标及《郑州商品交易所菜籽油交割细则》规定的菜籽油。替代品及升贴水：见《郑州商品交易所菜籽油交割细则》
交割地点	交易所指定交割仓库
最低交易保证金	合约价值的 5%
最高交易手续费	4 元/手（含风险准备金）
交割方式	实物交割
交易代码	RO
上市交易所	郑州商品交易所

资料来源：郑州商品交易所。

对于普通投资者，参与菜籽油期货交易以投机获利为目的，通常不涉及实物所有权的转移，只需要知道自己在市场上“转手”买进与卖出的，不是菜籽油的实物，而是上述这样一份具有标准内容和格式的“契约”。

对于菜籽油行业的各类企业，一旦需要通过期货市场来完成购买与销售，就要仔细阅读上述合约中有关“交割品级”、“交割地点”等部分的具体内容了。期货交易是高度标准化的交易形式，在交割品级、交割地点等方面都有严格的要求。如果不符合有关标准，将会蒙受较大的损失。因此，初次涉及实物交割的企业，一定要充分了解期货交易制度中有关实物交割环节的详细内容，并严格执行有关规定。在这方面，期货公司通常能提供具体的指导。

一个商品的期货交易能否取得成功，在很大程度上取决于其合约设计是否合理。下面我们将分别介绍郑商所菜籽油期货合约的几个重要特点——正是因为这些特点，现有的菜籽油期货市场能够为实体企业顺利参与期货交易创造良好条件，使期货价格能够真实、准确地反映现货市场的供求状况，从而保障了菜籽油期货市场的平稳运行，也为广大普通投资者提供了一个理性、健康的市场环境。

二、为什么菜籽油期货交易单位为5吨/手？

合约单位对市场流动性影响较大。国内外期货市场经验表明，合约单位小，有利于吸引客户参与。国际成熟期货市场不仅上市大合约，也上市同一品种的迷你合约（小合约），积极吸引客户参与。从国际市场运行情况来看，小合约的交易量和交易金额往往超过其大合约的交易量和交易金额。

由于我国客户总体实力较国外差，农产品期货市场中的客户实力更小，合约单位适当降低，有利于吸引客户参与。

三、为什么菜籽油期货合约交割月份为1、3、5、7、9、11月？

菜籽油合约的交割月份设计借鉴了国际通行的离散设计，有助于市场流动性的提高和套期保值交易，也符合我国菜籽油生产与消费的特点。

我国菜籽油是每年6月至9月集中加工，然后全年消费。6~9月菜籽油产量最大，10月到次年1月菜籽油消费量最大，价格波动也较大。

6月是新菜油上市第一个月，交货期限短，不宜作为合约交割月份；7月、9月是新菜籽油产量较大的月份，作为期货交割月份较为适宜；11月、1月是消费量较大、现货价格波动较大月份，作为期货交割月份，有利于套期保值和投资；受2月春节影响，2月作为合约月份很难活跃；5月作为交割月份的原因是，5 月是陈菜籽油仓单注销月份，仓单注销后，有利于新菜籽油入库。

四、为什么菜籽油期货的基准交割品为四级油?

郑商所上市的菜籽油期货的基准交割品是四级菜籽油（符合《郑州商品交易所期货交易用菜籽油》（Q/ZSJ 003－2007）四级质量指标及《郑州商品交易所菜籽油交割细则》规定），替代品为三级以上菜籽油，替代品不升贴水。这样的合约设计充分反映了我国菜籽油现货市场的生产与流通特点。

菜籽油分原油和成品油。原油不分等级，成品油分为四个等级（即一级、二级、三级和四级）。

菜籽原油不宜作为期货交易的标的物。菜籽原油杂质多，不易长期储藏，国内现货市场很少有原油大量储藏和贸易，仅有少量的进口菜籽油采用原油贸易方式。因此，原油不适宜作菜籽油期货的标的物。

四级菜籽油作为期货的基准交割品有以下理由：

（一）四级菜籽油的库存量大

国内菜籽油大多以四级油的形式储藏，主产销区国家储备和地方储备的菜籽油基本上都是四级菜籽油。

（二）四级菜籽油的贸易量大

据估计，我国四级菜籽油的贸易量占菜籽油现货贸易量的 80% 以上。四级油既是部分居民直接消费的成品油，也是一级菜籽油（原国标色拉油）精炼的原料。

（三）四级菜籽油价格是现货市场的基准价格

选择四级菜籽油作为基准交割品具有代表性，可以反映未来菜籽油价格的总体走势。

此外，郑商所规定一、二、三级菜籽油作为替代交割品，有助于扩大可供交割商品的数量。而对替代品不设升贴水，也是经过充分调研和研究后确定的。

1. 现货市场中，一级菜籽油价格高于四级菜籽油价格，但二者的价差不稳定，在不同厂家及不同时期，二者价差最高达到每吨400元以上，最低不足每吨100元。从加工来看，四级菜籽油精炼成一级菜籽油的成本大约为每吨200~300元；

2. 二、三级菜籽油价格也高于四级菜籽油价格，但现货市场二、三级菜籽油量很少，没有代表性的价格，很难确定与四级菜籽油的价差；

3. 一、二、三级菜籽油允许交割但不设升水，这样一来，期货价格正常时，一、二、三级菜级籽油不会进入期货市场替代交割，有利于交割品级的确定性（都是四级菜籽油）。而期货价格偏高时，一、二、三级菜籽油会进入期货市场替代交割，可供交割数量增加，有利于期现货价格趋合。

因此，一、二、三级菜籽油替代交割但不升水，既有利于交割品的确定性，又有利于期货价格在合理的区间波动和期货市场平稳运行。

五、菜籽油期货的交割制度有什么特点?

菜籽油期货的交割制度有以下三个特点：

（一）指定交割仓库的分布符合我国菜籽油的行业特点

目前，郑商所菜籽油期货指定交割仓库有14家，其中江苏3家、浙江1家、安徽1家、湖北3家、湖南3家、重庆1家、四川2家。这是因为：长江流域是我国菜籽油的主产销地，也是我国菜籽油贸易量最大的地区。菜籽油指定交割仓库选择在长江流域的上述省市，有助于菜籽油在期、现货市场之间的正常流动。

（二）菜籽油采用滚动交割制度

由于交割月保证金较高，仓单抵押取消后，如果采用集中交割，进入交割月卖方需要较多资金，承受较高的利息成本。相反，滚动交割第一天卖方即可以提交割，有利于卖期保值。为了便利于需要货物的买期保值者，滚动交割时也允许买方提交割，配对时优先配给提交割的买方。买卖双方提交割的数量不等时，按照卖方提出交割的数量为准配对。

（三）交割程序简便快捷

郑商所采取仓库检验、散装混放、低仓储费、低出入库费、仓单通用等措施，减少交割环节、缩短交割时间、降低交割成本，有利于现货企业顺利完成实物交割，从交割环节避免逼仓等市场操纵行为的发生。

六、菜籽油期货交易有哪些特点？

我国菜籽油期货有以下特点，了解这些特点将有助于我们认识菜籽油期货的基本属性：

（一）完全市场化，价格竞争充分

菜籽油市场是一个完全竞争性的市场，大型加工企业较少，中小油厂遍布主产区，国有、民营、外资油厂和个体油商可以自由收购、加工、销售油菜籽和菜籽油，跨省收购和贸易非常普遍，价格竞争充分。

（二）产量、消费量大，商品率高

我国是世界油菜籽、菜籽油第一大生产国和消费国，菜籽油产量占世界菜籽油产量的1/4，占我国植物油产量的28%，是我国第二大植物油品种，商品率在90%以上，国际和国内市场地位都非常突出。

（三）国际化程度高，国内外联动性强

菜籽油（油菜籽）进出口完全放开，没有配额限制。菜籽油的价格与国际上联动性非常紧密，走势一致。郑州商品交易所上市的菜籽油期货，无论是进口菜籽油还是国产菜籽油，只要达到规定的质量标准，都可以交割，因此这是个与国际市场密切接轨的品种。

（四）价格波动大，影响因素多

菜籽油价格波动不但受国内国际菜籽种植面积、菜籽产量、需求等本身的影响，还受豆油、棕榈油等其他油脂价格的影响，故价格影响因素多，波动性大，周期性和季节性波动强。因此，菜籽油品种具有良好的投资价值。

（五）生产、消费集中，信息采集便利

长江中下游沿岸各省既是菜籽种植地区，又是菜籽油的加工和消费地区，贸易频繁，信息集中，价格透明，非常方便投资者进行市场调研，及时准确收集市场信息，作出分析判断。

（六）现货经营风险大，套期保值需求高

我国菜籽油生产、储藏和贸易特点是季节性集中加工，常年储藏和销售。如果储藏期间菜籽油价格大幅波动，现货企业将面临巨大的市场风险。

因此，大量的生产、经营和加工企业迫切利用期货市场开展套期保值业务，规避价格风险。

（七）国际上有相关期货品种，市场成熟

菜籽（油）是国际上比较成熟的期货品种之一。上述多个国家的期货交易所都已上市并成功运行油菜籽或菜籽油品种。

（八）交割制度符合现货特点，能够有效实现期现对接

菜籽油期货以现货市场流通量最大的四级油为基准交割品，质量稳定，检验方便。在菜籽油交通集散地设立交割仓库，符合现货流通方向，便于企业灵活操作和节省成本，可以高效、快捷地完成交割，有效实现期现对接。

七、郑商所菜籽油期货价格与现货市场的价格之间有什么关系？

菜籽油期货价格对现货价格的引导性和指导性已经在数理关系上得到证明。采集 2007 年 6 月 8 日至 2008 年 6 月 6 日的数据。期货价格以文华财经郑州菜籽油期货价格指数为期货价格，以上海汇易咨询湖北菜籽油价格作为菜籽油现货价格的代表。我们分别对菜籽油期货、现货市场时间序列数据作对数化处理后，得到表 2－2 中的因果关系检验值和图 2－1 的协整关系图。

表 2－2　　菜籽油期现货价格因果关系检验

假设	概率	结果
期货不是现货的格兰杰原因	7.8E－12	否定
现货不是期货的格兰杰原因	0.3388	肯定

数据来源：《期货日报》，2008 年 6 月 10 日。

从菜籽油期现货市场协整关系图可以看出，自上市以来，郑州菜籽油期货与现货价格是存在较大的自动调节机制，菜籽油期货市场对现货市场具有较强的价格发现功能，进而能够通过套期保值以及期现套利等方式实现期现货价格的最终趋同。

通过上述论述，我们可以确信，郑商所的菜籽油期货能够发挥发现价格

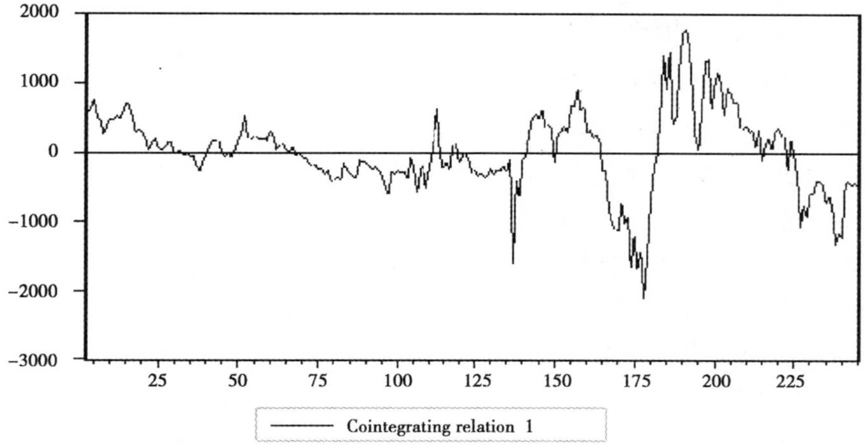

数据来源：《期货日报》，2008 年 6 月 10 日。

图 2 – 1　菜籽油期现货市场协整关系图

和规避风险的功能。

格兰杰因果检验是检验经济变量间因果关系常用的一种计量经济学方法，其本质是用条件概率来定义因果关系。在经济学上确定一个变量的变化是否是另一个变量变化的原因，一般用格兰杰因果关系（Granger Test of Causality）检验。而进行格兰杰因果检验首先必须证明随机变量是平稳序列，因此，一个完整的格兰杰因果检验过程可描述为时间序列的单位根检验、变量之间的协整和格兰杰因果关系检验。

八、郑商所菜籽油期货自上市以来的运行情况怎样?

作为中国国产最大的油料品种，菜籽油期货自上市以来，为我国油脂产业的健康发展提供了有力保障，为中国在世界油脂领域争取定价权奠定了良好的基础。同时，菜籽油期货在支持菜籽油行业发展、维护我国油脂供给安全、促进农业种植结构的调整、保障“订单农业”发展、增加农民收入等

“三农”方面发挥了较好的促进作用。有关运行情况如下：

（一）期货交易情况

郑商所菜籽油期货自上市以来，市场运行稳健，交易日趋活跃。2008年菜籽油期货成交量为1285.88万手，成交额为6094.55亿元，年末持仓量8.24万手，与2007年相比，分别增长875%、940%和705%。2009年1～5月成交量为1452万手，同比增加238%，日均成交量15.1万手，最高成交量54.9万手，最高持仓量18.2万手。据统计，在全球四家上市油菜籽类期货的交易所中，郑商所菜籽油期货交易量已经位居第一。

（二）企业开户情况

菜籽油期货上市后，现货企业纷纷开立期货账户。据统计，截至2009年4月底，油脂相关企业开户数为955家。目前国内有规模的油菜籽压榨企业约345家，其中有90%左右都已经在期货市场开户。

（三）仓单注册情况

从菜籽油上市至2009年5月，郑商所共注册菜籽油仓单29544张（每张仓单5吨，折合14.8万吨）。来自江苏、湖北、湖南、四川、安徽、重庆、陕西、上海、浙江、河南等125家现货企业通过注册或注销菜籽油仓单进行了套期保值操作。

从上述情况看，尽管与发达国家相比，我国菜籽油期货还处于初级发展阶段，农民及菜籽油企业利用期货市场在总体上还处于探索阶段，但随着期货作为风险管理工具被越来越多的农民和菜籽油企业认识和接受，期货市场的功能发挥将更加有效，期货市场服务“三农”的作用将更加显著。

自　测　题（答案见本书最后）

一、填空题

1. 期货合约是由________统一制定的、规定在将来某一特定的时间和地点交割一定数量和质量商品的标准化合约。

2. 郑州商品交易所菜籽油期货标准合约中交易代码________。

3. 在郑商所挂牌上市的菜籽油期货合约的最后交易日是合约交割月份第________个交易日。

4. 在郑商所挂牌上市的菜籽油期货合约的最后交割日是合约交割月份第________个交易日。

5. 在郑商所挂牌上市的菜籽油期货合约的最低保证金是合约价值的________%。

6. 一个商品的期货交易能否取得成功，在很大程度上取决于其________是否合理。

7. 我国菜籽油生产、储藏和贸易特点是________集中加工，常年储藏和销售。

8. 郑商所菜籽油期货指定交割仓库有________家。

二、判断题

1. 在郑商所挂牌上市的菜籽油期货合约的交易时间是每周一至周五（北京时间 法定节假日除外）上午 9：00～11：30，下午 13：30～15：00。（　）

2. 对于普通投资者，参与菜籽油期货交易以投机获利为目的。（　）

3. 菜籽油指定交割仓库选择在长江流域的江苏、浙江、安徽、湖北、湖南、重庆、四川，有助于菜籽油在期、现货市场之间的正常流动。（　）

4. 菜籽油市场是一个不完全竞争性的市场。（　）

5. 菜籽油期货价格对现货价格的引导性和指导性已经在数理关系上得到证明。（　）

6. 菜籽油期货自上市以来，为我国油脂产业的健康发展提供了有力保障，为中国在世界油脂领域争取定价权奠定了良好的基础。（　）

三、单选题

1. 在郑商所挂牌上市的菜籽油期货合约的交易单位是(　　)。

A. 5 吨/手　B. 1 吨/手　C. 10 吨/手　D. 20 吨/手

2. 在郑商所挂牌上市的菜籽油期货合约最小变动价位是(　　)。

A. 1 元/吨　B. 2 元/吨　C. 5 元/吨　D. 10 元/吨

3. 在郑商所挂牌上市的菜籽油期货合约的涨跌停板幅度是(　　)。

A. 上一交易日结算价 ±3%　　B. 上一交易日结算价 ±4%

C. 上一交易日结算价 ±5%　　D. 上一交易日结算价 ±10%

4. 菜籽油期货的基准交割品是(　　)。

A. 一级油　　B. 二级油　　C. 三级油　　D. 四级油

5. 不是我国菜籽油合约的交割月份的是(　　)。

A. 1、3　　B. 5、7　　C. 9、11　　D. 2、6

6. 不是四级菜籽油作为期货的基准交割品理由的是(　　)。

A. 四级菜籽油的品质最好

B. 四级菜籽油的库存量大

C. 四级菜籽油的贸易量大

D. 四级菜籽油价格是现货市场的基准价格

第三章
油菜籽的种植

【本章要点】

本章主要对油菜籽的类型、分类方法、分类依据、不同类型的油菜籽的特点进行了介绍；对我国以及全球油菜籽的产地分布、产量情况、不同产区种植的油菜籽的种类、不同油菜籽产区的天气特点进行了阐述；简要分析了天气因素对油菜籽生产的影响，我国以及其他国家的油菜籽进出口政策对油菜籽的种植和价格的影响。

一、我国油菜籽种植的历史和现状是怎样的？

我国是油菜起源地，陕西省西安半坡遗址和甘肃秦安大地湾遗址都发现了新石器时代仰韶文化时期的菜籽，经鉴定距今已有6000多年的历史，在东汉时期就已开始种植油菜籽。到了宋代，菜籽油就已进入寻常百姓家庭。同时在我国栽培油菜籽的历史中，取得了很多重要的成果，根据文献记载我国是第一个成功杂交甘蓝型油菜的国家。

油菜籽是我国主要油料作物之一，栽培遍及全国，其种植面积占全国油料作物总面积的40%以上，产量占全国油料总产量的30%以上，居世界首位。

我国于1985年开始粮油指导性计划收购政策的改革，油菜籽收购价格逐步由统购价到完全由市场化来决定，油菜籽价格逐渐步入一个新的台阶，油菜籽生产总体呈现增长态势。但非农建设占用耕地限制了油菜籽作物种植面积的增长幅度，1997～2003年的8年间，各种非农建设用地达到1989万亩，其中最多的2003年一年就占地344万亩。特别是开发区的恶性扩张，占用了大量的耕地，使得我国油料生产增长相对比较缓慢。

1990～2000年，我国油菜籽种植面积在波动中缓慢上升。1990年油菜籽的播种面积约为550万公顷，到了2000年，播种面积已增加到749万公顷，增幅199万公顷，年均增长3.1%。

油菜籽播种面积增加幅度最大的三个年份是1991年、1995年和2000年，分别比前一年增加63万公顷、112万公顷和60万公顷，增长比重分别为11%、19%和9%。油菜籽播种面积减幅最大的三个年份为1993年、2001年和2006年，分别比前一年减少68万公顷、40万公顷和39万公顷，减少的比重分别是11%、5 %和5%。

近年来，由于我国油料生产增长相对缓慢，同时国内市场对食用油的需求却在持续旺盛，使得食用油的供需缺口越来越大，我国油料油脂市场的对外依存度不断提高，市场供应的不确定性也在增加。目前国内油脂油料市场的供需已经出现不平衡的状态，食用油行情整体也在不断创造历史新高。为提高我国自身油料生产能力，2007年10月8日，国务院办公厅制定了《关于促进油料生产发展的意见》，目的是为了加强我国油料自身生产能力，意见规定扩大大豆良种补贴规模、设立油菜籽良种补贴项目、建立对油料生产大县的奖励政策、开展油料作物保险试点工作等一系列的鼓励政策，其目的就是要努力提高国内油料作物的生产，力争到2010年，我国油料作物种植面积比2006年扩大6%左右，总产量增长14%左右。

2000～2005年，我国菜籽种植面积保持在700万公顷左右，产量在1100万～1300万吨以上，2004年种植面积创最高记录780万公顷，产量达1318万吨。随后由于种植菜籽比较收益较差，农民种植菜籽的积极性下降，

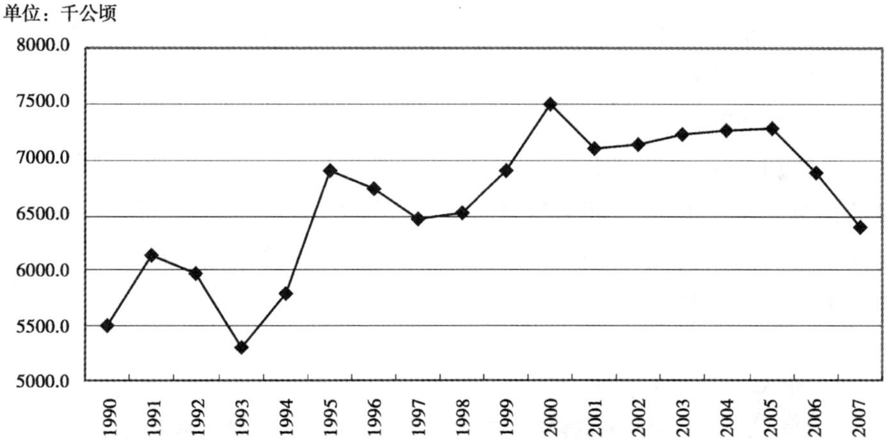

资料来源：《中国菜籽油市场专项研究报告》。

图 3－1　中国油菜籽种植面积变化走势（1990～2007 年）

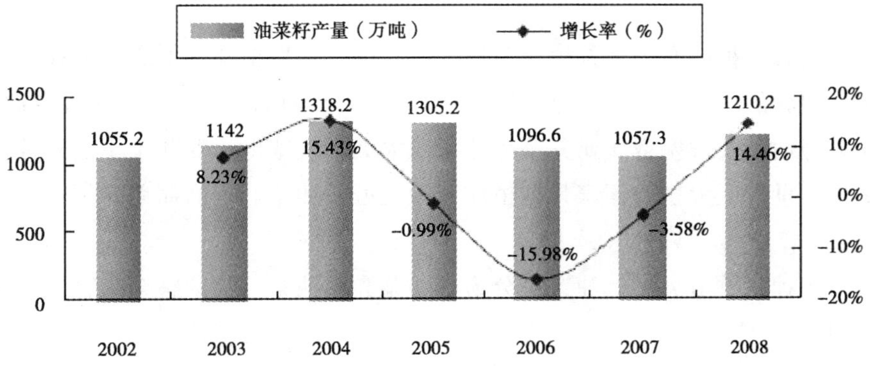

数据来源：《农业部中商情报网》。

图 3－2　2002～2008 年中国油菜籽产量趋势图

2005 年、2006 年、2007 年连续三年种植面积和产量出现下降，2007 年种植面积 560 万公顷，是 1995 年以来的最低点。2008 年由于菜籽种植比较收益提高，种植面积开始恢复性增长。

油菜籽含油率比大豆、棉籽要高，我国生产的菜籽含油率一般要达到35%以上，出粕率在58% ~60%之间，而大豆、棉籽的出油率分别仅有16% ~18%、15%。

油菜籽在我国油料生产中占有举足轻重的地位，由于油菜籽含油率高且基本全部用于榨油，我国菜籽加工生产的菜籽油占国产油料加工获得的总油量的比重在42%以上，可见我国油菜籽占据了国产油料生产油的半壁江山。因此，要提高我国自身油料供给能力，解决油脂安全问题，油菜籽将成为最需要大力发展的品种。

影响油菜籽种植面积的因素较多，主要包括国家政策、种植油菜籽的成本收益，以及与互竞作物尤其是与小麦的比价。

二、油菜籽种植的种类是什么?

油菜的种类有根据种植季节划分的，也有根据植物学形态特征和农艺性状来划分的。按后一类划分方法，全球油菜分为白菜型油菜、甘蓝型油菜、芥菜型油菜及埃塞俄比亚芥菜型油菜四大类。埃塞俄比亚芥菜型油菜种植面积少，世界上大多数国家只种植前三种类型的油菜。下面简单介绍前一类划分。

按种植季节分类，油菜可分为冬油菜和春油菜。油菜整个生育期是在日平均气温22℃以下完成的，当气候高于3℃时，油菜籽才能发芽出苗。因此地区间气候的差异，导致油菜种植季节不同。

冬油菜是秋季播种、翌年夏季收获。在平均气温下限为10℃、最冷月平均气温下限为 -5℃的地区可以种植冬油菜。冬季温暖的地区，一年两熟或三熟（油、稻或油、稻、稻的一年两熟或三熟制），适于油菜秋播夏收，即9月底种植，次年5月底收获，面积和产量均占90%以上。我国的冬油菜主要集中于长江流域。

春油菜是春、夏播种，夏、秋收获，一般在冬季平均气温为0℃ ~

10℃、1月份平均气温为-10℃~-20℃（或更低）、最暖日均气温在20℃以下的寒冷地区适合种植。春油菜为一年一熟制，实行春种（或夏种）秋收，即4月底种植，9月底收获。我国的春油菜集中于东北和西北地区，以内蒙古海拉尔地区最为集中。

三、我国油菜籽的主产区是怎样分布的？

我国油菜生产分布比较广泛，目前除北京、天津、吉林、海南外，其他27个省（区、市）均有种植。

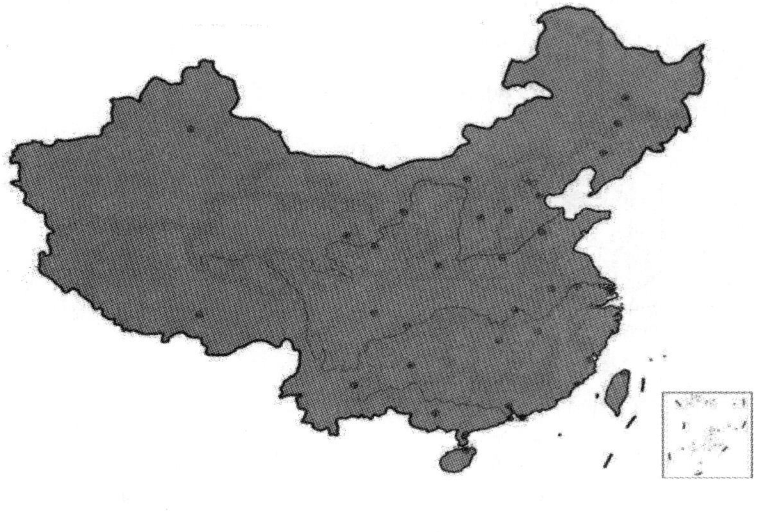

资料来源：郑州商品交易所。

图3-3　我国油菜籽种植区域分布图

长江流域区是我国油菜籽生产的主要地区，也是世界上最大的油菜籽生产带。

1. 长江上游优势区。该区域包括四川、贵州、云南、重庆四省（市），其产量占长江流域的30%，占全国产量的25%。该区域气候温和湿润，相对湿度大，云雾和阴雨日多，冬天无严寒，利于秋播油菜籽生长，主要以两熟制为主。在长江上游区域特别是四川的生产水平较高。

2. 长江中游优势区。该区域包括湖北、湖南、江西、安徽以及河南信阳等地区。其产量占长江流域总产的51%，占全国总产的42%，是长江流域油菜籽面积最大、分布最为集中的产区。该地区属亚热带季风气候，光线充足，热量丰富，雨水充沛，适合油菜籽生长，主要的耕作制度是，北部以两熟制为主，南部以三熟制为主。

3. 长江下游优势区。该区域包括江苏、浙江、上海三省（市）。其种植面积占我国长江流域的19%，产量占全国总产的16%。该地区属于亚热带气候，受海洋气候影响较大，雨水充沛，日照丰富，光温水资源非常适合油菜籽生长，其主要不利因素是地下水位较高，易造成灾害。其耕作制度主要以两熟制为主。

全国各地区油菜籽种植面积比例、各地区油菜籽产量比例分别见图3－4、图3－5。

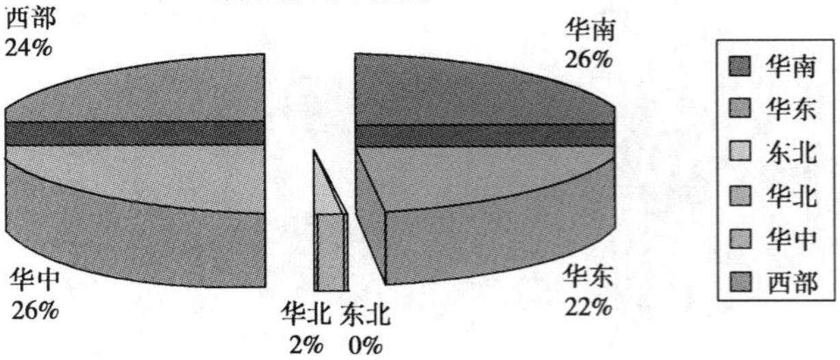

数据来源：国家统计局。

图3－4　2007/2008年度全国各地区油菜籽种植面积比例

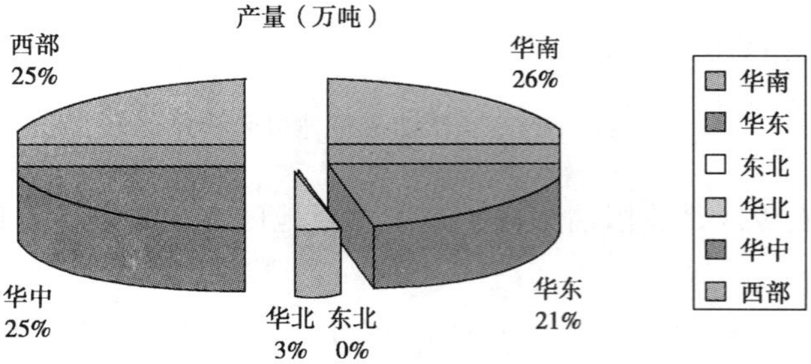

数据来源：国家统计局。

图3－5　2007/2008年度全国各地区油菜籽产量占比

四、我国哪些省份是油菜籽的主产地？

我国油菜籽产量最大的省是湖北省，其次是四川、安徽、湖南、河南、江苏、贵州、江西、内蒙古、重庆、新疆、甘肃、青海、陕西、云南、浙江等省区。

各主要省份的地区分布如图 3－6。

省份	长江流域菜籽主要种植地区
湖北	荆州、荆门、襄樊、宜昌、孝感、黄冈、黄石
安徽	六安、合肥、滁州、巢湖、芜湖、安庆、宣城
四川	成都、德阳、绵阳、眉山、遂宁、内江、资阳
江苏	南京、南通、扬州、泰州、苏州、盐城
湖南	常德、益阳、岳阳
河南	信阳
贵州	遵义、安顺
江西	九江
浙江	杭州、湖州、嘉兴、衢州、金华

数据来源：中国油菜籽网。

图 3－6 我国油菜籽主要种植区域

我国油菜籽种植面积最大的前十省区（1990～2006 年）、油菜籽产量最大的前十省区（1990～2006 年）以及 2007 年我国各省油菜籽种植面积及产量分别见表 3－1、表 3－2 及图 3－7。

表 3－1 我国油菜籽种植面积最大的前十省区（1990～2006 年） 单位：千公顷

	1990～2006 年平均		2006 年	
	平均种植面积	占总种植面积的比重	种植面积	占总种植面积比重
湖北	900	13.6%	1081	15.7%
安徽	899	13.6%	836	12.1%
四川	781	11.8%	797	11.6%
湖南	733	11.1%	767	11.1%
江苏	560	8.4%	609	8.8%

续表

	1990 ~ 2006 年平均		2006 年	
	平均种植面积	占总种植面积的比重	种植面积	占总种植面积比重
贵州	426	6.4%	513	7.4%
江西	618	9.3%	419	6.1%
河南	276	4.2%	371	5.4%
浙江	261	3.9%	214	3.1%
内蒙古	168	2.5%	212	3.1%
十省区合计	5622	84.9%	5819	84.5%

资料来源：《中国菜籽油市场专项研究报告》。

表 3－2　　我国油菜籽产量最大的前十省区（1990 ~ 2006 年）　　单位：万吨

	1990 ~ 2006 年平均		2006 年	
	平均产量	占总产量的比重	当年产量	占总产量比重
湖北	149	15.2%	207	16.4%
四川	134	13.7%	169	13.4%
安徽	135	13.8%	166	13.1%
江苏	116	11.8%	149	11.8%
湖南	92	9.3%	115	9.1%
河南	46	4.7%	85	6.7%
贵州	58	5.9%	81	6.4%
江西	49	5.0%	43	3.4%
浙江	44	4.4%	42	3.3%
海南	2	0.3%	32	2.6%
十省区合计	826	84.0%	1089	86.1%

资料来源：《中国菜籽油市场专项研究报告》。

五、我国油菜籽收购量的分布情况是怎样的？

以 2007 年的情况看，我国菜籽加工企业油菜籽收购量前 100 强中，油菜籽收购量最大的是湖北省，其收购量占总量的比重为 34%，其次为江苏 23%，第三位为安徽 10%，之后为陕西、四川等地。菜籽收购量的分布可以间接反应出 2007 年不同省份菜籽加工企业的生产情况。

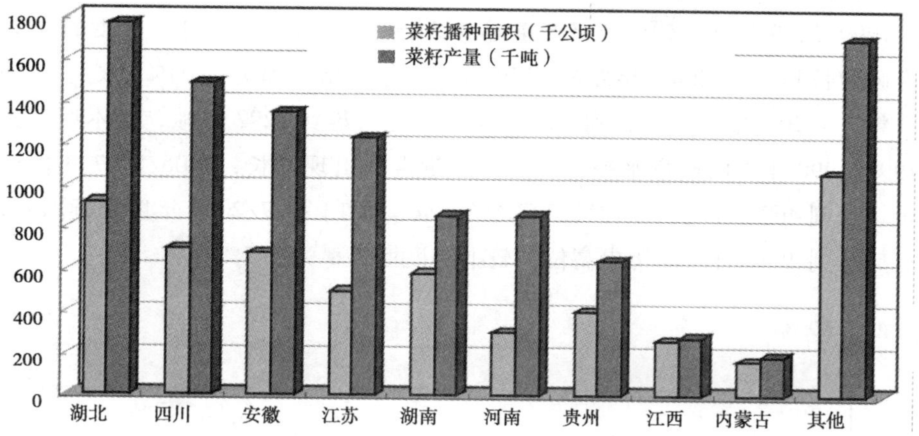

资料来源：国家粮油信息中心。

图 3－7　2007 年我国各省区油菜籽种植面积及产量

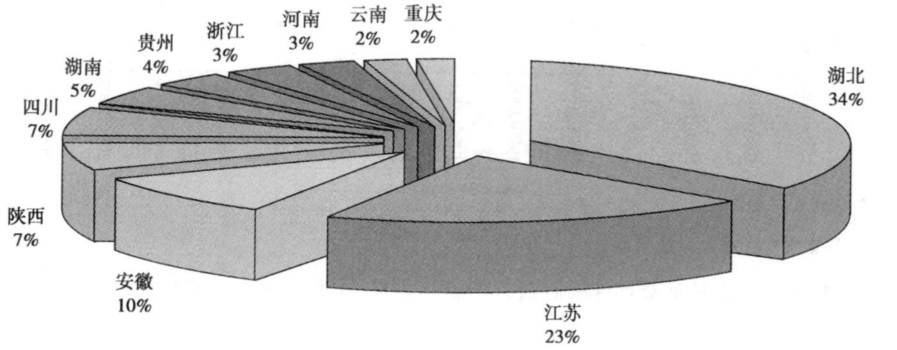

数据来源：中国油菜籽网。

图 3－8　2007 年我国前 100 强企业油菜籽收购量分布

六、全球油菜籽种植的历史和现状是怎样的？

油菜已发展成为世界性的重要油料作物，目前欧盟、中国、加拿大、印度是世界油菜籽主产国（地区），其他种植国还有日本、墨西哥、美国、巴基斯坦、澳大利亚和孟加拉国等。

随着全球油菜籽种植面积的增加，产量总体呈现出快速增长的态势，其增长阶段大体可分为缓慢增长、振荡回落和快速上升三个阶段。1994/1995～1999/2000年度全球油菜籽产量缓慢稳步增长，从1994/1995年度的3024万吨增长到1999/2000年度的4249万吨，年均增长率为7.03%；之后，油菜籽产量开始出现回落，到2002/2003年度回落到3292万吨，基本回落到1997/1998年度的产量水平；随后，产量再次出现增长，2006/2007年度产量增长到4672万吨，年均增长率为9.1%。预期2007/2008年度继续增长，有望达到4931万吨的历史高位，较上年度增长率为5.5%。

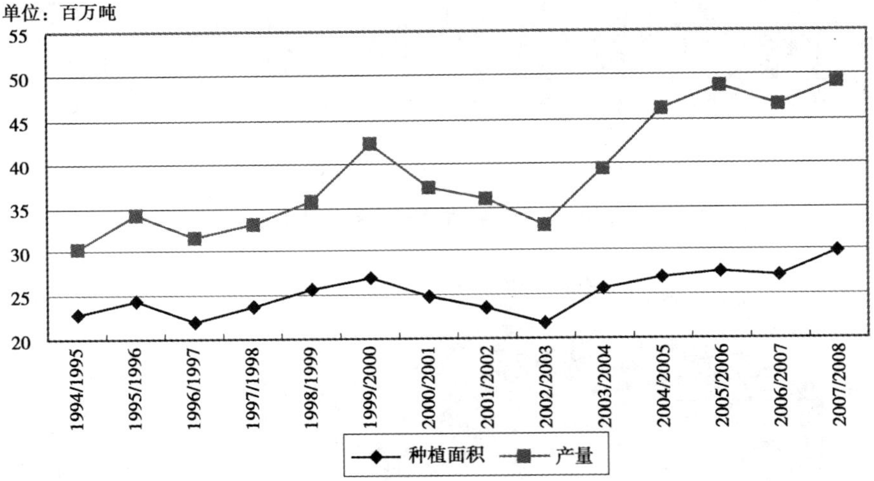

数据来源：国家粮油信息中心。

图3-9　全球油菜籽种植面积、产量走势图（1994/1995～2007/2008年度）

七、全球油菜籽主产区和产量是怎样分布的？

目前，欧盟、中国、加拿大、印度是世界油菜籽主产国（地区），2006/2007年度各个国家（地区）占全球油菜籽产量的比重分别为35%、27%、19%、12%，四国（地区）总计占全球产量的比重将近93%。其他如日本、墨西哥、美国、巴基斯坦、澳大利亚和孟加拉国等六国产量之和占世界总产量的7%。

1997/1998年度之前我国曾是世界最大的油菜籽主产国，油菜籽年度产量高于欧盟；随后，两者的排序经过几年的交替，最终由于欧盟油菜籽产量增长速度快于我国，2004/2005 年度至今，欧盟一直是世界油菜籽第一大主产区。

印度一直是油菜籽生产的第三主产国。20 世纪 90 年代以来，由于印度油菜籽产量基本在 4000 万～6000 万吨之间徘徊振荡，印度占全球油菜籽产量的比重总体缓慢下降，比重从 1994/1995 年度的 19% 减少到 2006/2007 年度的 12% 。

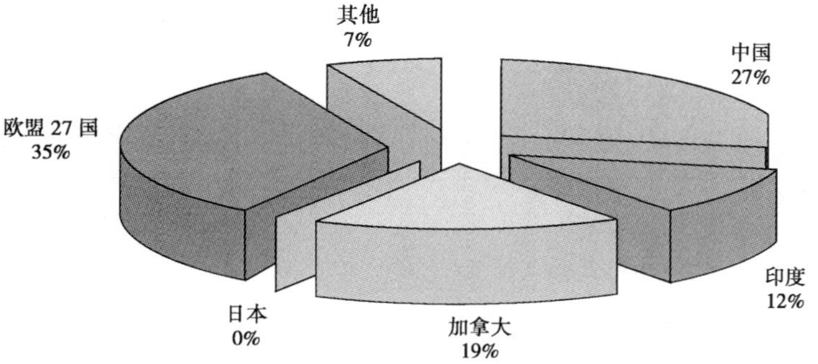

数据来源：国家粮油信息中心。

图 3－10　全球油菜籽主产国产量分布（2006/2007 年度）

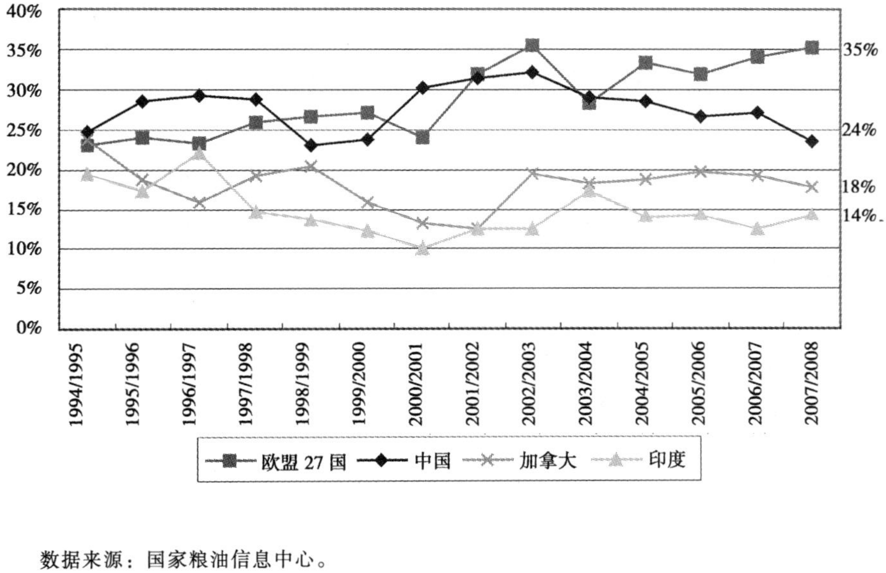

数据来源：国家粮油信息中心。

图 3－11　全球油菜籽主产国产量份额变化（1994/1995～2007/2008 年度）

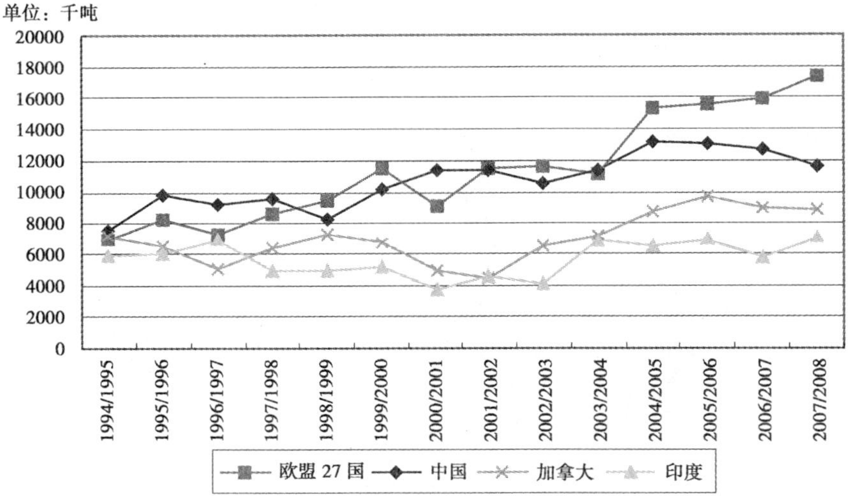

数据来源：国家粮油信息中心。

图 3 -12　全球油菜籽主产国产量变化（1994/1995 ~2007/2008 年度）

八、天气变化对油菜籽生产的影响是怎样的？

油菜籽单产受天气的影响巨大。油菜籽在播种时期如遇干旱天气将严重影响到油菜籽的成活率；随后冬油菜籽进入越冬时期，在此期间又难免会遭受冻害；到油菜籽生长后期以及收割脱粒、整晒期，如遇到持续降雨天气，将会影响油菜籽的正常收获，从而使菜籽单产下降。油菜籽从播种到生长再到最后的收获期间的天气变化极大地影响着菜籽油价格的变化，天气因素成为影响菜籽油价格变动的非常重要的因素。各个时期天气对冬油菜的影响情况见图 3 -13。

【案例 3 -1 ——天气干旱影响油菜籽产量】

［路透社伦敦 2003 年 10 月 20 日消息］据英国的农业专家称，本年度英国油菜籽产量将会减半，因为天气干旱，所以作物生长出现问题的可能性越

播种—生长—收获期				重要灾害天气影响
播种期（9月中下旬）				干旱或过湿：影响适时播种，推迟发芽出苗时间。
生长期（11月～来年4月）				
发芽出苗期	从播种到出苗	5~7天	9月下旬~10月上旬	低温：使发芽变出苗减慢，适宜温度是16~25℃
苗期	从出苗到现蕾	130~140天	五叶期（10月）	冻害：受冻程度决定于品种的抗冻性、冬前发育状况及寒流的强弱。适宜温度是10~20℃。一般短期0℃以下低温不致遭受冻害。
			移栽期（10月~11月）	
			开盘期(11月~2月中上旬)	
蕾薹期	从现蕾到初花	30天	现蕾期(2月中下旬)	低温：蕾薹期抗寒力减弱，遇0℃以下低温则易受冻。气温稳定在5℃以上时现蕾，而后抽薹。
			抽薹期(3月中上旬)	
花期	从初花到终花	25天左右	3月中下旬~4月中上旬	过暖：过暖（达25℃以上时）使开花时间提前，结实不良，角粒数减少，且易脱落。不利于后期结荚、结实，造成籽粒不满。
角果成熟期	从终花到成熟	30天左右	壮籽期(4月中下旬)	高温：容易逼熟，灌浆时间短，千粒重低；最适宜温度为15~20℃。持续阴雨天气影响灌浆。
			成熟期(5月中上旬)	
收获、整晒期（5月中下旬~6月上旬）				持续降雨造成收获、晾晒困难，品质下降。

资料来源：郑州商品交易所。

图3－13　天气对冬油菜产量的影响

来越大，单产也有可能降低。

据英国作物咨询机构ADAS的专家约翰·加斯腾称，这的确是油菜籽面临的问题，目前全国1/3的油菜籽已经受到天气的威胁，如果还不下雨，这一比例还会提高到一半。

许多地区播种的油菜籽还没有出苗，其他地区的油菜籽虽然出苗，但是植株要比正常小。

加斯腾称，越是时间拖的晚，作物受到的威胁越大，如果冬季十分温暖，作物受到的损害会受到限制，但是现在很难说作物的产量到底会有多少。

英国的另一位作物专家斯蒂夫·库克称，产量前景不是太差，特别是中部和南部。如果今后几周天气温暖多雨，作物状况将会基本良好。

库克补充说，按照最坏的情况估计，有1/4的作物将受到威胁，但是这也在很大程度上取决于冬季天气情况。

由于预期回报改善，英国农民增加了油菜籽的播种面积。过去一周，英国油菜籽价格每吨上涨多达 10 英镑，这是由于市场持续担心美国大豆减产。

播种期出现干旱季节将对油菜籽生长产生重要影响。

【案例 3－2——偏低气温导致油菜籽作物生长缓慢】

［加拿大小麦局 2004 年公布的报告］截止到 2004 年 6 月 21 日的一周里，偏低气温继续导致西加拿大绝大部分地区的油菜籽作物生长缓慢。

据称加拿大草原大部分地区的气温比正常水平低 3 到 8 摄氏度。萨斯喀彻温省和马尼托巴省的温度最低，一周来的气温要比正常温度低 4 到 8 摄氏度，而阿尔伯达省大部分地区的温度比正常低 3 到 5 摄氏度。上周阿尔伯达省和萨斯喀彻温省局部地区出现了霜冻，对当地作物构成一定的伤害，放慢了油菜籽作物的生长发育。加拿大小麦局称，上周降雨量要低于前几周的水平，不过也耽误了油菜籽晚播工作。

油菜是长日照作物，性喜冷凉或较温暖的气候，油菜整个生育期是在日平均气温 22℃以下完成的，当气温高于 3℃时，油菜籽才能发芽出苗。因此过度的寒冷也将影响油菜籽的生长。

九、我国气候因素影响油菜籽生产有哪些特点？

我国油菜籽主产区在油菜籽生长季节的主要气候特征是干旱、霜冻、开春后天气迅速回暖、初夏多雨。在播种期和移种期的干旱，在生长期的寒冷霜冻，在抽薹期和开花期天气加速回暖，在壮籽期和成熟期的多雨，都是我国油菜籽主产区经常或者可能出现的天气状况。我国油菜籽主产区的这些天气特征都会对油菜籽的生产造成严重的影响。

这样的天气对油菜籽最主要的影响主要在两个方面：一是油菜籽的产量，二是油菜籽的质量。在油菜籽生长期及收获期出现不利的天气条件会严重影响油菜籽的生长状况以及晾晒情况，油菜籽的单产会减少，同时油菜籽的质量也会大打折扣。

【案例 3 - 3 ——霜冻天气影响油菜籽生产】

2008 年春节期间，我国南方地区出现罕见的霜冻冰雪天气，这样的灾害天气对我国油菜籽的生产造成了严重的影响。尽管 2007 年油菜籽种植面积预期增长 6% ~7%，但 2008 年 1 ~2 月份南方地区尤其长江流域遭遇雪灾霜冻严重影响当地油菜籽生长，许多油菜籽因此而冻伤、冻死，油菜籽因雪灾减产在 170 万吨左右，单产引起油菜籽减产幅度大于面积增加引起的产量增幅，导致 2008 年我国油菜籽产量继续出现减产，减产幅度在 20 万吨左右。受雪灾导致我国油菜籽减产消息的影响，菜籽油价格连创新高，豆油、棕榈油也跟随菜籽油不断上涨。同时，马来西亚棕榈油价格和美国芝加哥豆油也出现冲高。

【案例 3 - 4 ——阴雨天气影响油菜籽生产】

2002 年油菜籽收获阶段遭遇的持续阴雨天气也导致当年产量由预期的丰产转变为减产，进而影响到当年我国菜籽油的产量，最终导致菜籽油价格大幅上涨。

资料链接：油菜籽品质的影响因素

一、对含油量的影响

据原浙江农业大学观察，油菜开花后第 9 天，种子含油率为 5.76%；以后缓慢增加，到开花后第 21 天至 30 天，油分积累迅速加快，从 17.96% 迅速增加到 43.17%；开花后第 30 天至 35 天，含油率基本稳定，呈现"S"型曲线。但随粒重的迅速增加，油分也大量积累，为形成油分的最主要时期。油菜开花结角期需要较多的水分，田间最大持水量应达到70% ~80%才能满足需要，干旱少雨应及时灌溉，雨水过多则应注意排水，才有利于油分的形成。特别是气温在20℃以上，光照充足，昼夜温差大，即白天光合作用旺盛，晚上呼吸作用较缓慢，糖分消耗少，土壤湿度又适宜时，最有利于油分积累。

施肥对"双低"油菜含油量影响大，尤其是氮肥和磷肥。增加氮肥供应常使籽粒中含油量减少，氮肥施用越迟，种子蛋白质含量越高，含油量越低。"双低"油菜对磷的反应比普通油菜敏感，增施磷肥对"双低"油菜的增产有显著作用。

二、对脂肪酸的影响

油菜种子中脂肪酸的组成与成熟期温度密切相关。在高温下成熟的油菜籽的脂肪酸组成中芥酸含量较低，油酸含量较高；在较低温度下，则芥酸含量较高，油酸含量较低。光照对低芥酸品种来说，影响很小。在一定范围内，亚油酸、亚麻酸含量随日照增加而减少。氮、磷、钾、硫等营养元素对脂肪酸的组成影响较少。

三、对硫代葡萄糖苷的影响

硫代葡萄糖苷的含量主要与品种遗传基因（DNA）有关，气候和栽培条件与硫代葡萄糖苷含量的关系相对较小。但也有研究表明，种子在较高温度下成熟，硫代葡萄糖苷含量高，反之则较低。多数研究表明，增加氮素有降低菜饼中硫代葡萄糖苷含量的作用，并认为是由于增施氮素后，植株干重显著增加，从而发生稀释作用的结果，也有试验表明氮素有相反的作用，可能是在某种环境条件下，氮肥促进了硫素的吸收。增施磷素，使硫转向蛋白质合成，而使种子的硫代葡萄糖苷有所减少。钾素和硼素对硫代葡萄糖苷的含量无影响。

十、我国油菜籽主产区的天气特点是什么？

我国油菜籽的主产区位于长江流域，长江流域介于东经90°33’～122°25’，北纬24°30’～35°45’之间，大部分地区属于亚热带季风气候。

（一）气温

长江流域的年平均气温呈东高西低、南高北低的分布趋势，中下游地区高于上游地区，江南高于江北，江源地区是全流域气温最低的地区。由于地形的差别，在以上总分布趋势下，形成四川盆地、云贵高原和金沙江谷地等封闭式的高低温中心区。

（二）降水

长江流域平均年降水量1067毫米，由于地域辽阔，地形复杂，季风气候十分典型，年降水量和暴雨的时空分布很不均匀。

（三）蒸发、干旱指数、湿度

长江径流主要由降水补给，降水超过一半被蒸发，因此蒸发量是长江流域水量平衡的重要要素之一。流域平均年水面蒸发量为922毫米，流域平均年陆面蒸发量为541毫米，占平均年降水量1067毫米的51%，平均干旱指数为0.86。相对湿度分布趋势与年降水量的分布趋势基本一致，由东南向西北递减。相对湿度较大的地区为洞庭湖水系大部、江西中部、湘西、鄂西山地、四川盆地至云贵高原部分地区，其年平均相对湿度略大于80%。下游干流南北两岸相对湿度接近80%。长江中游北岸、嘉陵江、岷江中上游大多在80%以下，并继续向北递减至嘉陵江上游的65%左右。金沙江横断山脉地区相对湿度等值线与山脉走向大体一致，在巴塘至得荣地区，相对湿度不到50%，是长江流域相对湿度最小的地区。

（四）霜冻

长江流域年霜日数最多的地区位于雅砻江中上游、大渡河上游的川西高原上，达150天以上，其中四川色达站多年平均年霜日数达228.3天，是全流域霜日最多的地区。通天河地区为100～200天，金沙江巴塘至德荣地区，昆明、会理、盐源一带为70～100天。汉江的安康至襄樊段、丹江及唐白河流域、长江下游苏皖地区为50～70天。多年平均年霜日数较少的地区是四川盆地。云贵高原、洞庭四水、赣江中上游，多年平均年霜日数在 25 天以下，其中位于云南的元谋站年霜日数仅 2 天，四川的泸州为 2.5 天，这两个地区是全流域霜日最少的地区。流域西部高原地区一年四季均可出现霜，其他地区只在 10 月至次年 4 月才出现霜。

十一、全球其他油菜籽主产区的天气特点是什么？

（一）欧盟的气候特点

欧洲分三块地区：西欧为温带海洋性气候，南欧为地中海气候，东欧中欧及其他大部为温带大陆性气候。

温带海洋性气候：冬暖夏凉，年温差小。冬季气温比同纬度的大陆中心和大陆东岸暖得多。最冷月均温均在 0℃ 以上。夏季时暖流水温仍较大陆温度低，海上要比陆上凉得多，这里受西风影响，最热月均温在 22℃ 以下。由于冬暖夏凉，年温差要比同纬度其他地区小得多。此地区雨量丰沛，特别是冬季时温带气旋更为活跃，雨日很多，但降水强度并不大。冬季降水量在全年所占比例稍大，全年没有干季。

地中海气候：夏季炎热干燥，高温少雨，冬季温和多雨。冬季气温 5 ~ 10℃，夏季 21 ~ 27℃。年降水量约 350 ~ 900 毫米，集中于冬季，下半年降水量只占全年降水的 20% ~ 40%，最大月降水量是最小月降水量的 3 倍以上。

温带大陆性气候：冬冷夏热，年温差大，降水集中，四季分明，年雨量较少，大陆性气候特征明显。

（二）加拿大的气候特点

加拿大基本上为大陆型气候，阳光充沛、四季分明。3 月中旬至 6 月下旬为春季。6 月下旬至 9 月中旬为夏季，9 月中旬至 12 月下旬为秋季，12 月下旬至来年 3 月中旬为冬季。大多数地区的气候类似于中国东北地区。

加拿大气候差异很大，不同地区在每个季节的气温和降水量都有很大不同。在北部地区，一年之中只有寥寥数月气温达到 0℃ 以上，因而大多数人居住在离南部边界约 300 公里以内的狭长地带。

资料链接：加拿大有六个气候区，各区有不同的气候特征

1. 北极地区：包括育空和西北地区的大部分，是加拿大最冷的地区。冬季时间长 8 至 10 个月，异常寒冷；夏季寒冷而短促；冬季夜晚、夏季昼日长达 24 小时；降水量极少，大部分在夏末。

2. 北部地区：由草原省份的北部以及安大略省，魁北克省和大西洋沿岸省份的大部分组成。冬季时间长 6 个月以上，寒冷；夏季凉而短促 3 至 4 个月；降水量大部分在夏季，西北部稀少。

3. 南部地区：包括安大略和魁北克的东南部、新斯科舍、纽芬兰的东部、新不伦瑞克和爱德华王子岛，冬暖夏凉，是加拿大人口密度最大的地方。本区中部冬季寒冷约 5 个月，东部和西南部冬季约 3 ~4 个月；夏季长 4 ~5 个月，温暖，有时潮湿；降水量东部较多，西部适中。

4. 草原地区：冬季寒冷约 5 个月；夏季凉爽约 5 个月；降水量大部分在夏季。

5. 科迪勒拉地区：冬季寒冷，北部时间长；夏季凉爽；降水量西部较多，山谷、南部较少。

6. 太平洋沿岸地区：温哥华位于此区。冬季温和，很少在℃以下；夏季温暖 4 ~5 个月；降水量丰富，尤其在冬季。

（三）印度的气候特点

印度的气候类型是热带季风气候。热带季风气候分布于北纬 10°至 25°之间的大陆东岸。主要分布在中南半岛、印度半岛的大部分地区，零星分布于中国台湾南部、雷州半岛、海南岛、西双版纳，以及菲律宾群岛北部；此外，在澳大利亚大陆北部沿海地带也有分布。

资料链接：热带季风气候气候特点

1. 终年高温，年平均气温在 20℃以上，最冷月一般在 18℃以上冬半年，北部高大山地和高原阻挡冷空气南侵，使得本区冬半年气温相对较高。

2. 年降水量大，干湿季明显，降水集中在夏季。夏季在赤道海洋气团控制下，多对流雨，再加上热带气旋过境带来大量降水，因此造成比热带干湿季气候更多的夏雨；在一些迎风海岸，因地形作用，夏季降水甚至超过赤道多雨气候区。年降水量一般在1500～2000毫米以上。冬季，在干燥的东北季风控制下，降水稀少。

3. 季风显著干季时陆地高压散发出来的东北季风汇入海洋上的赤道辐合带。雨季时南半球副高发出来的西南季风汇入塔尔低压。

4. 盛行热带气旋。与"夏季风"同步，每年5月中旬至9月中旬为热带气旋盛行季节。

十二、我国油菜籽进出口政策是怎样的?

20世纪90年代中期以来，我国植物油进口实行的是进出口配额管理制度，后来，为加快我国加入WTO的步伐，我国政府承诺自加入WTO起，即取消对油料作物产品的关税配额，实行单一关税。因此，我国植物油进口关税配额制度逐步发生变化，植物油的进口配额额度逐步开始放大。不过，我国油菜籽入世前进口关税为12%，入世后进口关税下调并一直为9%，调整幅度不是很大，因此入世对油菜籽进口并没有太大的影响。2000年以来，我国油菜籽价格已与国际市场现货价格基本持平，比加拿大菜籽到岸价格低20%左右，因此我国油菜籽只要在品质上具备国际竞争力，油菜籽市场前景并不悲观。

这方面的详细情况，参看第五章有关问题。

【案例3－5——加拿大油菜籽行业请求中国调低油菜籽进口关税】

［世华财讯2009年3月26日］据加拿大油菜籽委员会主席称，他将在四月访问中国，游说中国官员调低油菜籽和菜籽油进口关税。

油菜籽委员会主席说，虽然加拿大目前对中国的油菜籽销售非常强劲，需求旺盛，但是当价格接近时，关税就会发挥很大的作用。

目前中国对油菜籽征收9%的进口关税，而大豆关税只有3%。

延伸阅读：

加拿大一直是我国菜籽、菜籽油进口的第一大来源国。2003 年以来，我国 90% 以上菜籽、菜籽油进口来自加拿大。目前加拿大菜籽产量占世界第二位，出口量占第一位。因此，加拿大的农业贸易政策对我国乃至全球的油菜籽价格均有至关重要的影响，须密切关注。有关加拿大菜籽油进出口政策，可阅读本书附件 5：加拿大农业进出口贸易政策概要。

【案例 3－6——“三大调整阻击进口菜籽　油菜籽收储政策出台”】

［21 世纪经济报道 2009 年 6 月 3 日］面对进口农作物的来势汹汹，国家对相关农作物的托市收购政策在今年开始出现重大调整。

5 月 31 日，国家发改委下发《关于做好 2009 年油菜籽收购工作的通知》，要求继续在主产区对油菜籽实行临时收储，同时确定今年油菜籽托市收购价格为每市斤 1.85 元。

2008 年 11 月国家对油菜籽进行收储，收储价格定在每斤 2.2 元，折合每吨 4400 元，这一价格，要比当时进口油菜籽每吨高出 600～700 元。

正是这样的巨大差价，造成了过去一年国内油菜籽产业受制于进口的状况。据海关统计，去年我国进口油菜籽为 130.3 万吨。4 月 23 日，商务部发布《大豆、油菜籽进口预警通报》。根据商务部大宗农产品进口报告系统监测，预计 4 月份油菜籽进口将超过 27 万吨，同比增长超过 1.8 倍。前四个月累计进口约 90 万吨，增长近 1.2 倍，创历史最高进口量。

而此次的收储价格，折合成每吨价格为 3700 元，相比去年每吨下调了 700 元，甚至低于进口油菜籽的价格。目前，进口油菜籽价格为每吨 4000 元。

其次，此次托市收储政策对于市场所关注的收储数量并没有明确规定。而去年，对于油菜籽的国家收储量仅为 150 万吨。

与此同时，《通知》规定，为调动加工企业入市收购油菜籽的积极性，国家委托一部分规模较大、有一定资质的中央直属粮油企业和地方国有或民营油脂加工企业，按照不低于国家确定的托市收购价格挂牌收购农民交售的油菜籽，并加工成菜籽油（资讯，行情）自行销售，自负盈亏。中央财政给予委托企业每市斤 0.10 元的一次性费用补贴，如果油菜籽市场价格回升到每市斤 2.00 元以上，停止补贴。

事实上，在去年，企业并没有进入到托市收购的主体之中，再加上去年的溢价政策，造成了国内油菜籽加工企业行业性的亏损。

根据中国油菜籽网的统计，国内 220 家菜籽油加工企业亏损的有 208 家，盈利或保本的仅有 12 家。

在收储政策出台之后，国外贸易商已经做出反应。据外电报道，有贸易商在 6 月 1 日表示，经过一年的大量进口后，中国或将停止进口加拿大油菜籽，因政府降低了国内新油菜籽的收购价。同时，加元走强以及运费上涨亦令加拿大油菜籽的进口变得昂贵。

自　测　题（答案见本书最后）

一、填空题

1. 油菜籽产量占全国油料总产量的________以上。

2. 我国种植冬油菜面积和产量均占 90% 以上，它是________月底种植，________月底收获。

3. 芥菜型油菜适宜我国________地区人少地多、干旱少雨的山区种植。

4. 天气对油菜籽最主要的影响主要在两个方面：一是油菜籽的________，二是油菜籽的________。

5. 自________年 1 月 1 日起，取消了菜籽油进口关税配额，而实行自动进口许可管理。

6. 目前全世界油菜籽主产国________是前三名。

7. 我国是油菜起源地之一，起源于我国的油菜类型________两种。

8. 2006/2007 年度全球的油菜籽产量是________万吨。

二、判断题

1. 四川、贵州、云南、重庆四省区的油菜籽产量占长江流域的 30%，

占全国产量的25%。 ( )

2. 中国油菜籽的主产区长江流域，大部分地区属于温带大陆性气候。 ( )

3. 根据植物学形态特征和农艺性状，可将全球油菜分为四种类型。 ( )

4. 当气温高于3℃时，油菜籽就能发芽出苗。 ( )

5. 加拿大一直是我国菜籽、菜油进口的第一大来源国。 ( )

三、单选题

1. 油菜籽是我国主要油料作物之一，栽培遍及全国，其种植面积占全国油料作物总面积的( )以上。

A. 10% B. 20% C. 30% D. 40%

2. ( )区是我国油菜籽生产的主要地区，也是世界上最大的油菜籽生产带。

A. 长江流域 B. 黄河流域 C. 珠江流域 D. 海河流域

3. 油菜籽在播种时期如遇干旱天气将严重影响到油菜籽的( )。

A. 移栽 B. 成活率 C. 开花期 D. 壮籽期

4. 2006/2007年度，世界其他非油菜籽主产国的油菜籽总产量占全球产量的多少？( )

A. 12% B. 11% C. 7% D. 5%

5. 我国油菜籽的产量占全球总产量的多少？( )

A. 27% B. 35% C. 29% D. 19%

6. 印度是哪种气候类型？( )

A. 热带雨林气候 B. 热带海洋气候

C. 热带季风气候 D. 热带大陆气候

7. 世界四大油料作物除大豆、油菜籽、花生外还有哪一种？( )

A. 棕侣仁 B. 向日葵 C. 油橄榄 D. 蓖麻籽

第四章
菜籽油的生产

【本章要点】

本章主要对菜籽油生产的基本知识，国内外菜籽油生产的历史、现状、相关特点以及我国菜籽油生产的相关政策作出介绍，同时对国内外菜籽油生产的重要特点以及影响菜籽油生产的因素等内容作出详细的介绍，帮助投资者了解菜籽油生产的基本情况。

一、我国菜籽油生产的方法及成品品级有哪些?

我国菜籽油生产历史悠久，始见载于《天工开物》："凡油供馔食用者……芸苔子次之。"长江流域，特别是上游的四川、重庆、贵州等省区素来有食用菜籽油的传统。自古以来，长江流域人民群众就掌握了菜籽油的生产方法，即将油菜籽炒熟后，通过物理压榨的方法生产菜籽油。

如前所述，菜籽油分原油和成品油。原油不分等级，成品油分为四个等级（即一级、二级、三级和四级）。这些品级的菜籽油是怎么加工出来的呢?

菜籽油的制取一般有两种方法：压榨法和浸出法。压榨法是用物理压榨方式；浸出法是用化学原理，用食用级溶剂取油方式。油菜籽经过清理、破碎、软化、轧胚、蒸炒等流程后，用压榨法或浸出法制得菜籽毛油。菜籽毛油不能直接食用，经脱胶、脱脂、脱杂和脱水后，成为可以食用的四级成品菜籽油，四级菜籽油再经过脱酸、脱臭、脱色等精炼后，成为精炼油。一般企业加工的精炼油主要是一级油，一级油主要通过小包装的形式在市场上销售。少数企业的精炼油达不到一级标准，成为二级和三级菜油，二、三级油在现货市场上流通的数量很少。

二、我国菜籽油生产主要分布在哪些省份？

我国的菜籽油主要生产区分布在长江中下游沿江各省区，该区域菜籽油生产量约占全国总产量的90%以上。这个区域同时也是我国油菜籽的主产区和菜籽油的主要消费区域。

目前，产量最大的是长江下游的江苏省，2007/2008年度该省产量在90万吨左右，占全国菜籽油产量的18%左右；产量位居第二的是安徽省，2007/2008年度该省产量为66万吨左右，占全国菜籽油总产量的14%左右；湖北省位居第三位，2007/2008年度该省产量为55万吨左右，占全国菜籽油总产量的11.2%左右，随后依次是浙江、四川、湖南，菜籽油产量分别为44万吨、43万吨、34万吨。

三、我国菜籽油生产的发展过程是怎样的？

改革开放以来，我国的菜籽油生产大体上可以分为两个阶段：

1978/1979～2000/2001年度，我国油菜籽产量快速增加，从1978年的187万吨增加到2000年度的1138万吨，菜籽油的生产量也随之突飞猛进，菜籽油产量从不足70万吨增加到2000年的477万吨，12年来增长近6倍。

2001/2002～2008/2009年度，我国食用植物油的结构开始发生变化，大豆进口量和棕榈油进口量不断增加，豆油和棕榈油在食用植物油中所占的比重快速上升，在一定程度上冲击了菜籽油的市场份额。1998～2006年，

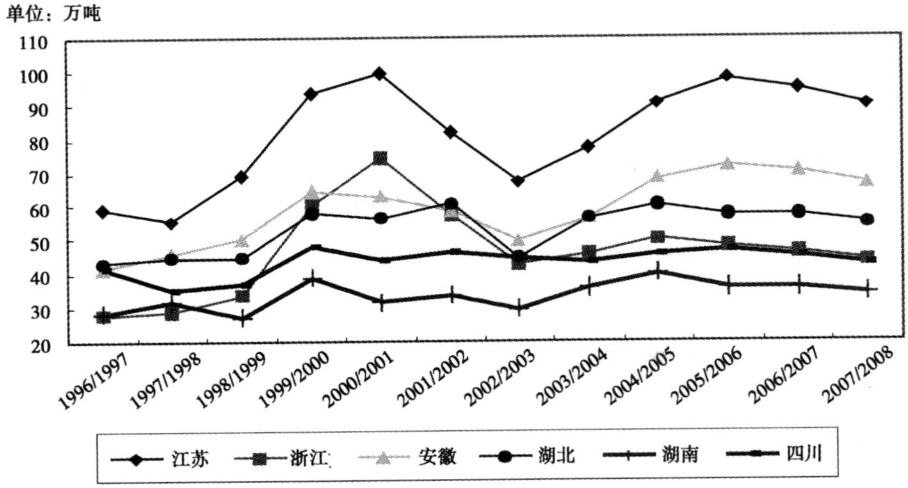

数据来源：东方艾格。

图 4－1　中国菜籽油分省产量走势图（1996/1997～2007/2008 年度）

豆油、菜籽油、棕榈油、花生油、棉籽油的产量分别增长 209%、29%、453%、23%、50%，其中豆油和棕榈油的增长幅度最为明显，豆油和棕榈油在植物油总供给中的比重都出现大幅上升，分别从 1998 年的 23%、8% 上升到 2006 年的 34%、23%，与此同时，菜籽油、花生油、棉籽油的比重则分别从 34%、18%、10% 下降到 21%、11%、7%。同时，国内油菜籽种植面积不稳定和灾害性天气影响较大，使得油菜籽产量没有维持连续走高，菜籽油的产量也相应受到制约。

在这个背景下，我国菜籽油的生产进入了稳定波动之中，油菜籽的产量在 1050 万～1350 万吨之间波动，而菜籽油的产量基本维持在 400 万～500 万吨之间。但是从产量变化看，我国菜籽油生产年度之间的差异仍较大，隔年产量变化往往接近或超过 8%，从 2000 年以来，仅有 2004 年和 2005 年年份产量之间的差异较小，为 2%，其他年份均超过了 8%。这表明我国菜籽油产量仍处于一个波动较大的状态中。

经过了自 1978 年以来 20 年的高速发展后，菜籽油的生产现在在总量水平上处于一个相对稳定的范围内。但隔年产量往往有较大差异，上一年度产量对后一年度缺乏指导意义。

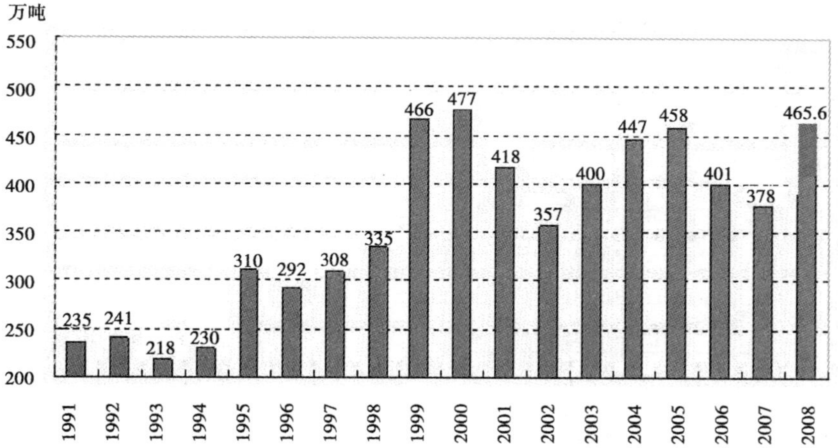

数据来源：郑州商品交易所。

图 4－2　中国菜籽油产量变化走势（1993/1994～2008/2009 年度）

从我国食用油的产量分析，菜籽油在所有植物食用油中位居第二，仅次于豆油。2007 年，菜籽油占我国植物食用油总产量的 28%，豆油为 42%。若从原料产地考虑，由于国产大豆逐步淡出油脂压榨，豆油多为使用进口转基因大豆生产，菜籽油应为我国真正第一大植物食用油。在 2007/2008 年度我国国产油料榨油产量中，菜籽油占 42%，而豆油仅为 7%。

在国产油料折油供给当中，油菜籽折油供给始终保持首位，其在总油料折油当中的比重出现逐渐上升，从 1998 年的 37% 增加到 2006 年的 43%，而花生折油、大豆折油的比重均出现下降，分别由 25%、14% 下降到 23%、11%，大豆折油下降尤其突出。油菜籽在国内植物油供给中的重要地位更加显现。

预期我国未来依靠国内供给的植物油将依然以油菜籽为主要原料，国产油菜籽加工生产的菜籽油占国产全部油料加工的植物油的比重有望继续保持在 43% 左右，甚至随着国产大豆在压榨市场上的萎缩，国产菜籽油还有上升的趋势，在未来 3～5 年内有可能上升到 45%。而依靠国外市场供给的植物油在未来将主要以豆油、棕榈油为主要品种，同时，进口菜籽油的份额预期将继续下降。综合两大部分来看，预期未来菜籽油在中国植物油总供给中的比重有继续下降的趋势。

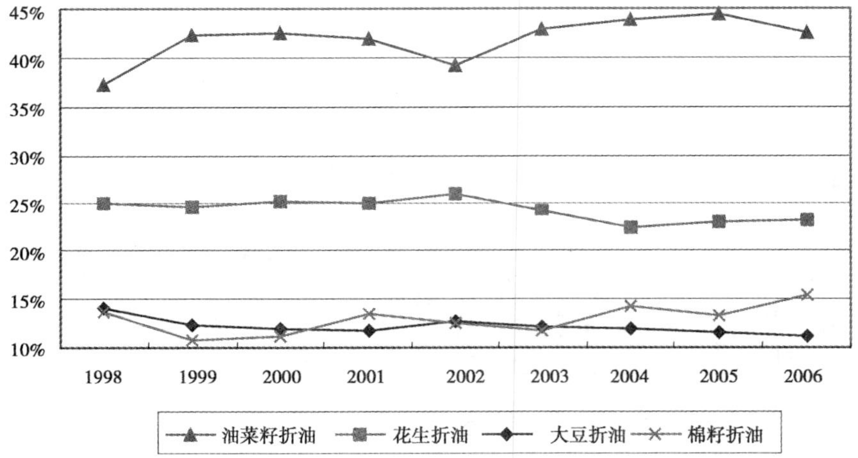

数据来源：东方艾格。

图 4－3　中国国产油料折油供给结构变化趋势（1998～2006 年）

四、我国菜籽油生产的特点是什么？

我国是菜籽油生产的大国，年菜籽油产量约占全球菜籽油产量的22%～25%，仅次于欧盟。但我国并不是菜籽油生产的强国，虽然菜籽油生产总量大，但生产个体多，规模普遍较小，加工方式传统，对油菜籽的深加工利用不足等。

我国油菜籽市场开放较早，目前市场处于完全竞争状态，国有、民营、外资都参与在油菜籽的收购和销售活动之中。一些产区的基层粮站也因接受油厂的委托或自主经营的需要，参与收购和短期储备。而随着国家对油菜籽生产扶持力度加强，国家粮食储备系统也通过托市收购的方式参与到油菜籽购销市场，对油菜籽价格进行干预。

总体来看，我国菜籽油生产有以下几个特点：

（一）菜籽供应时间短，收购、加工、销售时间比较集中

由于我国菜籽是季节性的生产，菜油加工企业一般在 6～10 月份集中加工菜籽。多数小型工厂只能维持 3～4 个月的生产，只有极少数的大型油厂

可以保持全年生产。

（二）国内菜籽加工厂布局分散、规模小、数量多

据统计，我国工商注册的菜籽加工企业有2500家左右，这还不包括各菜籽主产区星罗棋布的小型菜籽加工作坊企业，具备生产四级菜籽油资质的企业只有400多家。我国小型菜籽加工企业规模多在100吨/日以下，加工能力超过100吨/日的数量相对较少。根据中国油菜籽网的统计：2007年，我国菜籽油生产前100强企业收购油菜籽总量为290万吨，平均一家企业仅收购2.9万吨，日均实际压榨能力低于80吨。这和大豆压榨企业动辄3000吨/日的压榨能力差距明显。中国菜籽加工企业2007年油菜籽收购量前100强中，菜籽收购量最大的为湖北省，其收购量占总量的比重为34%，其次为江苏23%，第三位为安徽10%。

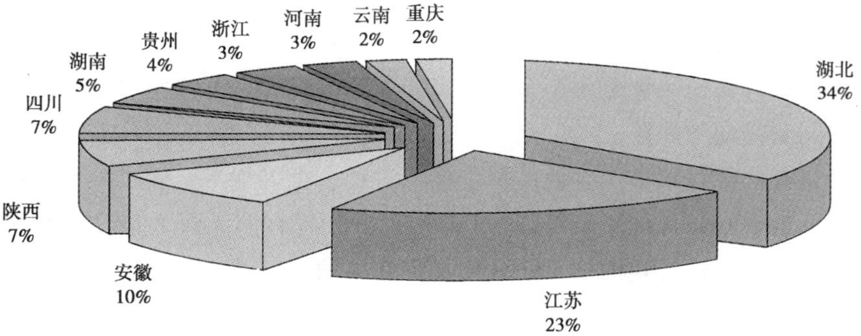

数据来源：中国油菜籽网。

图4－4 2007年我国前100强企业油菜籽收购量分布

（三）菜籽油生产企业利润微薄，大多数企业缺乏抵御风险的能力

一般油菜籽的收购加工范围在150公里左右，一旦收购超过这个范围，厂家就很难保证加工利润。一些实力较强的企业往往直接在油菜籽主产区建立压榨厂，直接深入主产区。这往往是进一步挤压了小型厂家的生存空间，容易引发对油菜籽的抢购。

我国菜籽油生产、储藏和贸易特点是季节性集中加工，常年储藏和销售。由于菜籽油加工行业加工能力严重过剩，在油菜籽大量上市的季节企业争相抢购，集中加工为菜籽油后全年储藏和销售。如果储藏期间菜籽油价格

大幅波动，现货企业将面临巨大的市场风险。如2006年、2008年的大幅波动，很多菜籽油现货企业亏损严重，一些大型企业因无法偿还贷款而倒闭。因此，大量的生产、经营和加工企业迫切需要规避价格波动风险，对利用期货市场开展套期保值业务存在潜在需求。

（四）菜籽油加工企业加工能力过剩

截至2008年底，我国年油菜籽加工能力已经超过3000万吨，即便是按每年5个月的生产时间计算，年加工油菜籽能力超过1500万吨，也已经远远超过我国油菜籽产量，表明我国菜籽油生产能力严重过剩。目前仍有大型压榨项目上马，加工能力过剩导致原料供应不足，企业在油菜籽上市季节竞相抢购。没有原料无法生产，有了原料担心价格风险，我国菜籽油行业的市场风险较大，对参与期货市场，套期保值、规避风险的要求强烈。与国内庞大的油菜籽加工能力对应的是国内油菜籽供应的严重不足，给菜籽油加工企业带来原料供应困难的巨大难题。长期依靠菜籽加工的中小型油厂经营正变得日益困难，促使了部分中小型油厂市场角色的转变，不仅作为生产商，也承担中间贸易商的职能。

由于我国菜籽油加工企业的加工能力过剩，很多加工企业多种油脂加工并举，一般在6月份加工菜籽油，9月份以后，棉籽和大豆上市，开始加工棉油和豆油。安徽等地的加工企业还加工花生油，以充分利用加工能力，提高经济效益。近两年油脂市场价格低迷，价格风险较大，部分菜籽油企业经常停工待料，设备闲置。

（五）菜籽油生产企业兼并重组步伐加快

在国内菜籽油新增压榨能力快速提高的同时，国内菜籽油生产行业兼并重组步伐也在明显加快，菜籽油的有效生产能力出现大幅提高。近两年，国内进行资产重组的大型菜籽油生产项目超过6宗，涉及中纺粮油等大型生产商，涉及油菜籽日压榨能力超过8000吨/日，占当前全国压榨能力的8.8%。同时，由于受到2008年经济危机的严重冲击，我国菜籽油行业出现巨额亏损，部分实力较小、抵御风险能力不足的生产企业将加速退出，从而使行业整合进一步提速。

（六）我国菜籽油生产对进口菜籽油和油菜籽的依赖性小

我国油菜籽产不足需，以进口为主，极少出口。由于国际市场油菜籽、菜籽油成本较高，我国进口量并不大，不到国内产量的10%，对国际依赖程度较低。从1997年以来，我国每年进口菜籽油数量处于40万吨以内，整体变化不大。其中2006年，更是出现了1万吨左右的净出口。由于中国的菜籽油消费量庞大，而国产油菜籽生产的菜籽油并不能完全满足国内市场对菜籽油的需求，因此我国在未来将继续维持菜籽油的净进口状态，且净进口量有可能出现小幅增加。

五、我国对菜籽油生产实行了哪些管理制度?

菜籽油是我国植物食用油体系的重要组成部分，国家对菜籽油生产的政策也是构成国家对食用油行业相关政策的重要一环。目前国家制定的食用油行业政策法规包括五个部分：中央储备粮油轮换管理办法、转基因食品卫生管理办法、食用植物油生产许可证实施细则、食品食用植物油卫生管理办法，同时国家针对菜籽油也制定相关的国家标准、植物油加工行业相关政策。

（一）中央储备粮油轮换管理办法（试行）

为保证中央储备粮油质量和储存安全，做到储备粮油轮换的制度化、规范化，实现储备粮油管理的良性循环，达到管住管好、保质保值、结构优化、布局合理的目的，由国家粮食局、财政部、中国农业发展银行于2001年12月29日联合制定，于2002年1月1日正式执行。办法就轮换粮油品质的控制、中央储备粮油轮换审批权限、程序和责任、中央储备粮油轮换的主要形式、轮换的有关财务和统计处理 、轮换资金管理等五个方面作出具体规定。

（二）转基因食品卫生管理办法

随着我国经济的发展，人民生活水平的提高，对油脂油料的需求也不断上涨，我国对进口油脂油料的依存度也相应提高。因我国进口的绝大部分油脂油料是转基因产品，国际上对于转基因食品的安全性一直存在较大争议，国家为强加对转基因食品的管理，特别制定《转基因食品卫生管理办法》。该办法已于2001年12月11日经卫生部部务会讨论通过，自2002年7月1日起施行。

（三）食用植物油生产许可证实施细则

为提高我国食用植物油产品质量，规范其生产过程，切实从源头加强食用植物油质量安全的监督管理，国家质量监督检验检疫总局依据《中华人民共和国产品质量法》、《工业产品生产许可证试行条例》等有关规定，在2003年7月制定本实施细则，并从2003年8月1日起实施。

（四）食品食用植物油卫生管理办法

国家卫生部为贯彻执行《中华人民共和国食品卫生法（试行）》，加强对食用植物油（以下简称食油）的卫生监督管理，制定该办法。办法管理范围包括花生油、大豆油、棉籽油、菜籽油及芝麻油、葵花籽油、玉米胚芽油、茶油、米糠油、胡麻油等植物油。该办法在1990年11月20日由卫生部令第5号发布施行。

（五）菜籽油国家标准

我国现行的菜籽油国家标准为《中华人民共和国国家标准——菜 籽 油 GB 1535－2004》，该标准自2005年2月1日起实施并代替原菜籽油国标GB1536－1986。质量要求内容包括四大个方面：特征指标、质量等级指标、卫生指标、标签。标准根据菜籽油的原料及采用的加工方式，对其进行了分类和定义等，对1986年标准中的特征指标和质量指标项目进行了调整，还依据低油菜籽的有关标准确定了低芥酸定义和含量。标准强调了标签的重要性，除遵循7718的规定外，特别规定了转基因、压榨、浸出产品和原料原产国必须标识，标注低芥酸菜籽油的产品必须按照低芥酸菜籽油的特征指标执行，其他标准与一般菜籽油的要求一样。

我国上述政策法规对菜籽油的生产作出了明确的指导和规范。就市场影响力而言，中央储备粮油轮换管理办法（试行）对市场存在较强的影响，我们将在第十一章对此进行详尽的阐述。

延伸阅读：

中央储备粮油轮换制度对菜籽油市场有显著的影响，要进一步了解这方面的情况，可以仔细阅读本书第十一章及附件6：《中央储备粮油轮换管理办法（试行）》（国粮调［2001］209号）。

六、我国政府对植物油的生产有哪些发展规划?

鉴于我国食用植物油加工企业存在产能过剩、油料综合利用水平低、区域布局不够合理等突出矛盾，国家在《食品工业“十一五”发展纲要》中，对食用植物油加工行业的发展目标和区域布局进行了新的规划。

发展纲要确定食用油加工行业的发展方向和目标是：在控制加工总量基础上，整合现有食用油加工资源，调整结构和区域布局，稳步发展花生油、大豆油、菜籽油和棉籽油等食用油，加快发展山茶油、红花油、橄榄油、米糠油、胚芽油等特色食用油，扩大精炼油和专用油的比重，提高油料综合利用程度，开发利用油料蛋白、生物活性物质等产品，同时推进传统豆制品工业化和新兴豆制品加工业的发展。“十一五”期末，初步形成布局合理、发展有序、特色明显的油脂加工业体系。

发展纲要对我国食用油加工行业的区域布局进行了规划，油料主产区以现有骨干加工企业为依托，优化资源配置，达到合理的规模；主销区重点培植生产规模大、联动作用强的大型企业，提升产品质量和档次，提高精深加工和综合利用水平。其中在南方油菜籽主产区以现有骨干企业为依托，培育形成若干个日处理油料1000吨及以上的大型菜籽油加工企业。

2007年11月7日，国家发改委、商务部联合颁布新的《外商投资产业指导目录》，目录限制外商投资大豆、油菜籽食用油脂加工、玉米深加工、生物液体燃料（燃料乙醇、生物柴油）生产。由于近几年来外资加紧对我国油脂产业的扩张，国内大豆加工实际被外资控制60%以上，已形成了对我国大豆油脂加工业的垄断，使得我国国有或民营食用油加工企业发展空间越来越小，再加上目前我国食用油处于供需不平衡的状态。预期未来几年内，我国将有可能继续出台政策限制外资大量投资我国油脂加工业，充分保证中方在油脂加工业的投资份额，避免外资在中国油脂加工业形成绝对的垄断。

从产业政策来看，不论是从油料的种植还是油料加工上，国家对植物油加工业都是执行积极扶持的产业政策，鼓励油料种植，支持油脂加工。

2008年底，国务院发布的《关于促进食用植物油产业健康发展保障供给安全的意见》明确提出，支持国有和民营油料加工企业，支持企业通过重组、兼并和联合等方式整合资源，实施跨地区、跨所有制的重组，充分发挥企业的规模效益，提高市场占有率。为提高国产油料榨油比重，减轻对进口油料和油脂的依赖，推动国内油料品种多元化，今后几年国家将大力发展菜籽油、花生油、棉籽油和小品种植物油，支持新建和扩建一批技术水平高和规模效益好的油菜籽、花生、棉籽以及葵花籽、油茶籽等小品种油料加工项目和油料基地建设。此外，该意见还提出要提高食用植物油自给水平，着力加强长江流域油菜生产基地建设，更多利用南方冬闲田，进一步扩大油菜种植面积。

农业部在 2009 年 2 月 18 日公布的《全国优势农产品区域布局规划(2008 ~2015 年)》中提出，要大力增加油菜籽供给、减少国内食用油进口。目标是到 2015 年，优势区油菜播种面积要达到 1. 39 亿亩，平均单产 138 公斤，产量达到 1912 万吨，比 2007 年面积扩大 5890 万亩，平均单产提高 14. 3 公斤，总产增加 927 万吨。

七、我国菜籽油主要生产企业的类型及分布是怎样的?

我国菜籽油加工业对外开放较早，目前菜籽油加工企业中包括国有、民营、外资，三者共存，共同发展。其中国有和外资企业在一、二线城市小包装菜籽油上占有较大的市场份额，而在三线城市和广大农村地区以及散装菜籽油市场上，民营企业所占的市场份额则明显领先。

我国的菜籽油加工企业分布呈现两个明显特点，第一是植根核心主产区；第二是沿长江流域分布。植根核心主产区主要是由于我国菜籽油加工企业规模普遍偏小，对油菜籽收购半径较小；而沿长江流域分布，则很大程度上是和菜籽油的流向保持基本吻合，方便贸易流通。

长江上游三省一市（四川、贵州、云南、重庆）的油脂加工企业主要生产菜油。因饮食习惯，该地区对菜籽油的需求较大，但受油菜籽产量限制，该区域菜籽油仅可满足自我消费能力的 60%，本地油菜籽难以满足需求。加工企业不仅经常在长江中下游收购油菜籽原料，加工企业更往往承担

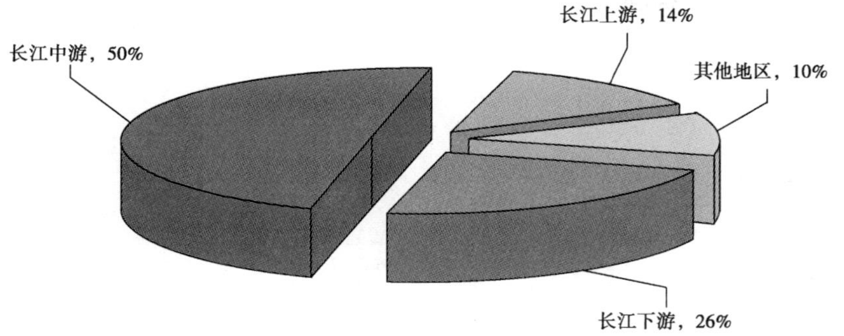

数据来源：郑州商品交易所。

图 4－5 中国菜籽油产量区域分布

中间贸易商的角色，从区域外直接采购菜籽油以供应本地区。该区域的主要菜籽油加工企业有：益海（四川）粮油、成都新兴粮油、绵阳巨海油脂、四川江油粮油、贵州绥阳油脂、贵州康星油脂、四川三台神龙油脂、四川川粮油脂等。

长江中游五省（湖北、湖南、安徽、江西、河南）是我国油菜籽生产最集中的区域，该区域的油脂企业主要加工生产菜籽油、豆油、花生油、棉籽油等，其中菜籽油产量占全国年产量的 50% 以上。据统计，国内第一大菜籽主产省湖北省生产的菜籽 2/3 在省内加工，1/3 被省外加工企业收购。安徽省生产的菜籽则大部分销往江浙油厂。该区域的主要菜籽油加工企业有湖北荆州万福、湖北中粮祥瑞、湖北天门永康、湖北长江沙鸥、湖北武汉新元、安徽蚌埠中纺、安徽丰原油脂、安徽大平油脂、益海（芜湖）粮油等。

长江下游区域（江苏、浙江、上海）菜籽油产量相对较少，但因临海或临江，交通条件便利，是大型油脂企业布点的重点地区。油脂加工企业以生产豆油和菜油为主，规模大，实力强，效益好。该区域油菜籽基本上被本地油厂收购，不足部分的油料从国内其他地区采购或从国外进口。东北地区的秋油菜籽大部分也流入此区域进行加工。主要菜籽油加工企业有江苏张家港东海、江苏益海（泰州）粮油、江苏宜兴四海、江苏南通金太阳、浙江德清新市等。

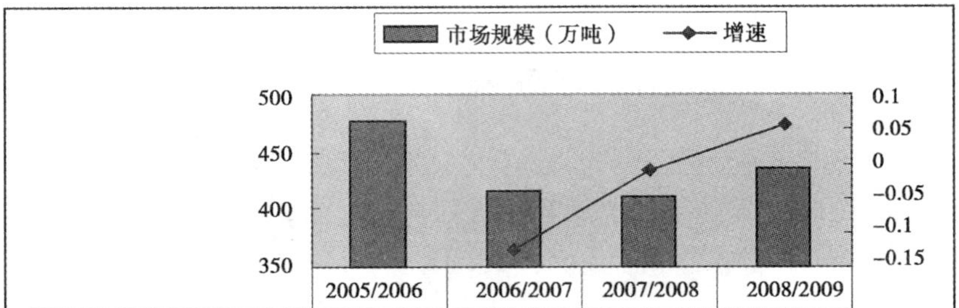

	2005/2006	2006/2007	2007/2008	2008/2009
市场规模（万吨）	476.6	416.7	412.7	436
增速		-12.6%	-1.0%	5.6%

数据来源：国家统计局、国家粮油信息中心。

图 4－6　2005～2009 年中国菜籽油行业市场规模及增速

八、全球菜籽油生产的现状是怎样的?

在全球菜籽油的生产国中，欧盟、中国、印度、加拿大是四大主产国（地区），以 2008/2009 年度的情况看，这四大主产国（地区）的菜籽油产量分别占世界总产量的 41.1%、22.5%、11%、8.4%，四国（地区）产量之和占世界菜油总产量的 83%。其他如日本、墨西哥、美国、巴基斯坦、澳大利亚和孟加拉国等六国产量之和占世界总产量的 17%。

近年来，全球菜籽油产量呈快速增长态势，菜籽油占植物油总产量的比例逐年上升。2008/2009 年度全球植物油产量为 13216 万吨，其中，棕榈油、豆油、菜籽油、葵花籽油及棉籽油的产量分别为 4281 万吨、3589 万吨、2043 万吨、1151 万吨，占全部植物油的比重分别为 32.4%、27.2%、15.5%、8.7%、3.7%。

作为全球第一大菜籽油生产地区，欧盟菜籽油产量基本呈现稳步增长的态势。1994/1995 年度，菜籽油产量为 298.7 万吨，到 2006/2007 年度，菜籽油产量增长到 663 万吨，年均增长率为 6.9%，但低于油菜籽产量 7.1% 的年均增长率。

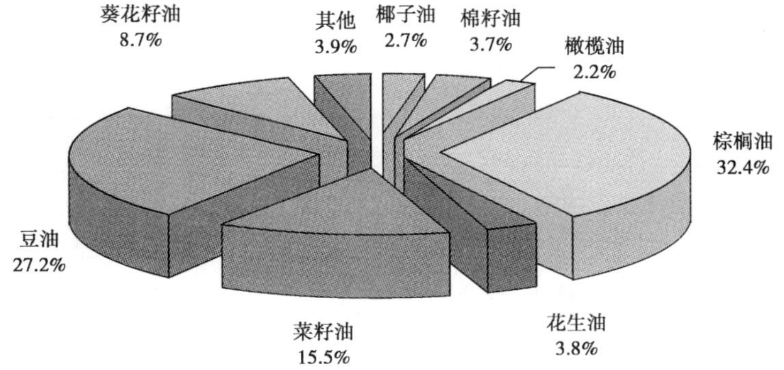

数据来源：美国农业部、中商情报网。

图 4－7　全球不同植物油产量对比（2008/2009 年度）

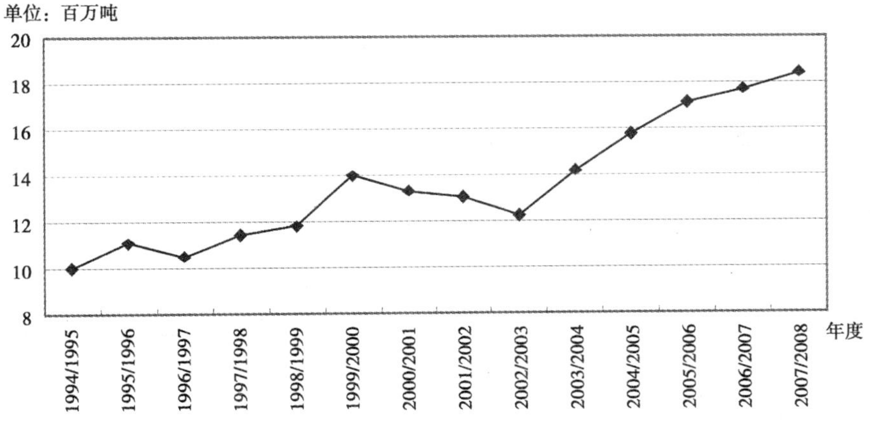

数据来源：美国农业部。

图 4－8　全球菜籽油产量变化走势（1994/1995～2007/2008 年度）

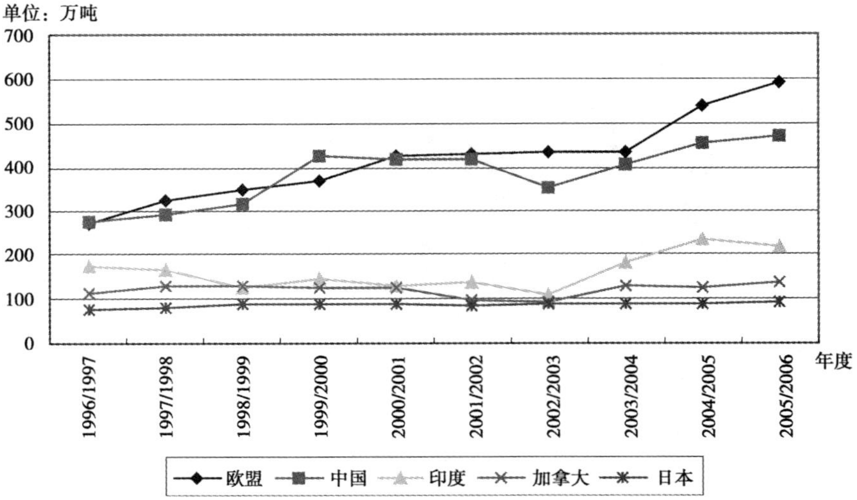

数据来源：美国农业部。

图 4－9　世界菜籽油主产国产量（1996/1997～2005/2006 年度）

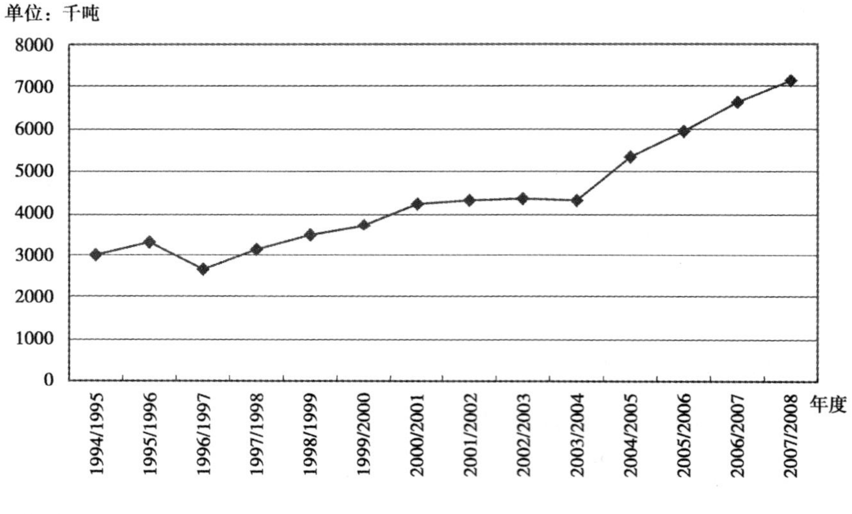

数据来源：东方艾格。

图 4－10　欧盟菜籽油产量变化走势（1994/1995～2007/2008 年度）

九、有哪些因素将影响菜籽油的生产?

对菜籽油生产产生影响的因素日益增多，我国农业发展和指导政策的变化、农业种植结构调整；国内油菜籽种植面积和产量波动；我国油脂和油料进出口量的变化；其他相关植物食用油的产量和价格变化；能源特别是石油价格的变化催生出生物柴油的概念，等等，都在一定程度上影响着菜籽油的生产。简单而言，如国家加强对农业的投入，实施对油菜籽的托市收购，就会促进菜籽油生产，提高产量；若国际市场上豆油和棕榈油价格下跌，则会拖累菜籽油价格同样下行，抑制菜籽油的生产；当原油价格大幅上涨，则市场对生物能源的关注提高，菜籽油作为生物柴油重要原料，其生产相应也得到促进。

对于普通投资者，往往是需要关心对菜籽油生产产生影响的宏观因素，如国家农业政策和产业政策变化、油菜籽的产量变化、相关油料油脂品种的进出口政策和价格变化等因素。

而对于菜籽油生产企业而言，其不仅需要考虑宏观因素，还需要结合企业的实际情况考虑微观因素，如企业的现金流和负债率、加工能力和成本核算、品牌竞争力和营销策略、采购渠道和质量管理等等。

【案例 4－1——2006/2007 年度国际油脂价格低迷，挤压我国菜籽油生产】

2005/2006 年度，我国菜籽油行业的产量规模为 476.6 万吨，而到了 2006/2007 年度我国菜籽油的产量仅为 416.7 万吨，同比下降 12.6%；2007/2008 年度我国菜籽油产量进一步下降到 412.7 万吨，同比下降 1%。

2006/2007 年度，我国菜籽油产量出现较大幅度下降，这主要是由于国内食用油市场在经过 2003/2004 年度的暴涨暴跌后，食用油加工行业特别是大豆压榨企业损失惨重，全行业陷于危机中。自 2005 年以来，食用油市场更是呈现出“供应旺盛，需求惨淡”的格局。农民受到 2005 年油菜籽收购价格大幅下跌的影响，种植积极性受到严重影响，国内油菜籽 2006 年产量下降到 1096.6 万吨，年比降幅 15.98%。进一步 2006 年上半年庞大的大豆和食用油进口量给国内食用油价格回升形成明显打压。特别是进口食用油对国内菜籽油市场构成巨大冲击，需求和销售状况与往年同期相比，显得异常清淡。国内菜籽油市场交易量急剧萎缩，需求不旺，价格在低迷中持续振荡徘徊，并创下近两年来低点。2006 年国内菜籽油价与往年相比较也显得非常特殊，菜籽油价格长期与大豆油价格明显倒挂。在此情况下，国内菜籽油生产自然受到巨大冲击，其结果是 2006/2007 年度，我国菜籽油产量年比大幅下降 12.6%，且其负面冲击甚至影响到了 2007/2008 年度。

2006/2007 年度，菜籽油价格的走势又是另一番景象。当年新油菜籽登场上市后，由于油菜籽产量下降，成本价格不断呈现攀升，油厂对菜籽油长期看好，惜售心理不断增强，造成菜籽油供应紧张。另外，进口油菜籽受全球油菜籽产量下降、供应紧张局面影响，到岸成本也不断呈现攀升。因此，2006 年下半年菜籽油价格在成本价格不断上涨等利多因素推动下，行情也一路看涨，在 2006 年 10 月到 11 月更是大幅攀升，创下近几年新高，其后在高位区间保持小幅盘整态势。

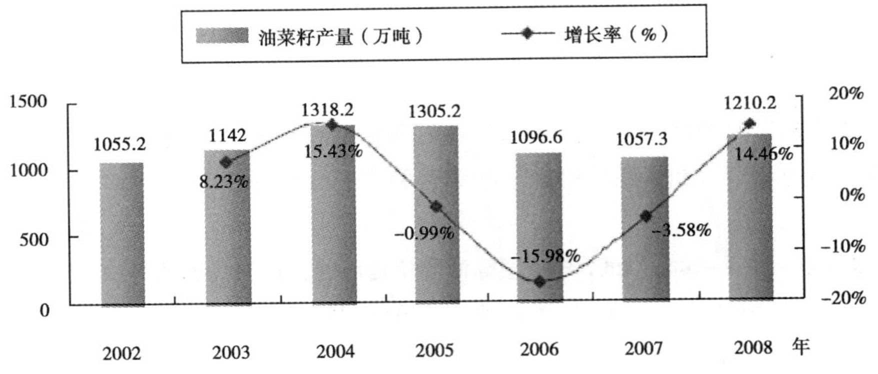

数据来源：农业部中商情报网。

图 4－11　2002～2008 年中国油菜籽产量趋势图

自　测　题（答案见本书最后）

一、填空题

1. 我国菜籽油制取一般有________法和________法。

2. 一般油菜籽的收购加工半径在________公里左右，一旦收购超过这个范围，厂家就很难保证加工利润。

3. 菜籽油作为生物柴油的使用比例逐年增加，其中，欧盟________以上菜籽油消费用于生物柴油。

4. 由于我国油菜籽是季节性的生产，菜油加工企业一般在________集中加工油菜籽，生产菜籽油。多数小型工厂只能维持3~4个月的生产，只有极少数的大型油厂可以保持全年生产。

5. 菜籽油期货使生产企业能制定更合理的销售策略和价格，原因在于菜籽油期货价格具有________和________两个特性。

6. 我国油菜籽含油率偏低，平均看，100吨油菜籽加工后可获得________吨菜籽油和________吨菜籽粕。

二、判断题

1. 我国菜籽油生产具有油菜籽供应时间短，收购、加工、销售时间比较集中，加工厂布局分散、规模小、数量多的特点。（　　）

2. 进口菜籽油占据我国菜籽油消费总量的大部分。（　　）

3. 我国现行的菜籽油国家标准为中华人民共和国国家标准——菜籽油 GB 1535－2004。（　　）

4. 从全球看，菜籽油产量仅次于棕榈油和豆油，在植物油中居第三位，比重基本保持在13%~16%之间。（　　）

5. 我国目前进口菜籽油实行配额管理，对配额内进口菜籽油只征收9%的进口关税，增值税税率为13%。（　　）

6. 从自给率看，国产菜籽油占到总消费比例的65%以上，是国内自给率最高的食用油品种之一。（　　）

7. 我国目前的《外商投资产业指导目录》对外资进入食用油加工业不加以限制，不限制外资在中国油脂加工业形成绝对的垄断。（　　）

8. 在长期的贸易实践过程中，川、陕、贵等省区的菜籽油生产企业不仅承担着生产菜籽油供应本地区需求的任务，还承担着从长江中下游采购菜籽油的贸易商角色。这些省区的生产商不仅没有在期货市场上卖出，而往往成为期货市场的买方。（　　）

三、单选题

1. 我国菜籽油加工企业主要分布在(　　)。

A. 东北地区　　B. 黄淮流域

C. 长江流域　　D. 华南沿海

2. 全球最大的菜籽油出口国家或地区是(　　)。

A. 加拿大　　B. 欧盟

C. 澳大利亚　　D. 巴西

3. 长江中游五省是我国油菜籽生产最集中的区域，该区域的菜籽油产量占全国年产量的50%以上。这五个省份不包括(　　)。

A. 湖北　　B. 江西

C. 贵州　　D. 湖南

4. 以下哪一项不是我国菜籽油生产企业的特点？(　　)

A. 菜籽油生产企业利润微薄，大多数企业缺乏抵御风险的能力

B. 菜籽油加工企业加工能力不足

C. 菜籽油生产企业兼并重组步伐加快

D. 菜籽油生产对进口菜籽油和油菜籽的依赖性小

5. 经过1978~2000年的快速发展后，进入2001年，我国菜籽油产量处于(　　)区间的稳定波动中。

A. 300万~400万吨　　B. 275万~375万吨

C. 500万~600万吨　　D. 400万~500万吨

6. 在国产油料折油供给当中，(　　)油料作物的折油供给始终保持首位。

A. 大豆　　B. 花生

C. 葵花籽　　D. 油菜籽

第五章 菜籽油的贸易

【本章要点】

本章介绍国内外菜籽油流通和贸易的情况、我国菜籽油贸易政策、菜籽油贸易的主要特点及基本情况，可以帮助投资者熟悉、了解菜籽油行业的流通环节，为投资者分析市场动态提供参考。

一、我国各地区菜籽油贸易的基本情况是怎样的？

目前，我国多数菜籽油企业采取就近加工，就近销售的形式。加工的方式主要有两种，一种是购入菜籽进行加工，另一种是购入菜籽油进行精炼。我国传统菜籽的主产区也是食用菜籽油的主要消费区域，即长江流域，包括长江上游的四川、重庆、贵州；中游的湖北、湖南、安徽和河南南部；下游的江苏、上海和浙江等省市。近年国内菜籽油流通具有明显的特点，一是传统的流向保持不变，二是企业销售半径呈扩大趋势。从历年流向看，菜籽油消费量大、当地菜籽产量不足以满足需求的江浙、川渝等地是菜籽和菜籽油的主要调入地区，而菜籽产量大、较为富余的安徽、湖北等地则是菜籽和菜籽油的主要调出区。如图 5－1 所示。

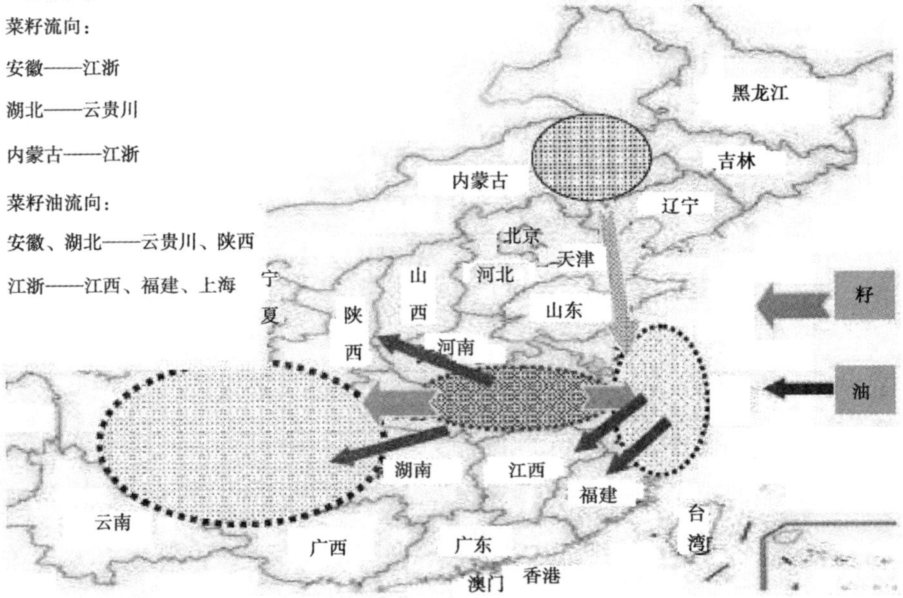

图片来源：中商情报网。

图 5－1　中国油菜籽及菜籽油区域流向图

国内几个主要区域的情况分别是：

长江上游三省一市（四川、贵州、云南、重庆）的油脂加工企业主要生产菜籽油，因此该地区的菜籽基本被本地油厂消费。由于地理位置的局限和油菜产量的有限，该区域油菜籽仅可满足自我压榨能力的 60%，因此为提高开工率，当地油脂企业经常在长江中游的湖北、安徽和江苏等地收购菜籽原料及菜籽油。

长江中游五省（湖北、湖南、安徽、江西、河南）为我国菜籽生产最集中的区域，该区域的油脂加工企业主要生产菜籽油、豆油、花生油、棉籽油等，产量占全国菜籽油年产量的 50% 以上。据估计，该区域生产的菜籽约有 40% 被长江上游和下游加工企业采购，所剩 60% 菜籽在本地加工。据统计，国内第一大菜籽主产省湖北省生产的菜籽 2/3 在省内加工，1/3 被省外加工企业收购。主产省安徽省生产的菜籽大部分销往江浙油厂。

长江下游区域（江苏、浙江、上海）油料产量相对较少，但油脂产量高。油脂加工企业以生产豆油和菜籽油为主，规模较大，实力较强，经济效益较好。该区域菜籽基本上被本地油厂收购，不足部分的油料从国内其他地区采购或从国外进口。尤其是该区域每年都会从长江中游和东北地区购进菜籽，加工后在该区域销售。

随着食用油市场消费量的提高，小包装调和油销售量的增长，作为调和油主要成分之一的菜籽油的销售范围逐渐扩大。目前国内新投产的大型压榨厂，不少是以小包装产品为主打产品，直接面向终端市场。

但随着我国豆油产量和进口量的不断增加，以及长江中下游豆油消费量的不断增加，菜籽油作为主要植物油消费品种的地位开始动摇。

二、我国菜籽油的供需平衡状况是怎样的？

从菜籽的压榨能力上看，我国菜籽油产量不能满足国内需求，因此我国菜籽油以进口为主，极少出口，如表 5－1、图 5－2 所示。

表 5－1　　中国菜籽油供需平衡表（1991～2009 年）　　单位：千吨

年度	1991	1992	1993	1994	1995	1996	1997	1998	1999	2000
期初库存	0	0	0	0	0	0	0	0	0	0
压榨量	6680	6888	6200	6954	8793	8370	8950	9545	12707	12530
国内消费	2451	2363	2314	2997	3083	2879	3558	3365	4561	4307
期末库存	45	64	93	242	119	0	0	0	0	0
出口	0	0	0	0	0	175	100	23	39	68
食用消费	2451	2363	2314	2997	3083	2879	3558	3365	4561	4307
进口	292	153	360	944	298	291	704	218	350	200
产量	2204	2274	2047	2295	2904	2763	2954	3170	4250	4175
总供应	2496	2427	2407	3239	3202	3054	3658	3388	4600	4375
年度	2001	2002	2003	2004	2005	2006	2007	2008	2009	
期初库存	0	0	0	0	0	0	0	0	0	
压榨量	11405	10016	11420	13182	13050	10966	10573	11800	13200	
国内消费	4213	3658	4363	4756	4545	4343	4139	4834	4936	
期末库存	0	0	0	0	0	0	0	0	0	

续表

年度	2001	2002	2003	2004	2005	2006	2007	2008	2009	
出口	28	7	5	9	134	54	8	10	10	
食用消费	4213	3658	4363	4756	4545	4343	4139	4834	4936	
进口	61	127	368	209	44	330	277	300	150	
产量	4180	3538	4000	4556	4635	4067	3870	4544	4796	
总供应	4241	3665	4368	4765	4679	4397	4147	4844	4946	

数据来源：美国农业部（USDA）；更新至 2009 年 6 月。

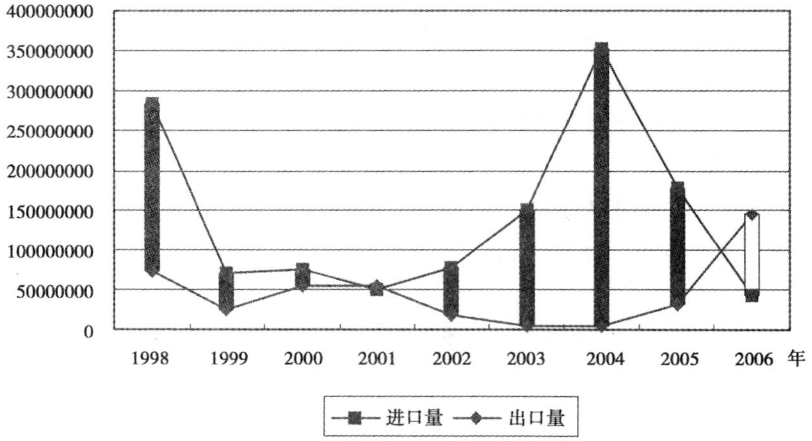

数据来源：《中国菜籽油市场专项研究报告 2007》。

图 5－2　中国菜籽油进出口对比（1998～2006 年）

三、我国菜籽油的进口情况是怎样的？

我国从 1986 年起就是菜籽油净进口国，菜籽油进口量占世界菜籽油进口量的比重最高时达到 28. 71%，进口油菜籽折油量和菜籽油进口量占国内菜籽油供给量的比重在 2000 年达到 34. 5%。如果按照配额数量进口，中国菜籽油进口量在世界菜籽油进口市场上将处于举足轻重的地位。如图 5－3 所示。

我国菜籽油进口大体分为逐渐上升阶段和整体下降阶段，见图 5－4、图 5－5。

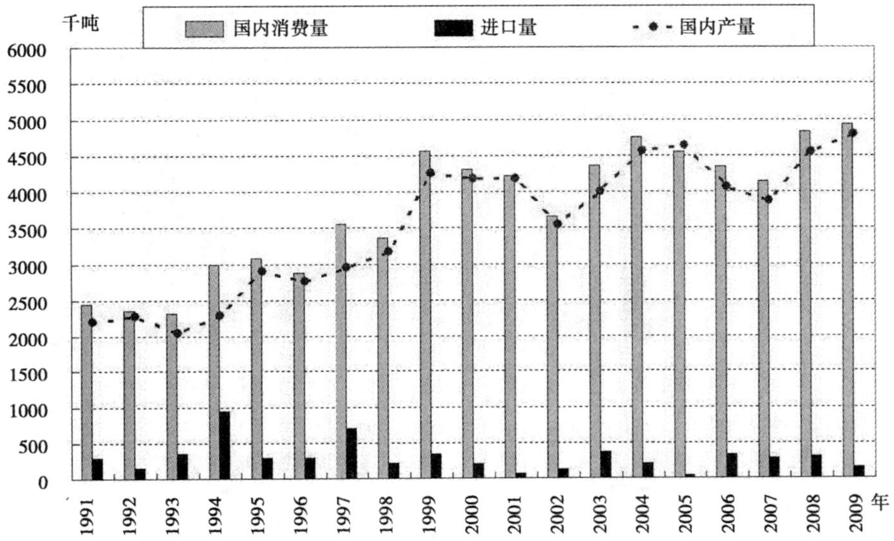

数据来源：美国农业部（USDA）。

图 5－3　我国菜籽油产量、消费量、进口量统计图（1991～2009 年）

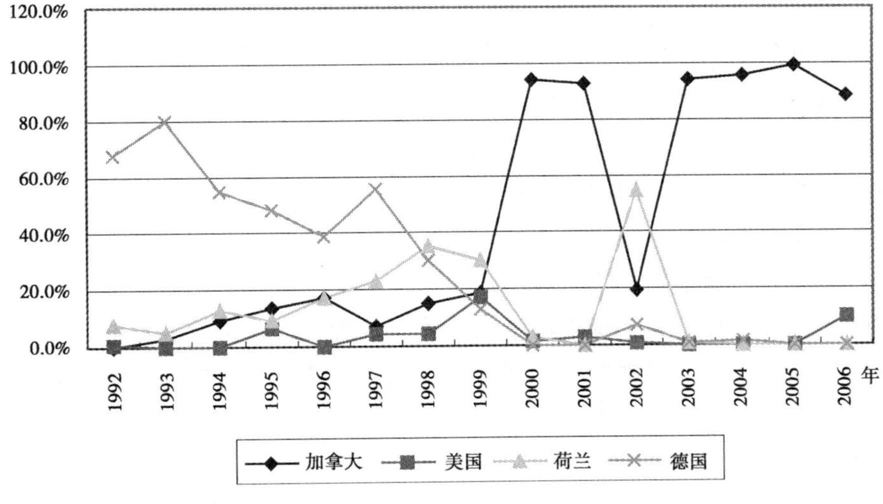

数据来源：《中国菜籽油市场专项研究报告 2007》。

图 5－4　中国菜籽油进口主要来源国份额变化（1992～2006 年）

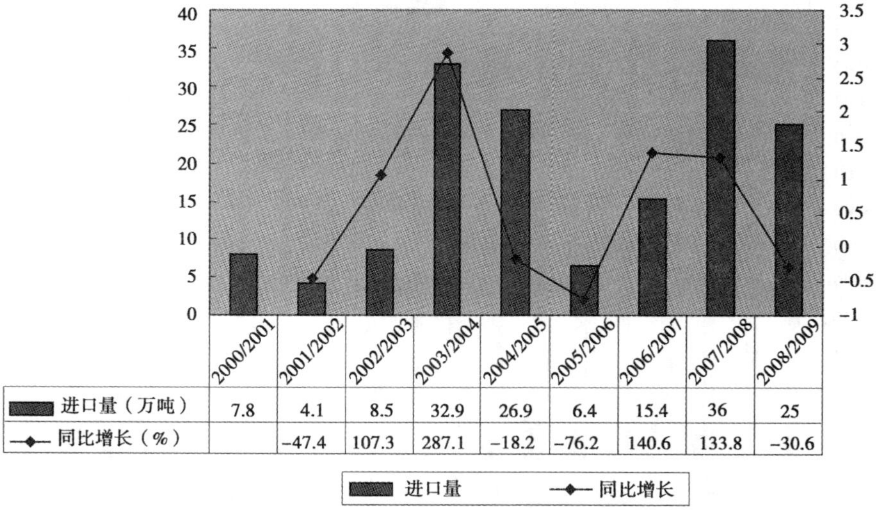

	2000/2001	2001/2002	2002/2003	2003/2004	2004/2005	2005/2006	2006/2007	2007/2008	2008/2009
进口量（万吨）	7.8	4.1	8.5	32.9	26.9	6.4	15.4	36	25
同比增长（%）		-47.4	107.3	287.1	-18.2	-76.2	140.6	133.8	-30.6

数据来源：国家粮油信息中心。

图 5-5　中国菜籽油进口数量及增长情况（2000/2001～2008/2009 年度）

我国在各个时期的进口情况大致如下：

1992～1995 年间，我国菜籽油的进口整体逐渐上升，上升的速度也相对较快，三年间，菜籽油进口从 19.3 万吨上升到 63 万吨，年均增长率为 48.4%。1996 年，我国菜籽油进口开始逐年减少，直至 2001 年下降到一个较低水平，进口量仅有 3.9 万吨。此波下降主要是由于油菜籽的进口量持续加大，油菜籽替代菜籽油进口来满足国内市场的消费。另外，在此期间，国际菜籽油到岸价格高于国内菜籽油价格，进口菜籽油相对缺乏竞争力，也成为此阶段进口量下降的主要原因；随后，菜籽油进口出现小幅的回升，但回升幅度不大，到 2004 年回升到 35.3 万吨，之后又开始缓慢下降。2007/2008 年度，我国菜籽油进口量达 36 万吨，2008/2009 年度，菜籽油进口量达 38 万吨，预计 2009/2010 年度，我国菜籽油进口量将下降至 20 万吨。

20 世纪 90 年代，我国菜籽油进口的主要来源国家是德国，其占中国菜籽油总进口量的份额在 1993 年达到一个较高的水平，份额将近 80%。之后，我国菜籽油进口来源短期出现多样化，从加拿大、美国、荷兰等国家进口的菜籽油数量都比较多，使得德国的份额逐渐开始下降；到 2000 年来自加拿大的菜籽油数量急剧增加，从此，加拿大成为我国菜籽油进口的主要来源国家，2005 年其份额达到 99.6%，2006 年有小幅回落，至 88.6%。

从总体上看，近年我国菜籽油进口量通常大于出口量，且每年菜籽油进口量变化较大，如图 5-6 所示。我国菜籽油进口量最高纪录是 1994 至 1995 年的 63 万吨左右。

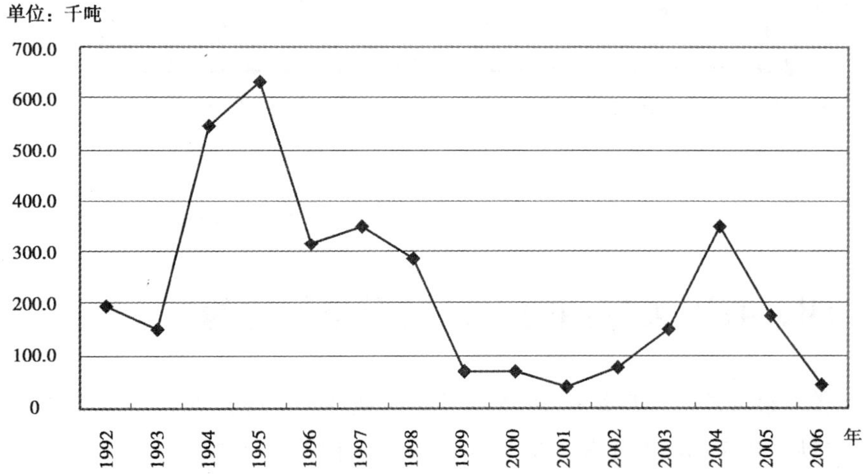

数据来源：《中国菜籽油市场专项研究报告 2007》。

图 5-6 中国菜籽油进口情况（1992~2006 年）

由于菜籽油进口具有季节性，因此对 2006~2008 年各月度菜籽油进口量进行统计分析可知：在 2007~2008 年中，菜籽油进口数量较多的月度分布在 5、6、7、8、9 月份；2006 年由于上半年国内菜籽油市场的不景气，10 月份以前进口数量较少，11 月份以后开始快速增长，12 月份进口数量最多。如图 5-7 所示。

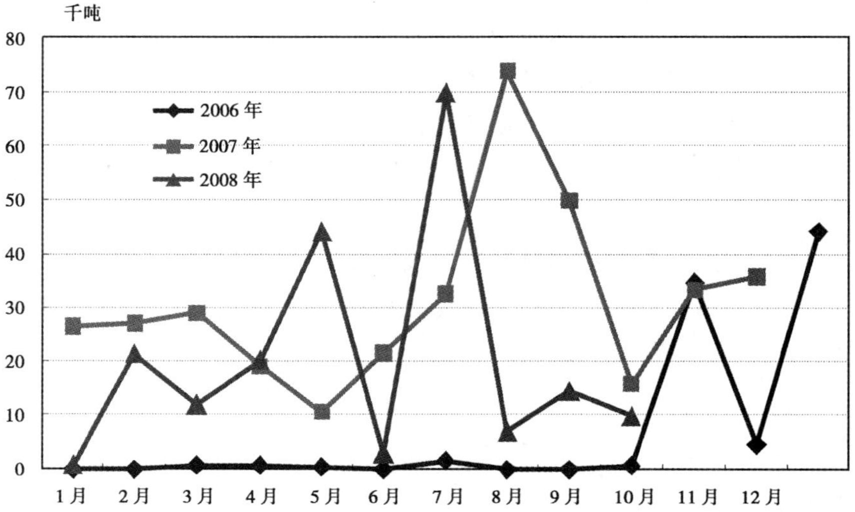

数据来源：国家粮油信息中心。

图 5－7 中国菜籽油月度进口量统计（2006～2008 年）

四、我国菜籽油的出口情况是怎样的?

我国菜籽油的出口量从 1995 年开始出现持续下降，到 2004 年降到 5419 吨，之后 2004～2006 年三年间发生回升，且回升速度较快，年均增长率达到 198%。整体看，目前中国菜籽油出口量较少，海外市场较小，并且品牌性不强。如图 5－8、图 5－9 所示。

据中国海关总署的统计显示，2008 年 1～12 月，我国菜籽油出口国家有日本、韩国和安哥拉国；2007 年 1～12 月，我国菜籽油出口国家仅日本一个国家；2006 年 1～12 月我国菜籽油出口国家有荷兰、日本和尼泊尔。1995 年，我国菜籽油出口量达 17 万吨左右，创历史最高纪录。而 2006/2007 年度我国菜籽油出口量 11.9 万吨，为近年来最高值。其他年份出口量均较少，2007/2008 年度出口量仅有 0.7 万吨。2008/2009 年度，我国菜籽油出口量超过 1 万吨，预计 2009/2010 年度，我国菜籽油出口量在 1 万吨左右。

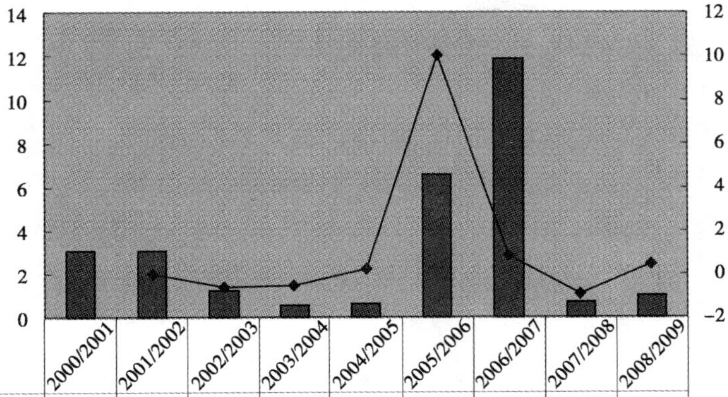

	2000/2001	2001/2002	2002/2003	2003/2004	2004/2005	2005/2006	2006/2007	2007/2008	2008/2009
出口量（万吨）	3	3	1.2	0.5	0.6	6.6	11.9	0.7	1
同比增长（%）		0.00	-60.00	-58.33	20.00	1000.0	80.30	-94.12	42.86

数据来源：国家粮油信息中心。

图 5－8　中国菜籽油出口数量及增长情况（2000/2001～2008/2009 年度）

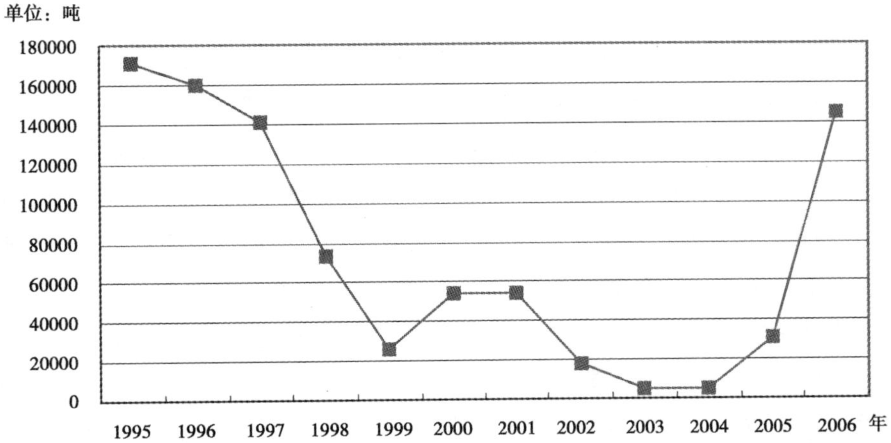

数据来源：《中国菜籽油市场专项研究报告 2007》。

图 5－9　中国菜籽油出口情况（1995～2006 年）

五、全球菜籽油的进口情况是怎样的？

2003/2004～2006/2007 年度，世界菜籽油的进口量总体呈现上升的态势，从 2004/2005 年度的 119 万吨上升到 221 万吨；随后，菜籽油进口量出现下降，2007/2008 年度世界菜籽油的进口量达到 203 万吨，2008/2009 年度菜籽油进口量达到 230 万吨。如图 5－10。

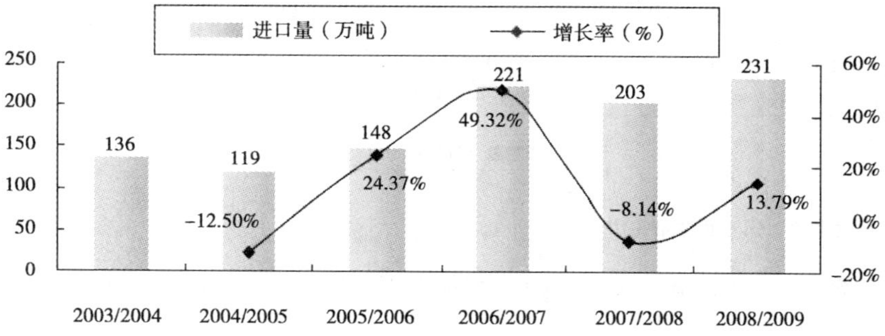

数据来源：美国农业部（USDA）、中商情报网。

图 5－10　世界菜籽油进口趋势图（2003/2004～2008/2009 年度）

世界菜籽油的第一大进口地区是欧盟，2008/2009 年度，欧盟菜籽油进口量占世界总进口量的 18.8%；美国是世界第一大菜籽油进口国，由于美国是菜籽油的主要消费国，却不是菜籽油的主要生产国，为满足本国庞大的菜籽油消费市场，需要从国外市场进口大量的菜籽油，因此美国菜籽油的年进口量基本维持在 50 万～70 万吨之间；世界菜籽油的第二大进口国是中国，我国作为世界上除欧盟外第二大菜籽油消费国，本国菜籽油的生产不能满足自身的需求，因此需要从国际市场上进口菜籽油。2008/2009 年度中国菜籽油进口量占世界总进口量的 15.8%。菜籽油进口量位居世界第三的是印度，印度同样具有比较大的菜籽油消费市场。见表 5－2 及图 5－11、图 5－12。

表 5－2　　世界菜籽油主要进口国进口情况

（1996/1997～2005/2006 年度）　　（单位：万吨）

年度	1996/1997	1997/1998	1998/1999	1999/2000	2000/2001	2001/2002	2002/2003	2003/2004	2004/2005	2005/2006
美国	50.2	50.4	50.3	53.4	54.5	50.3	44.5	64.6	50.9	64.8
中国	29.1	32.3	15.3	3.9	8.5	4.8	11.5	16	23	10
印度	3	6.6	24.1	16	5	0.5	5	2.5	0	—
加拿大	5.2	7.6	0.9	10.2	5.6	3.4	5	3	3	3
日本	0.5	0.4	0.2	1.4	2.2	1.8	1.8	1.5	7.5	6
欧盟	3.2	1	0.7	1	0.3	0.5	2.6	1.5	4.5	23.5
墨西哥	4.8	5.4	11	6.6	6.7	9.4	8	5	7	9
孟加拉	1	1	1	1	1.1	1.6	1	0.2	0.3	—

数据来源：《中国菜籽油市场专项研究报告 2007》。

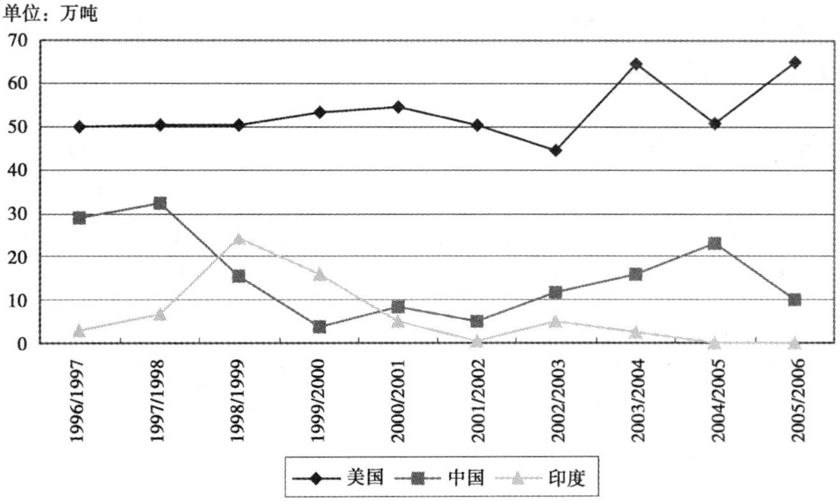

数据来源：《中国菜籽油市场专项研究报告 2007》。

图 5－11　世界菜籽油主要进口国进口量（1996/1997～2005/2006 年度）

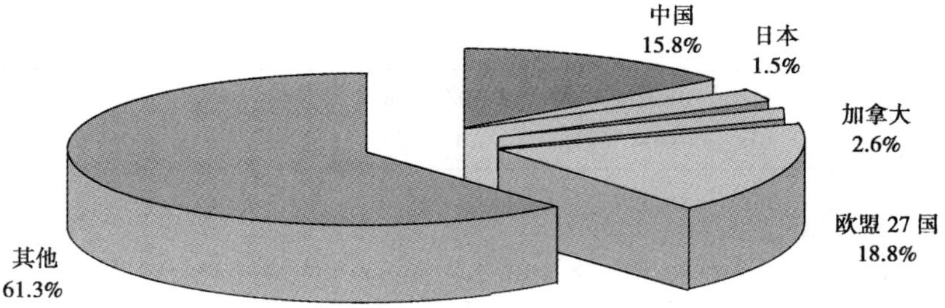

数据来源：美国农业部（USDA）、中商情报网。

图 5－12　世界菜籽油进口国分布（2008/2009 年度）

六、全球菜籽油的主要出口国（或地区）有哪些？

在世界菜籽油出口贸易总量中，加拿大菜籽油出口位居世界第一，其出口量近年来占世界总出口贸易量的 60%～70%；位居菜籽油出口量第二的是欧盟，尽管由于近年来欧盟内部生物柴油行业发展对菜籽油的工业需求持续旺盛，欧盟可供出口的菜籽油数量出现明显的下降，但欧盟菜籽油出口量仍处于世界第二；中国菜籽油出口量总体处于世界第五的位置。见表 5－3 及图 5－13、图 5－14。

表 5－3　世界菜籽油主要出口国出口情况（1997/1998～2005/2006 年度）

（单位：万吨）

年度	1997/1998	1998/1999	1999/2000	2000/2001	2001/2002	2002/2003	2003/2004	2004/2005	2005/2006
澳大利亚	3.8	5.1	40	2.8	3.5	2.5	5.2	4	5
加拿大	70.9	74.1	78.7	73.8	56.3	51.5	82.1	81.4	95
美国	15.7	12.4	12.9	8.3	11.6	7	12.6	12	17.9
欧盟	76.8	70.8	60.7	19.9	36.1	29.5	14.3	12.5	7.5
印度	0.5	0	0.2	0.1	0.2	0.2			
中国	10	2.3	7.1	7.2	2.3	2.5	0.5	0.9	10
其他	33.6	28.6	30.4	28	19.3	17.9			
总计	211.4	193.3	194	140.1	129.3	111	114.7	113.8	139.8

数据来源：《中国菜籽油市场专项研究报告 2007》。

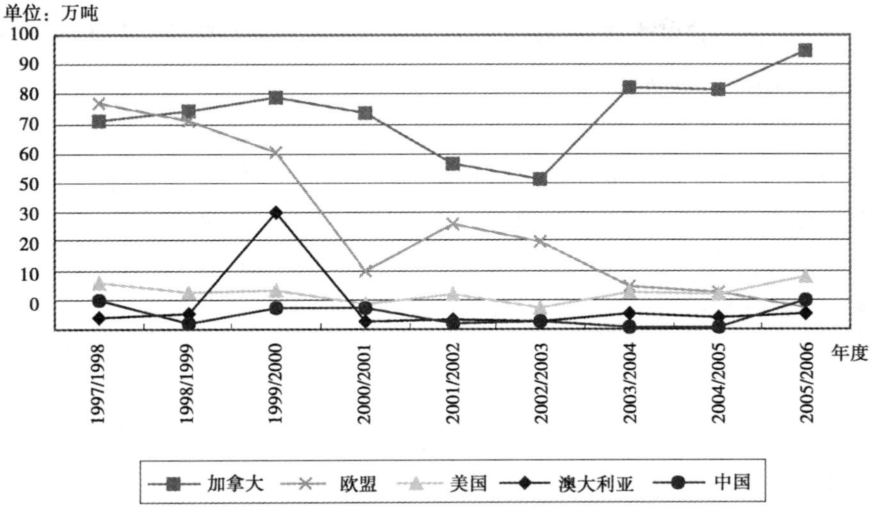

数据来源：《中国菜籽油市场专项研究报告2007》。

图5－13 世界菜籽油分国别出口情况（1997/1998～2005/2006年度）

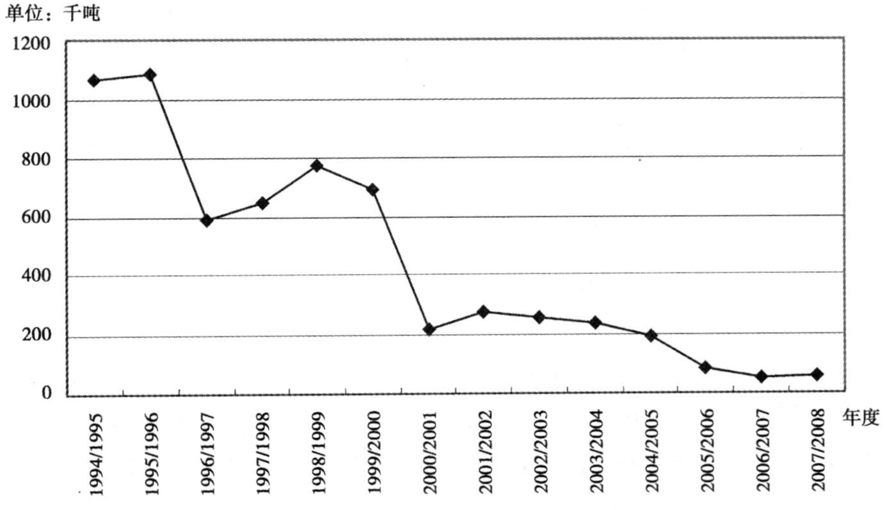

数据来源：美国农业部（USDA）。

图5－14 欧盟菜籽油出口量变化（1994/1995～2007/2008年度）

七、近年来全球菜籽油出口量占植物油出口量的比重有哪些变化？

20 世纪 90 年代以来，世界菜籽油的出口量一直位居植物油的第四位，排在菜籽油之前的依次是棕榈油、豆油、葵花籽油，2006/2007 年度，这三个品种占总植物油出口量的比重分别为 55%、22% 和 9%，而菜籽油的比重为 4%。见图 5－15。

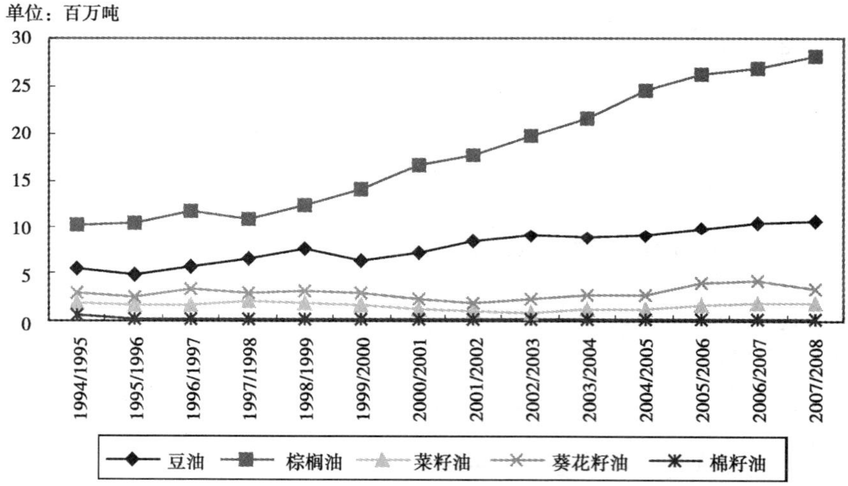

数据来源：《中国菜籽油市场专项研究报告 2007》。

图 5－15 世界不同植物油出口量变化情况（1994/1995～2007/2008 年度）

1994/1995～2002/2003 年度，世界菜籽油的出口量总体呈现下降的态势，从 1994/1995 年度的 179 万吨下降到 91 万吨；随后，菜籽油出口量出现缓慢回升，2006/2007 年度，世界菜籽油的出口量达到 196 万吨；2007/2008 年度，世界菜籽油的出口量达到 190 万吨；2008/2009 年度菜籽油出口量达到 220 万吨左右。见图 5－16。

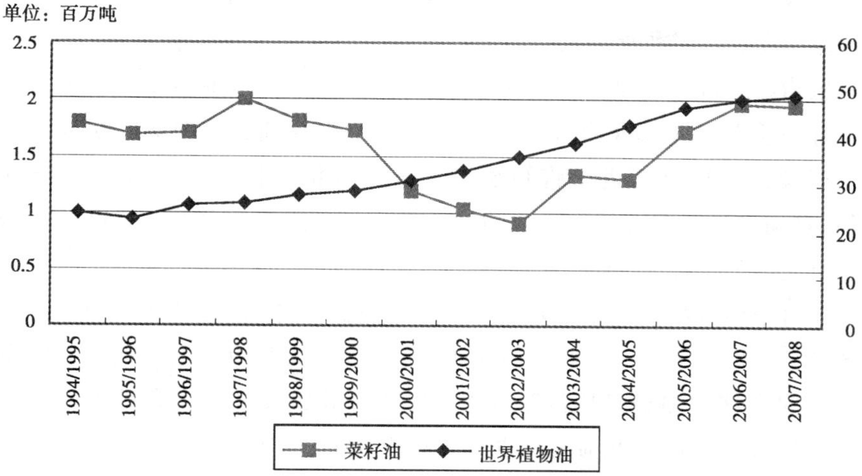

数据来源：《中国菜籽油市场专项研究报告 2007》。

图 5－16　世界菜籽油出口量与植物油总出口量对比（1994/1995～2007/2008 年度）

八、我国菜籽油现行贸易政策有哪些？

（一）关税政策

20 世纪 90 年代中期以来，我国植物油进口实行的是进出口配额管理制度，后来为加快我国加入 WTO 的步伐，我国政府承诺自加入 WTO 起，即取消对油料作物产品的关税配额，实行单一关税。因此，我国植物油进口关税配额制度逐步发生变化，植物油的进口配额额度逐步开始放大。

以菜籽油为例，入世前 2001 年我国菜籽油的进口配额为 73.92 万吨，入世的 2002 年为 87.89 万吨，到 2005 年为 124.3 万吨。配额内税率为 9%，配额外税率 2002～2005 年的 4 年内由 52.4% 降至 19.9%。

为完成加入 WTO 时的承诺，2002 年 1 月商务部、国家发改委联合发布《农产品进口关税配额管理暂行办法》，办法规定对包括豆油、菜籽油、棕榈油在内的植物油实行进口关税配额管理。在公历年度内，国家根据对外承诺和工农业生产及市场需求情况，确定实行进口关税配额管理的农产品年度市场准入数量；在确定数量内的农产品进口适用于关税配额内税率，在确定数量外和超过确定数量的农产品进口适用于关税配额外税率。

植物油进口关税配额管理制度实行四年之后，中国根据加入世界贸易组织的有关承诺，自2006年1月1日起，取消了豆油、棕榈油、菜籽油进口关税配额，实行自动进口许可管理，进口豆油、棕榈油、菜籽油需按照《货物自动进口许可管理办法》的有关规定办理进口，豆油、菜籽油、棕榈油进口优惠关税都为9%，普通关税分别为190%、170%、40%。

油料进出口政策方面，大豆从1996年就开始实施进口许可制，不设配额限制、关税降至3%。经过十年的变迁，我国大豆贸易已经从以往的净出口转变为全球的净进口国。2007年10月为增加大豆进口满足国内市场需求，商务部决定临时下调大豆进口关税至1%，实施时间为10～12月3个月，之后恢复原来3%的进口关税。

考虑到目前我国植物油市场需求连续旺盛，而受耕地面积等多方面因素的影响，我国油料自身生产能力在短期内提高幅度相对有限，难以完全满足植物油市场的需求。因此，预期在未来的3～5年内，我国油脂、油料方面的进口政策将继续保持目前较低的关税。

（二）安全条例

2002年3月，我国实施了《农业转基因生物安全管理条例》，对转基因农产品实行安全许可和标示制度。由于50%左右的加拿大油菜均为转基因产品，因此该条例的实施在最近几年内将有效抑制加拿大油菜籽的进口，为我国油菜生产近期内的快速发展提供了市场基础，也为提升我国油菜产业化以应对激烈的国际竞争赢得了时间。

（三）国储及轮换政策

我国食用油的储备规模相对粮食较小，食用油的储备同样分为中央储备和地方储备两大部分。豆油、菜籽油是我国植物油储备的最主要的两个品种，菜籽油的储备数量又小于豆油的储备数量。菜籽油国家储备以湖北、安徽、四川、浙江、上海等地规模较大。菜籽油不适合长期储藏，因此国家储备菜籽油一般两年轮换一次，甚至有时候需要视菜籽油的品质而每年轮换一次。菜籽油的轮换时间一般在每年新菜籽油大量上市之前的6月中下旬比较集中，大量国储菜籽油的轮换上市对市场价格有一定的打压作用。

为进一步完善我国食用植物油市场调控机制，确保当前食用植物油市场供应和价格基本稳定，预计我国政府将加大力度不断健全我国食用油储备制度，预期我国食用油储备制度将有望在未来2～3年内得到全面的建设，以能够更为及时、有效地采取宏观调控政策来稳定国内食用植物油市场的供应。

由于国家调控政策对市场供求关系有重要影响，本书将在第六章进一步介绍国储及轮换政策的详细情况。

（四）政策扶持

2007年10月8日，国务院出台《关于促进油料生产发展的意见》，意见规定要加强健全大豆和食用植物油储备制度；进一步完善大豆及食用植物油中央和地方两级储备体系，适当扩大大豆和食用植物油的中央储备规模，并择机分步充实储备库存，充分发挥储备吞吐作用，以保护农民生产积极性和大豆油料生产能力，保证国内市场供应；鼓励大型国有粮油加工企业适当增加商业周转储备，由国家通过招标方式确定具体承储企业和承储数量，政府给予一定的贷款贴息支持。

2007年11月7日，为贯彻落实《国务院办公厅关于促进油料生产发展的意见》（国办发［2007］59号）和国务院领导同志关于做好食用植物油供应工作的重要批示精神，国家粮食局发出了《关于做好当前食用植物油市场供应工作》的通知，通知要求进一步充实成品粮油及小包装粮油地方储备库存。各地特别是主销区和库存薄弱地区，要根据市场需求及粮食应急需要，进一步充实成品粮油地方储备库存，增强市场调控能力。京、津、沪等大中城市及敏感地区，要适当增加小包装成品粮油应急储备数量，确保十天以上的市场供应量，并积极做好货源组织调度工作，保证市场供应不脱销、不断档。自2007年12月起，各地要将成品粮油储备库存情况按月报送国家粮食局。

九、为什么菜籽油的中间贸易商在经营活动中往往面临较大的价格风险？

在企业的经营过程中，采购、库存、销售环节是企业风险的主要来源。

我国菜籽油生产和贸易的特点是“季产年销”，油脂加工企业基本上都是用一个半月的收购时间押注余下十个多月的行情。加之菜籽油价值量高、价格波动幅度大，市场因素的较小变动会引起价格的较大波动。因此，菜籽油价格的不稳定给生产企业及中间贸易商带来了较大的市场风险。

菜籽油贸易企业作为菜籽油产业链上的中间环节，一边连接市场，一边连接生产企业。由于中间贸易商并不直接从事菜籽油生产，而是从低买高卖中赚取差价，因此中间贸易商定价能力较低，菜籽油价格波动对其经营活动影响很大。

相关油脂的进口也给菜籽油价格带来冲击。我国豆油与棕榈油对国外市场依存度高，豆油达到80%以上，棕榈油100%依靠进口，菜籽油的自给率虽然达到90%以上，但是，由于三者之间的强烈替代作用，菜籽油价格受到巨大影响；从年度供给角度看，豆油与棕榈油随时进口，持续供给，有调整空间，而油菜籽则是季节性收购、加工，常年储藏、销售。因此，加工、储藏期间菜籽油价格波动，往往会给生产企业以及中间贸易商带来巨大的市场风险。

如何化解上述市场风险？中间贸易商用好、用活菜籽油期货市场的特有功能，就能获得有效的风险化解手段。

我们将在第八章中通过相关案例，逐一介绍中间贸易商利用菜籽油期货市场的具体做法。

自 测 题（答案见本书最后）

一、单选题

1. 我国传统菜籽的主产区也是食用菜籽油的主要消费区域，即(　　)。

A. 黄河流域　　　　B. 长江流域

C. 东北地区

2. 目前，我国豆油、菜籽油、棕榈油进口优惠关税都为(　　)。

A. 9%　　　　B. 12%

C. 15%

3. 2008至2009年度，我国菜籽油出口量超过(　　)万吨。

A. 3　　B. 2

C. 1

4. 我国实施《农业转基因生物安全管理条例》的时间是(　　)。

A. 2002 年　　B. 2003 年

C. 2004 年

5. 世界第一大菜籽油进口国是(　　)。

A. 欧盟　　B. 中国

C. 美国

6. 我国菜籽油生产和贸易的特点是(　　)。

A. 年产季销　　B. 季产季销

C. 季产年销

7. 我国是从(　　)年开始，取消了豆油、棕榈油、菜籽油进口关税配额，而实行自动进口许可管理，进口豆油、棕榈油、菜籽油需按照《货物自动进口许可管理办法》的有关规定办理进口。

A. 1993　　B. 2002

C. 2006

8. 在流通和库存环节，中间贸易商的经营风险主要来自于(　　)。

A. 期货价格下跌　　B. 现货价格下跌

C. 期货价格上涨

9. 中间贸易商获取利润的主要方式是(　　)。

A. 买卖价差　　B. 期现套利

C. 加工利润

10. 中间贸易商经营过程中的敞口风险主要是(　　)。

A. 库存的价格波动风险　　B. 违约风险

C. 安全风险

二、多选题

1. 以下(　　)（地区）属于世界菜籽油四大主产国（地区）。

A. 欧盟　　B. 美国

C. 中国　　D. 南美洲

2. 在企业的经营过程中，风险主要来自(　　)。

A. 采购环节　　B. 库存环节

C. 生产环节　　D. 销售环节

3. 世界植物油脂贸易中，居于前三位的植物食用油是(　　)。

A. 豆油　　B. 棕榈油

C. 菜籽油　　D. 葵花籽油

4. 中间贸易商在贸易过程中，扮演的角色有(　　)。

A. 采购人　　B. 中间人

C. 加工商　　D. 销售人

5. 全球前三大菜籽油进口国家是(　　)。

A. 中国　　B. 美国

C. 印度　　D. 法国

三、判断题

1. 目前，加拿大是我国菜籽油进口的主要来源国家。(　　)

2. 20 世纪 90 年代以来，世界菜籽油的出口量一直位居植物油的第三位。(　　)

3. 豆油、菜籽油是我国植物油储备的最主要的两个品种，菜籽油的储备数量又大于豆油的储备数量。(　　)

4. 从历年流向看，菜籽油消费量大、当地菜籽产量不足以满足需求的江浙、川渝等地是菜籽和菜籽油的主要调入地区；菜籽产量大、较为富余的安徽、湖北等地则是菜籽和菜籽油的主要调出区。(　　)

5. 采购和销售平衡，中间贸易商就不存在敞口风险。(　　)

第六章
菜籽油的消费

【本章要点】

本章主要对菜籽油消费的相关知识、国内外菜籽油消费的历史、现状以及前景等方面作出介绍，同时对影响菜籽油消费的因素进行了分析。投资者阅读本章可以对国内外菜籽油消费的基本情况和重要特点有所了解。

一、我国菜籽油消费的历史和现状是怎样的？

菜籽油与豆油、花生油和棉油一道，并列为我国传统的四大食用植物油。菜籽油曾因其广泛的消费基础而居四油之首，这种状况一直持续到20世纪90年代初。

我国是世界最大的菜籽油消费国，消费量占世界总消费量的30%左右。菜籽油是我国的主要食用油品种之一；20世纪90年代以来，我国菜籽油消费逐年上升。1990年国内菜籽油消费量仅250万吨，2001年最高达到463万吨，近年来我国菜籽油消费稳定在450万吨左右。

我国菜籽油消费量受不同油脂比价的影响比较大。2001年以前，菜籽油在我国植物油消费总量中居第一位。2001 年以后，随着国内豆油产量和进口豆油量的上升，豆油价格大幅下降，国内豆油消费量上升为第一位。之后，由于国际市场棕榈油价格较低，棕榈油的到岸价平均低于国内菜籽油价格 1000 元以上，国内棕榈油消费量不断增加。同时，掺兑到菜籽油（包括豆油）中的棕榈油量增加，影响了菜籽油消费量的增长。随着我国进口棕榈油数量的增加，2005/2006 年度菜籽油消费退居第三位。

近年来，我国植物油需求总体强劲。2000 年以来，国内市场对菜籽油的消费量整体呈现上升的态势，但随着我国取消进口植物油配额制度，国内植物油市场对外开放，豆油、棕榈油等油脂的大量进口使得菜籽油在我国植物油的消费比重呈现逐年减少的趋势。

从加工能力上看，国内菜籽产量远不能满足国内的压榨需求，不少企业因为原料短缺而在下半年加工棉籽油。另外菜籽油的需求受豆油及棕榈油的影响较大，很多传统菜籽油消费市场正在被豆油渗透和挤占。因此，相对其他食用植物油，2000 年以来菜籽油消费的增长较为缓慢。

油脂是人类不可缺少的食物成分之一，其主要作用包括：

1. 提供能量。油脂中含碳量达 73% ~76%，高于蛋白质和碳水化合物 2.25 倍（每克脂肪进入人体后可产生能量 9 千卡）。

2. 提供必需的脂肪酸。α－亚麻酸和它的长碳链衍生物（ω－3 系列的脂肪酸，如 EPA 和 DHA 等）对大脑的发育和心血管疾病有一定的保健作用。

3. 提供并帮助脂溶性维生素的吸收。油脂是各种脂溶性维生素，如维生素 A、维生素 D、维生素 E、维生素 K 的载体，并帮助机体对这些维生素的吸收。

4. 构成体脂和细胞生物膜结构。油脂还赋予食品良好的风味，并帮助香气散发，增加食欲。

二、我国菜籽油消费的比重及地域分布有哪些特点？

我国菜籽油消费主要用于食品消费、家庭消费、餐饮消费以及其他工业消费。

20世纪90年代以来，随着食品工业的发展、人均收入的提高以及餐饮业的不断发展使得菜籽油的国内消费总量整体呈现上升的态势。而由于一些发达城市人民生活节奏的加快，居民在外餐饮消费越来越多，使得菜籽油的餐饮消费比重出现上升，家庭消费比重相对下降，2006/2007年度我国菜籽油的餐饮消费比重为18%，较1993/1994年度提高11个百分点，而家庭消费比重下降9个百分点至76%。鉴于我国居民生活水平不断提高，城市化进程继续加大，预期未来3～5年内我国餐饮消费的比重将有望继续增长，并达到20%的比重。

由于传统菜籽油色深油浑，且炒菜时容易产生一股生涩气，人们对菜籽油的认识存在成见和误区。尽管我国研制出了多种优质菜籽油，但国产油缺乏优势品牌，使得优质菜籽油在超市中仍难觅踪影。

以菜籽油为主的调和油或纯菜油品牌在超市也比较少见，纯菜油销售只占食用油市场不到5%的份额。同时，各地餐馆里用菜籽油较少，原因是用菜籽油加工菜肴会改变菜的颜色，只有在炸制辣椒和加工色泽深的菜时会用。川菜馆、火锅店的烹饪符合这一特点，用菜籽油较多。

从我国菜籽油消费区域上来看，传统菜籽的主产区也是食用菜籽油的主要消费区域，即长江流域，包括长江上游的四川、重庆、贵州；中游的湖北、湖南、安徽和河南南部；下游的江苏、上海和浙江等省市。随着我国豆油产量和进口量的不断增加，长江中下游豆油消费量不断增加，菜籽油作为主要植物油消费品种的地位开始动摇。

从菜籽油流向来看，多数菜籽油企业采取就近加工，就近销售。江浙地区每年从安徽、湖北和东北等地区调进菜籽，加工的菜籽油主要在本地销售；川渝地区每年需从湖北、安徽和江苏等地调进菜籽油在本地销售；贵州、云南等地由于菜籽油产不足需，每年也从外地调进菜籽和菜籽油。内蒙古等地的春油菜籽主要调往浙江地区加工成菜籽油后在本地销售。随着小包装调和油销售量的增长，作为调和油主要成分之一的菜籽油的销售范围有扩大趋势。

资料链接：食用植物油的技术标准

食用植物油的技术指标主要有色泽、酸价、过氧化值、浸出油溶剂残留量、黄曲霉毒素B1等。

色泽：植物油通常是淡黄色或淡绿色等不同的色泽，这是由于胡萝卜素、叶绿素、叶黄素、维生素E的氧化物等油溶性色素存在所致。不同油料、不同加工方法的油脂具有不同的色泽。

酸价：油脂的精炼程度和品质好坏的重要标志之一。除米糠油和椰子油可能由于油料中本身游离脂肪酸含量高外，酸价高说明油脂精炼程度较低，或由于某种因素如温度较高、含水量过多、含有某些金属离子或长期存放，与空气接触氧化，导致油脂劣变。酸价高的油脂不宜储存，也不宜食用。国家强制性标准规定，一级油酸价不得超过1.0mgKOH/g，二级油酸价不得超过4.0mgKOH/g，色拉油酸价不得超过0.3mgKOH/g。

过氧化值：油脂与空气中的氧发生氧化作用所产生的氢过氧化物，是油脂自动氧化的初级产物，它具有高度活性，能够迅速地继续变化，分解为醛酮类和氧化物等，致使油脂酸败变质。因此，氢过氧化物是油脂初期氧化程度的标志。氢过氧化物对人体健康有害，过氧化值高的油脂不宜食用。国家强制性标准规定，花生油、葵花油、米糠油的过氧化值不得超过20meq/kg，菜籽油、大豆油、棉籽油的过氧化值不得超过12meq/kg，色拉油的过氧化值不得超过10meq/kg。

酸价高和过氧化值高说明油脂不够新鲜，油脂酸败会导致不饱和脂肪酸、脂溶性维生素氧化破坏，不同程度降低了食用油的营养价值，酸败产物还可对人体健康造成不良影响，如对机体重要酶系统有明显破坏作用，酸败油脂可导致肝脏肿大和生长发育障碍。

三、我国菜籽油消费的前景如何？

随着经济水平的发展，我国的人均食用油消费量正在迅速增长。1993年我国植物油人均年消耗量为6.87公斤，1998年则达到8.47公斤，随着经济的发展和人民生活水平的提高，目前这一数字已经超过17公斤。然而，我国食用油的消费水平只有世界平均水平的2/3，不到发达国家的1/3。

把饮食文化相同的大陆和台湾进行对比就可以发现，大陆的食用油消费仍有很大的增长空间：2007年，大陆的人均食用油消费量仅为15.5公斤，而台湾则达到25公斤。

同时，随着人民生活水平的不断提高，人们在关注粮油产品安全性的基础上，将进一步注重食用油的优质、营养和安全性。

我国多年来一直致力于研制优质菜籽油。以“双低”油菜籽为原料的优质菜籽油，营养丰富，食味纯正，最具健康标准，被誉为“东方橄榄油”。在我国，尽管菜籽油的消费量比重有所下降，但由于“双低”菜籽油的饱和脂肪酸含量在普通食用油中是最低的，使之成为最有利于健康的食用油之一，再加上我国居民向来具有消费菜籽油的饮食习惯，可以预见，未来我国菜籽油的食用总消费量将继续呈现稳步增长的态势。

此外，利用菜籽油加工生产生物柴油的发展前景十分广阔。菜籽油被许多国家认为是最理想的加工生物柴油燃料。我国石油储量有限，是一个石油净进口国，大量进口石油对我国的能源安全造成威胁。因此，提高油品质量具有重大的现实意义。而生物柴油具有可再生、清洁和安全三大优势，目前各方面的研究又取得了阶段性成果，预计在数年内，我国在该领域的研究将会达到实用水平。由此看来，我国生物柴油发展空间很大。而作为制造生物柴油的最好原料之一的菜籽油，其在国内工业消费前景也十分广阔。

什么是“双低”菜籽油？

“双低”油菜是指芥酸含量低、饼粕硫甙含量低的油菜，而用“双低”油菜制取的油则称为“双低”菜籽油。

芥酸是一种对人体有危害的脂肪酸，不易消化，大量摄入后，会造成血管壁增厚，并形成心肌脂肪堆积。而“双低”菜籽油则可通过降低有害的芥酸含量，显著提高菜籽

油的有益营养成分。加拿大、芬兰、瑞典、美国等国科学家近年的跟踪研究表明，食用低芥酸菜籽油的人胆固醇总量比常规饮食的人群低15%至20%，其心血管病发生率也相应减少。目前，菜籽油已成为多个发达国家市场上受消费者青睐的食用植物油之一。

随着近十年我国食用油消费结构发生巨大变化，菜籽油消费比例大幅下降，而棕榈油和大豆油的消费比例则大幅上升。为提高我国国民的身体健康水平，有关部门积极推广“双低”油菜种植，并通过舆论宣传、行政推动，出台相关扶持政策，努力打造“双低”品牌，引导国民消费低芥酸菜籽油和营养消费。同时，用“双低”菜籽油副产品低硫甙菜籽饼粕加工的高蛋白饲料营养价值也很高，菜籽饼粕是高品质的饲料添加剂，用这种新饲料喂养的禽畜，人食用后同样对身体健康大有好处，也有益于提高饲养效益。

资料链接：菜籽油的质量鉴别方法

鉴别菜籽油质量时可以看颜色，一级菜籽油的颜色介于微红、微黄之间，二级菜籽油颜色较一级稍微深些，闻起来有菜籽的味道。有一个简单的区分办法，在一定温度下，菜籽油遇冷不凝固，只是变浓些。

色泽：

进行菜籽油色泽的感官鉴别时，可按大豆油色泽的感官鉴别方法进行。

良质菜籽油——呈黄色至棕色。

次质菜籽油——呈棕红色至棕褐色。

劣质菜籽油——呈褐色。

透明度：

进行菜籽油透明度的感官鉴别时，可按大豆油透明度的感官鉴别方法进行。

良质菜籽油——清澈透明。

次质菜籽油——微混浊，有微量悬浮物。

劣质菜籽油——液体极混浊。

水分含量：

进行菜籽油水分含量的感官鉴别时，可按照大豆油水分含量的感官鉴别方法进行。

良质菜籽油——水分含量不超过0.2%。

次质菜籽油——水分含量超过0.2%。

杂质和沉淀物：

进行菜籽油杂质和沉淀物的感官鉴别时，可按照大豆油杂质和沉淀物的感官鉴别方法进行。

良质菜籽油——无沉淀物或有微量沉淀物，杂质含量不超过0.2%，加热至280℃油色不变，且无沉淀物析出。

次质菜籽油——有沉淀物及悬浮物，其杂质含量超过0.2%，加热至280℃油色变深且有沉淀物析出。

劣质菜籽油——有大量的悬浮物及沉淀物，加热至280℃时油色变黑，并有大量沉淀析出。

气味：

进行菜籽油气味的感官鉴别时，可按照大豆油气味的感官鉴别方法进行。

良质菜籽油——具有菜籽油固有的气味。

次质菜籽油——菜籽油固有的气味平淡或微有异味。

劣质菜籽油——有霉味、焦味、干草味或哈喇味等不良气味。

滋味：

感官鉴别菜籽油的滋味时，可用洁净的玻璃棒沾取少许油样在漱口后的舌头上，进行试尝。

良质菜籽油——具有菜籽油特有的辛辣滋味，无任何异味。

次质菜籽油——菜籽油滋味平淡或略有异味。

劣质菜籽油——有苦味、焦味、酸味等不良滋味。

四、全球菜籽油主要消费国或地区是如何分布的？

目前，全球主要消费国（地区）是欧盟、中国和印度，其次是美国、墨西哥、加拿大、巴基斯坦、孟加拉等国。除了几个消费大国，其他国家的消费量较小。

表 6-1　　1996~2009 年主要消费国菜籽油消费量

国家	1996/1997	1997/1998	1998/1999	1999/2000	2000/2001	2001/2002
中国	2879	3558	3365	4561	4307	4213
欧盟	2252	2453	2750	3723	3956	4058
印度	1780	1716	1521	1690	1491	1502
日本	774	790	910	906	915	873
美国	529	529	603	669	797	679
加拿大	487	485	506	517	527	489
巴基斯坦	110	121	166	256	229	229
澳大利亚	88	94	14	147	125	122
世界	10478	11358	11603	13729	13363	13251
国家	2002/2003	2004/2005	2005/2006	2006/2007	2007/2008	2008/2009
中国	3658	4756	4545	4343	4083	4300
欧盟	4123	5247	6328	7198	7774	8137
印度	1433	2067	2296	2133	1967	1989
日本	902	954	943	918	925	937
美国	590	739	831	881	1293	1441
加拿大	431	352	360	373	380	400
巴基斯坦	261	308	344	417	411	469
澳大利亚	123	167	169	171	173	174
世界	12342	15522	16871	17546	18341	19293

数据来源:美国农业部海外农业机构。

近年来，作为全球最大的消费地区，欧盟的菜籽油需求持续强劲。1994/1995 年度欧盟菜籽油国内总需求量仅有 202.7 万吨，到 2006/2007 年度，国内总需求量就上升至 733.6 万吨，年均增长率为 11.3%。需求量的增加主要来源于菜籽油被大量应用在生物柴油生产中。

受欧盟生物柴油工业快速发展的影响，菜籽油的工业需求快速增长，2002/2003 ~ 2006/2007 年度，菜籽油工业供求占总需求量的份额从 30% 提高至 67%。预期未来欧盟国内菜籽油的工业需求继续快速增长，其占总需求的份额将有望进一步提高。

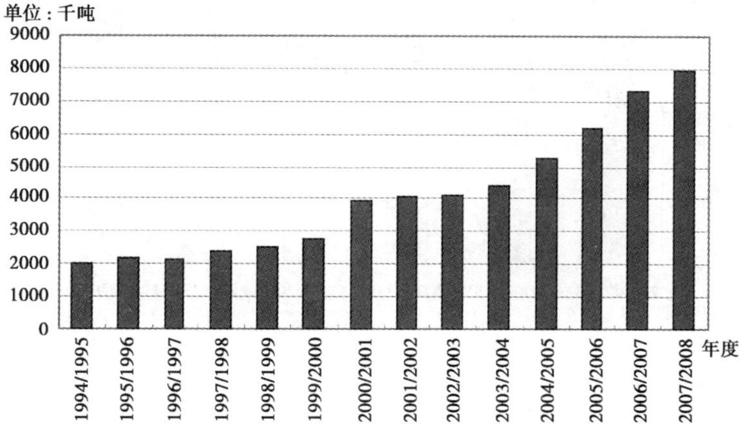

数据来源：东方艾格。

图 6－1　欧盟菜籽油国内总需求量变化（1994/1995～2007/2008 年度）

五、全球菜籽油消费的基本结构是怎样的？

世界菜籽油消费来自食用和工业需求这两个方面。从全球食用油消费来看，菜籽油是继豆油之后的第二大品种。近年来菜籽油消费量在不断增加，其增长幅度已经超过豆油。

菜籽油被认为是安全、健康的植物油，成为居民和食品行业的主要食用油。“双低”菜籽油具有很高的营养价值，其所含的饱和脂肪酸只有7%，是普通植物油中最低的，比大豆油（15%）低一倍，而油酸含量达到61%，仅次于橄榄油（75%）。美国以前主要食用大豆油，很少用菜籽油，近年来，“双低”菜籽油在美国的消费量每年以10%～20%的速度增加，从1999年起，“双低”菜籽油在美国市场的销售量已超过豆油，价格也高于大豆油。

从菜籽油的需求结构来看，食用量占据主导地位，预计2008/2009年度，世界和中国菜籽油食用消费量将会达到1373万吨和454.5万吨，分别同比增长3.95%和9.81%。其中，中国的食用消费基本与国内消费量同步，

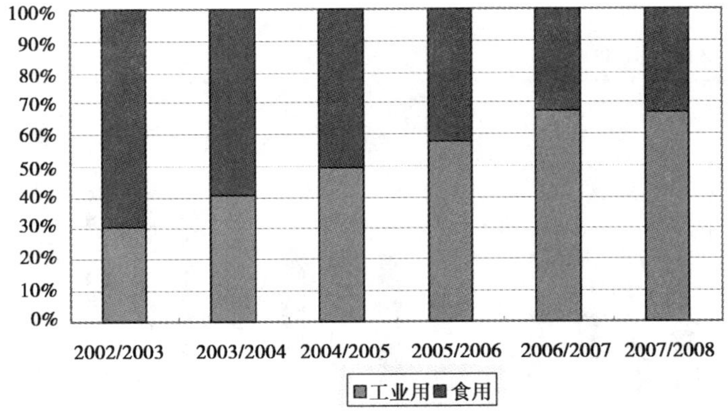

数据来源：东方艾格。

图 6－2　欧盟菜籽油需求结构变化走势（2002/2003～2007/2008 年度）

这是由于中国主要用来食用消费；不过世界食用消费增幅明显小于国内消费量，这一点是由菜籽油的工业用途增速较快引起的。

能源价格上涨，刺激了生物柴油的需求，进而加大了菜籽油工业消费需求。从 20 世纪 90 年代中期开始，世界菜籽油总消费量达到 1000 万吨以上，并保持着逐年上升的趋势。全球菜籽油用量不断提高的一个重要原因是生物燃料行业的需求增加。这几年全球菜籽油消费量增长的主要动力来自于工业消费的增长，2005/2006 年度菜籽油工业消费 359 万吨，增长幅度达到 33.6%，占菜籽油消费总量的 27.5%。

菜籽油工业消费在欧洲主要用于制造生物柴油。20 世纪末以来，欧盟菜籽油消费增长最快，2005 年比 1997 年消费量增加了 350 万吨左右，总量达到 607 万吨，其中生物柴油的消耗量增长最大，将近 400 万吨，占总消耗量的 60%。欧盟工业用量占据世界工业用量的 95%左右，所以欧盟的工业数据基本上可以代表世界植物油工业消耗的消费状况。而且，菜籽油用量占欧盟工业用量的 65%左右，也具有代表意义。预计随着生物柴油制造技术的逐渐成熟和政府的鼓励优惠政策（目前欧洲和美国都对生物柴油采取了免税政策，使得生物柴油价格与石油相当，甚至便宜），菜籽油的工业消费将进一步增加。

名词解释：生物柴油

生物柴油（Biodiesel）是指以油料作物、野生油料植物和工程微藻等水生植物油脂以及动物油脂、餐饮垃圾油等为原料油通过酯交换工艺制成的可代替石化柴油的再生性柴油燃料。生物柴油是生物质能的一种，它是生物质利用热裂解等技术得到的一种长链脂肪酸的单烷基酯。生物柴油是含氧量极高的复杂有机成分的混合物，这些混合物主要是一些分子量大的有机物，几乎包括所有种类的含氧有机物，如：醚、酯、醛、酮、酚、有机酸、醇等。生物柴油是典型“绿色能源”，大力发展生物柴油对经济可持续发展、推进能源替代、减轻环境压力、控制城市大气污染具有重要的战略意义。

生物柴油具有以下特点：

1. 含水率较高，最大可达30%～45%。水分有利于降低油的黏度、提高稳定性，但降低了油的热值；

2. pH值低，故贮存装置最好是抗酸腐蚀的材料（制备方法不同的酸价不一样）；

3. 密度比水小，相对密度在0.8724～0.8886之间；

4. 具有“老化”倾向，加热不宜超过80℃，宜避光、避免与空气接触保存；

5. 润滑性能好；

6. 优良的环保特性：硫含量低，二氧化硫和硫化物的排放低，生物柴油的生物降解性高达98%，降解速率是普通柴油的两倍，可大大减轻意外泄漏时对环境的污染；

7. 较好的低温发动机启动性能；

8. 较好的安全性能：闪点高，运输、储存、使用方便安全；

9. 十六烷值高，燃烧性能好于柴油；

10. 无须改动柴油机，可直接添加使用，同时无需另添设加油设备、储存设备及人员的特殊技术训练。

六、我国利用菜籽油发展生物柴油有哪些优势？

经过多年的比较研究发现，菜籽油是我国生产生物柴油最好的原料，大力发展能源油菜种植不仅能兼顾国家能源安全和粮食安全的双重需要，而且可增加农民收入。

作为生物柴油的理想原料，菜籽油具有独特优势：

一是油菜适应范围广，黄淮流域、西北、东北等广大地区都适宜油菜生长，我国适宜种油菜区域的耕地面积在 15 亿亩以上，仅长江流域和黄淮地区适宜种油菜的冬闲田就有 3 亿亩以上。油菜是我国发展潜力最大的能源油料作物，具有重要的战略意义。

二是菜籽油的化学组成与柴油很相近，低芥酸菜油的脂肪酸碳链组成为 16 ~ 18 个碳分子，与柴油分子 15 个左右的碳链碳数相近。这样利用菜籽油来加工生产生物柴油的技术成本相对较小。

三是种油菜的土地不与主要粮食争地，可较好地协调我国能源安全和粮食安全的矛盾。长江流域和黄淮流域的油菜为冬油菜，仅利用耕地的冬闲季节生长，在品种改良后并不影响水稻包括双季稻等主要粮食作物的生长，不与主要粮食作物争地。

四是增肥地力，增加后茬作物的产量。油菜叶片在收获前都归还给了土壤，变成了有机肥，另外，油菜根系分泌的一种物质可控制土传病害。油菜作为养地作物，不但不耗地力，还能使后茬作物增产 15% 左右。

五是可增加高蛋白饲料资源，菜籽饼粕的蛋白质含量高达 38% ~40%，且含硫氨基酸的含量高于大豆，是良好的高蛋白饲料资源，可促进农民增收。

七、我国发展生物柴油存在哪些问题？

目前，我国用菜籽油发展生物柴油仍然面临五大瓶颈的制约：

一是我国对食用和能源用油料作物的研究、开发和利用尚未引起足够重视，对油菜生物柴油的发展潜力和意义认识不够。

二是缺乏促进生物柴油产业发展的配套政策，如减免税政策、有利于环保的一定比例生物柴油强制使用政策等，致使生物柴油在价格上无竞争优势，目前我国食用菜籽油的价格比生物柴油高40%左右。

三是我国现在的油菜年种植面积约为1.2亿亩，亩产量约为110公斤，菜籽油含量为41%左右。油菜种植面积、亩产和含油量都不能满足未来生物柴油产业发展的需要。

四是关键技术有待突破，如油菜亩产量达200公斤以上、菜籽含油量达50%以上的油菜品种和技术、菜籽油秸杆转化为生物柴油的加工技术等。只有在这些技术的支撑下，生物柴油的生产和加工才具有规模效应，价格才可能降低。

此外，生物柴油的加工能力不足也是一个亟待解决的问题。

利用菜籽油发展生物柴油在我国方兴未艾，其前景十分广阔。我国需要采取举措突破瓶颈、利用好自身的优势来大力发展生物柴油，这对经济可持续发展，推进能源替代，减轻环境压力，控制城市大气污染都具有重大的战略意义。

八、有什么因素将影响菜籽油的消费？

归纳起来，影响菜籽油消费量的因素主要有以下几点：

（一）消费者购买力和消费结构

菜籽油的消费量与消费者的购买力以及消费结构有着直接的关系。以我国为例，在进入20世纪90年代之后，随着中国城乡居民收入水平的不断提高，人们对食用植物油的消费数量明显增加。特别是从2002年以后，中国人均GDP超过1000美元标志着城乡居民的消费从生存型转向了发展型，在我们日常消费领域内，城乡居民消费结构转变的一个突出例子就表现为近年来食用植物油餐饮消费量的快速增长。由于居民收入的不断提高，外出就餐的需求不断增加，我国餐饮消费营业收入连续16年实现两位数高速增长，1994年我国餐饮收入仅有1175.1亿元，到2006年全年餐饮收入就已经突破一万亿元大关，达到10345.5亿元，与改革开放初期的1978年相比增长了188倍。

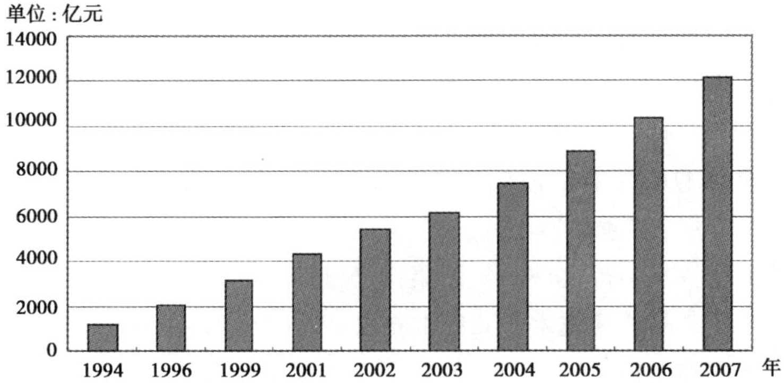

资料来源：东方艾格。

图 6－3 中国餐饮业收入增长走势（1994～2007 年）

随着餐饮社会化程度不断加强，外出就餐已成时尚。生活节奏加快、消费观念更新和社会经济交往活动频繁将进一步加快餐饮社会化发展的步伐。这意味着外出就餐的人员将日益增多，餐饮业消费需求将不断扩大。而随着我国农业人口收入水平的持续提高，农村餐饮这个庞大的市场将为我国餐饮业后续发展提供了广阔的发展空间。持续保持旺盛发展的餐饮行业将拉动我国菜籽油的餐饮消费量不断提高，预期未来几年内我国菜籽油的餐饮消费量还将继续增长。

（二）人口增长和人口结构

全球菜籽油的消费量，与全球人口经济形势密不可分，其中世界总人口增长速度是其能否维持对油脂消费增长的重要因素。世界一直在增长的是人口增长，而我国每年人口增加 1200 万～1300 万，每年要相应增加 85 万吨油脂供应。我国人口刚性增长正是推动菜籽油消费增长的一个重要原因。20 世纪 90 年代以来，我国人口平均每年以 0.9% 的速度增长，尽管随着人口管制政策的逐步实施，近几年人口增长速度逐年有所下降，2000～2005 年，我国人口年均增长率为 0.63%，但由于我国人口基数本身比较大，后期人口将继续呈现稳步增长的态势。我国人口持续刚性增长为菜籽油的消费提供了巨大的消费市场。

同时，城市化水平的提高也推动了菜籽油的消费增长。随着我国城市化水平不断提高和城镇人口规模的膨胀，菜籽油的消费量也随之增长。

（三）替代油脂供需及价格

菜籽油价格除了与菜籽和菜粕价格具有高度相关性之外，豆油、棕榈油、花生油、棉籽油等菜油替代品对菜籽油价格也有一定的影响。如果菜籽油价格过高，市场转向消费其他相对低廉的植物油，同时精炼油厂或者用油企业往往会使用其他植物油替代，或者进行掺兑，从而导致菜籽油需求量降低，促使菜籽油价格回落。

一般而言，四级菜籽油与豆油的比价区间为 1.02～1.07，如果比价关系偏离这个正常比价之后，两者将会出现消费替代现象，最终两者的比价关系恢复到正常的区间内。但从 1995 年至今二者比价关系的走势来看，菜籽油与豆油的正常比价整体有小幅抬高的趋势，充分说明菜籽油相对豆油的价值有所提高，使得油菜籽相对大豆的加工效益的比较优势相对凸显，对后期油菜籽加工行业的发展非常有利。

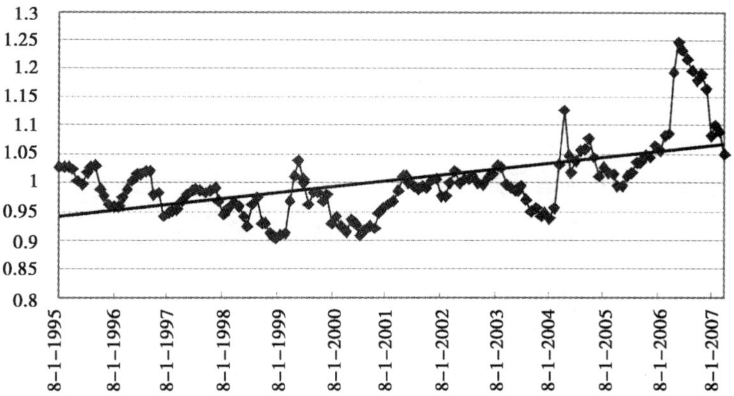

资料来源：东方艾格。

图 6-4　我国菜籽油与豆油比价变化（1995～2007 年）

随着豆油市场份额的不断扩大、棕榈油进口的剧增以及菜籽油消费地位的转变，国内菜籽油市场已经不能独立来分析，其受国内豆油、棕榈油市场影响相当大。受消费习惯改变的影响，豆油、棕榈油的替代性不断加强，因而应该将菜籽油的消费和整体植物油市场格局综合起来分析。

（四）原油价格大幅上涨，推动菜籽油需要增加

由于部分原油主产国地区局势动荡，全球原油生产和供应减少，而中国、俄罗斯和美国等国原油需求稳步增长，促使原油价格飙升。各国政府为了降低对原油的依赖程度，纷纷加大生物能源生产，尤其是欧美国家生物柴油产量提高较快，根据美国农业部预计，2008 年欧盟 27 国生物柴油产量将增至 1240 万吨。相比之下，2006 年是 520 万吨。菜籽油是生产生物柴油的理想原料；目前世界上制造生物柴油的原料主要是菜籽油，所占比例 84% 左右，其次是葵花籽油，其他原料比例很小。随着欧美国家对生物柴油需求的迅速放大，菜籽油的工业消费量也显著提高。

自　测　题（答案见本书最后）

一、填空题

1. 中国是世界上最大的菜籽油消费国，消费量占世界总消费量的____%左右。

2. 受________地区生物柴油工业快速发展的影响，菜籽油的工业需求快速增长。

3. 从全球食用油消费来看，菜籽油是继____之后的第二大品种。

4. 菜籽油的消费量与消费者的____以及消费结构有着直接的关系。

5. 随着我国进口棕榈油数量的增加，2005/2006 年度菜籽油消费退居第____位。

6. ____价格上涨，刺激了生物柴油的需求，进而加大了菜籽油工业消费需求。

7. 我国适宜种油菜区域的耕地面积在____亿亩以上，仅长江流域和黄淮地区适宜种油菜的冬闲田就有 3 亿亩以上。

二、选择题

1. 从中国菜籽油消费区域上来看，传统菜籽的主产区也是食用菜籽油的主要消费区域，即(　　)。

A. 长江流域　　　　B. 黄河流域

C. 东北地区　　D. 华南地区

2. 目前我国云贵川地区(　　)消费较多，这是一个长期的消费习惯。

A. 棕榈油　　B. 豆油

C. 花生油　　D. 菜籽油

3. 不属于利用菜籽油发展生物柴油的优势的是(　　)。

A. 油菜适应范围广

B. 菜籽油的化学组成与柴油很相近

C. 我国生物柴油的加工能力充足

D. 种油菜的土地不与主要粮食争地

4. 目前中国食用油的消费水平只有世界平均水平的(　　)，不到发达国家的(　　)。

A. 1/2　1/4　　B. 1/3　2/3

C. 2/3　1/3　　D. 1/4　1/5

5. 这几年全球菜籽油消费量增长的主要动力来自于(　　)的增长。

A. 食用　　B. 餐饮业消费

C. 家庭消费　　D. 工业消费

6. 目前世界上制造生物柴油的原料主要是(　　)，所占比例84%左右。

A. 豆油　　B. 菜籽油

C. 葵花籽油　　D. 棕榈油

三、判断题

1. 增加菜籽油消费是一个可以在短时间内完成的过程。(　　)

2. 菜籽油的化学组成与柴油很相近。(　　)

3. 除美国、马来西亚外，棕榈油被许多国家认为是最理想的加工生物柴油燃料。(　　)

4. 从消费国家看，主要消费国（地区）是欧盟、中国和美国，其次是印度、墨西哥、加拿大、巴基斯坦、孟加拉等国。除了几个消费大国，其他国家的消费量较小。(　　)

5. 菜籽油价格除了与菜籽和菜粕价格具有高度相关性之外，和其他油

脂价格没有关系。 ( )

6. 中国菜籽油消费主要用于制造生物柴油。 ( )

7. 全球菜籽油的消费量与全球人口经济形势密不可分，其中世界总人口增长速度等是其能否维持对油脂消费增长的重要因素。 ( )

第七章
菜籽油期货的价格发现与业务创新

【本章要点】

本章详细介绍了菜籽油期货的发现价格功能给油菜籽种植农户、菜籽油企业带来哪些重要的指导作用；介绍了油菜籽种植农户如何利用这一功能来安排种植计划、洽谈收购价格；还介绍了菜籽油企业如何利用这一功能来指导经营活动、创新经营模式，可以为菜籽油行业有关各方充分认识期货市场的发现价格功能、开展业务创新提供参考。

一、农民按照传统方式种植、销售油菜籽为什么收入低且难以得到保障？

如第一章里有关菜籽油期货重大意义的分析所述，油菜籽是农民脱贫致富和增加收入的重要农业品种之一，在中西部地区农民收入中占有相当重要的位置。然而，在传统的种植与销售方式中，农民通过种植油菜籽所能获得的收入往往偏低，也难以得到保障，经常出现“丰产不丰收”的情况。

这方面的主要原因有两个：

一是油菜籽集中上市销售，容易形成价格低谷。一般来说，长江流域油菜籽在5至8月间收获后集中上市销售，大量的油菜籽同时进入市场，市场短期内容易出现供过于求，油菜籽价格往往是低谷。同时，很多农民急需下一季的耕种资金，为了能够尽快得到收入，不惜以低价出售；

二是油菜籽价格影响因素较多，农民难以对油菜籽价格的走势作出判断，在播种时盲目安排种植面积，在收获时只能被动地接受收购单位或菜籽商贩的报价，从而在价格的博弈上处于被动和劣势地位。

我国油菜种植涉及15个省、市、自治区的1亿多农民。据农业部种植业管理司调查，在长江流域油菜主产区，每个农户种植规模一般在0.33公顷左右，每户可收入750至1000元。这是一年中农业生产的第一季收入。农民常拿这笔钱用于下季生产或给孩子交学费，所以油菜籽的收入直接影响到农户安排全年生产和家庭生活。

长期以来，受进口油脂油料的冲击，油菜籽价格波动非常大，时常出现“卖籽难、卖价低”现象，农民收入始终保持在一个较低的水平。据统计，在2007年以前，油菜籽价格一直在1.6元/斤以下，2005至2006年甚至跌至1.1元/斤左右，除去种籽、化肥等费用，农民种油菜基本无利可图甚至赔钱。过低的价格导致农民种植油菜的积极性不断下降，抛荒耕地现象不断出现，这也是2005年以后我国长江流域出现大量撂荒冬闲田的主要原因。

二、农民种植、销售油菜籽可以利用菜籽油期货的“风向标”吗？

2007年我国的菜籽油期货上市后，为广大农民以更合理的价格销售油菜籽提供了一条畅通的信息渠道。广大油菜籽种植户（特别是较大规模的农场或农村合作社）开始试着通过期货市场价格信号自己给油菜籽定价，而不是像以前一样只能被动接受中间商和油厂的收购价，这是菜籽油期货上市给农民销售油菜籽带来的变化。

据统计，油菜籽作为生产菜籽油的原料，二者的价格相关性是0.99，菜籽油价格的变化直接影响到油菜籽价格。这就为油菜籽种植户利用期货确保收入创造了条件。这方面的基本做法是：

一是在油菜籽播种时期，可以根据期货市场远期月份的合约价格及走势信息，提前合理安排种植面积，掌握主动权。如果收获期的期货价格低迷，或预期期货市场在未来若干月份中的价格走势趋向熊市，农民就可以相应减少种植面积；如果收获期的期货价格高涨，就可以增加种植面积，并且按照该期货价格倒推出油菜籽在未来收获期可能得到的价格，然后与收购企业签订预售订单，确保自己在未来收获期所能获得的收入（该收购企业也可以通过套期保值，锁定成本，实现盈利）。

二是在油菜籽收获期当中，及时掌握并分析期货市场价格走势信息，增强农民在价格上的谈判能力，改变先前在价格博弈上不对等的被动局面。

事实证明，农民种植、销售油菜籽是完全可以利用菜籽油期货的“风向标”的。据不完全估计，2008 年全国油菜籽销售收入较 2007 年增加 100 亿元以上，这其中期货市场价格“风向标”作用功不可没。

当然，期货市场是高度专业化的市场，农民（特别是较大规模的农场或合作社）要真正用好期货市场的功能，需要主动学习期货知识，增强风险意识，了解市场最新动态。在这方面，期货公司及行业协会都会提供有益的帮助。

从发达国家（如美国）的情况看，直接进入期货市场的往往是一些规模较大的农场，更多的中小规模的农场是通过与合作社合作进入市场的。农民合作社是农民自愿发起组织的，主要从农民手中收购粮食，帮助农民卖粮，向农民提供市场信息咨询，成为当地农民进入期货市场的有效途径。同时，合作社还聘用职业经理人，提高了农民合作社的经营管理水平。我国在组建合作社等方面已经取得一定进展，也需要更多地借鉴发达国家的成功经验。

【案例 7－1——善用期货“风向标”农民博弈油厂获全胜】

［上海证券报 2009 年 7 月 29 日（节选）］2007 年 6 月菜籽油期货上市后，菜籽油期货价格稳步上涨，0709 期货合约的价格从 8500 元/吨涨到 9300 元/吨左右，按此价格折算成油菜籽价格应该在 1.8 元/斤。很多菜籽油加工企业和中间商根据期货价格信号，一方面在期货上积极卖出保值，另

一方面不断地提高油菜籽收购价格，从 1.6 元/斤提高到 1.8 元/斤，四川地区最高甚至达到 2 元/斤左右。油菜籽收购价格的提高大大激发了农民销售的积极性，很多农民抓住机会在高价位把油菜籽卖掉。与 2006 年比较，农民平均卖价从 1.2 元/斤提高到 1.7 元/斤，平均每亩收入增加 125 元（每亩按 250 斤计算），增收幅度达 41%。据不完全估计，2007 年全国油菜籽销售收入较 2006 年增加 105 亿元。

2008 年 6 月油菜籽上市时，菜籽油期货 0809 合约价格在 12500 元/吨左右，折算成油菜籽价格约合 2.7 元/斤。但由于 2008 年国际金融危机的爆发，很多油厂对后市看不准，不敢轻易收购，开秤价定得比较低。湖北中粮祥瑞油脂公司甚至将开秤价定在 1.9 元/斤。很多农民根据菜籽油期货价格折算油菜籽价格后，认为油菜籽收购价格定得太低，因此纷纷惜售。油厂在与农民僵持 10 天左右后终于妥协，将油菜籽收购价格从 1.9 元/斤直接涨到 2.4 元/斤，但农民还是惜售，油厂收购数量很少，几乎无法开工。随后油厂不得不把收购价格涨到每斤 2.6 元、2.7 元、2.8 元，四川地区甚至出现 3 元/斤的历史天价。

随着油菜籽收购价格的不断上涨，农民的交售量开始逐渐增加。与 2007 年比较，农民卖价从 1.7 元/斤提高到 2.7 元/斤，平均每亩收入增加 250 元（每亩按 250 斤计算），增收幅度达 58%。据不完全估计，2008 年全国油菜籽销售收入较 2007 年增加 100 亿元以上，农民在这场博弈中赚了。

三、怎样利用菜籽油期货价格发现的功能指导加工企业的生产经营?

价格发现功能是期货市场的基本功能之一。菜籽油生产企业可以关注、利用期货价格包含的信息和变化来指导自身的生产经营，规避市场风险。

菜籽油生产企业在关注期货价格时，可利用其两个重要指导作用：

第一，从价格形成机制看，菜籽油期货市场通过期货交易而形成的菜籽油价格不是个别交易的结果，而是在一个集约化程度较高的市场上形成的价格，能够比较真实地反映市场供求状况，从而被作为菜籽油的基准价格。这个基准价格表现的是现在市场对未来价格的预期，集中了即期的与未来不同时点的市场供求状况，计算的基础是现货价格加上各种利息、仓储、运输、管理等费用，场内交易双方再以自己的风险预测经验和知识决定菜籽油期货价格。期货价格具有很强的导向作用，在一定范围内对于现货交易提供了重要参考，同时也为企业和农户开展生产经营活动提供决策依据。

第二，我国菜籽油期货是一次挂出 12 个月期的菜籽油期货合约，投资者现在即可了解未来一年后的菜籽油期货合约价格，充分体现了期货市场的引导性。而能够了解未来一年期的价格，是能够对企业生产经营提供极其重要和充分的参考的。

【案例 7－2——期货价格徘徊成本价下方，暗示未来价格走势无法乐观】

2008 年 6～7 月间，受到 2007 年以来菜籽油价格暴涨和 2008 年春节前后全国油菜籽主产区遭遇严重冰雪灾害的影响，新油菜籽在上市时出现了价格飞涨的格局。2008 年 5 月 10 日，湖北中粮祥瑞油脂公司首次对新油菜籽收购，开秤价定在 1.9 元/斤，但农民根据菜籽油期货价格折算油菜籽价格后，认为油菜籽收购价格定得过低，因此惜售，市场毫无成交。生产厂家在与农民僵持 10 天左右后终于妥协，将油菜籽收购价格从1.9 元/斤直接涨到 2.4 元/斤，但农民仍有惜售情绪，油厂收购数量极少，几乎无法开工。随后各地油厂不得不一路上调新油菜籽收购价，价格连续突破 2.6、2.7、2.8 元/斤关口，四川地区甚至出现 3 元/斤的高价。在新油菜籽价格一路上行的情形下，各中间商和贸易商也纷纷加大收购力度，全国出现抢购油菜籽的局面。

与此同时，和油菜籽价格一路高歌猛劲形成鲜明对比的是菜籽油期货价格的平静波动，价格在 11500～13000 元/吨之间波动，没有出现趋势性上涨。期间主力合约 0809 合约结算价也从未站上 12800 元/吨关口。从当时全国油菜籽的平均收购价格推算，菜籽油平均生产成本为 12838 元/吨。也就是说，当时菜籽油期货价格已经明显低于现货生产成本。这意味着停止收购油菜籽、转而从期货市场上采购菜籽油会有更好的收益，暗示菜籽油价格走势未来并不乐观，而此刻高价收购油菜籽存在巨大的市场风险。

7 月下旬后，全球金融危机初露端倪，大宗商品价格出现全线下跌，而处于历史价格高位运行的食用油体系甚至成为这个危机中的最先受害者，菜籽油也无法幸免，价格一路下跌，仅仅用了 16 个交易日，期价即从 12000 元/吨跌破 9000 元/吨。现货价格也跟随期货价格一路下跌。由于此时新油菜籽收购已经进入尾声，菜籽油生产成本基本落定，价格的巨幅下跌可以说使整个菜籽油生产行业都陷入了危机。根据中国油菜籽网统计，2008 年，我国菜籽油生产企业亏损面达到了 94% 以上。

在这场危机中，我们也看到有少数生产企业注意到了菜籽油期货价格出现的倒挂，注意到了期货价格传递出的市场信息而果断减少或停止了收购油菜籽，从而在很大程度上降低了经营风险。这正是运用期货发现价格功能指导生产经营的例证。

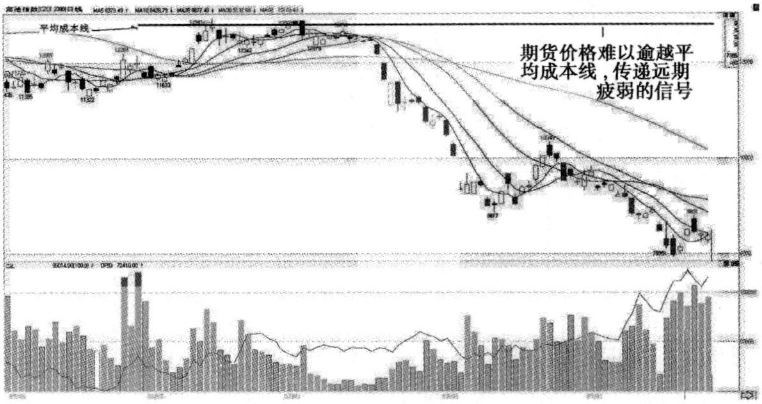

资料来源：文华财经、成都倍特期货经纪有限公司。

图 7－1　2008 年 5～8 月菜籽油期货价格走势

四、生产企业如何利用菜籽油期货制定更合理的销售策略和价格?

价格发现是期货市场的基本功能。市场经济条件下，价格是根据市场供求状况形成的。期货市场上来自四面八方的交易者带来了大量的供求信息，标准化合约的转让又增加了市场流动性，期货市场中形成的价格能真实地反映供求状况，同时又为现货市场提供了参考价格。

同时，期货市场上交易的是在未来一定时间履约的期货合约。它能在一个生产周期开始之前，就使商品的买卖双方根据期货价格预期商品未来的供求状况，指导商品的生产和需求，起到稳定供求的作用。由于投机者的介入和期货合约的多次转让，使买卖双方应承担的价格风险平均分散到参与交易的众多交易者身上，减少了价格变动的幅度和每个交易者承担的风险，有利于市场供求和价格的稳定。

有着这样的功能，生产企业就可以通过借助菜籽油期货来制定更加合理的销售策略和价格。

第一，借助期货价格的引导性和提供的远期价格信息，把握价格的运行趋势，制定更合理的现货销售策略。我们在前面已经反复论述了期货价格的引导性，在此不再赘述。

第二，借助期货价格的权威性，合理制定当期现货的销售价格。我国幅员辽阔，同种商品各地存在价格差异。在没有期货市场以前，菜籽油贸易定价是点对点的模式，即买家和卖家在当前现货价格的基础上，独立协商价格。价格形成过程不透明，也不能包含充分的市场影响因素，不具备权威性。价格约定后不可变通，因而不论现货价格如何波动，总是难以同时照顾到买卖双方的利益，而贸易合同执行过程中遭遇纠纷、单方面违约的事件也屡见不鲜。

在菜籽油期货上，基准交割品是符合《郑州商品交易所期货交易用菜籽油》（Q/ZSJ 003－2007）四级质量指标及《郑州商品交易所菜籽油交割细则》规定的菜籽油。而对替代交割的一、二、三级菜籽油不设计升水。菜籽油期货合约的交割基准价为该期货合约的基准交割品在基准交割仓库出库时的车船（汽车、火车、轮船）板交货的含税价格。目前，除分布在四川、重庆的菜籽油交割仓库外，其他菜籽油期货交割库均为基准交割库。而重庆交割仓库升水100元/吨，四川交割仓库升水340元/吨（交易所每年根据实际情况对交割仓库升贴水进行调整）。

生产企业可利用期货价格，结合地区间现货价格差异，设计升贴水来最后形成对某个地区的现货销售价格。这样价格形成透明，且具有期货价格的真实性和权威性，且价格形成也更为灵活，兼顾买卖双方利益，更能为双方接受。

【案例 7－3——奥星模式】

湖北奥星粮油工业公司（以下简称奥星公司）是一家成立于 2006 年、以菜籽油为主导产品的企业，菜籽油期货助推了企业高速发展，并在实践中形成了"奥星模式"。"奥星模式"的核心是期货套保＋升贴水点价＋品牌建设。通过套期保值，扩大了经营规模；通过升贴水点价，稳定了产销关系；通过品牌建设，实现了产业升级。期现结合使该公司生产和市场规模不断扩大，农业产业化不断完善和成熟。

（1）认识期货价格引导性，参与套期保值，规避原料采购和库存风险。

由于 2007 年至 2008 年上半年油脂价格暴涨，在 2008 年夏收油菜籽上市后，大部分菜籽油加工企业都认为菜籽油价格不会下跌，于是出现了油菜籽上市后的抢购浪潮。奥星公司面对这一状况，陷入两难：不采购原料将出现公司停产状况，采购原料公司将面临巨大的价格下跌风险。经过研究，奥星公司决定一边入市采购原料，一边根据当天的原料收购数量进行套期保值，保值目标为 5000 吨菜籽油，于是 6 月份陆续在菜籽油 0809 合约上卖出 1000 手期货合约（1 手＝5 吨），平均价位 12400 元/吨。在当时的情况下，套期保值与生产成本有每吨 200 多元的倒挂亏损。奥星公司分析期货价格的走势后认为，虽然按目前的期货价格套保后会有少量亏损，但套保不仅是保价格，更应该是保趋势。

从 2008 年 7 月中旬开始，菜籽油期货、现货价格的大幅暴跌，很多菜籽油生产企业由于没有在期货市场上套期保值，现货库存产生严重账面亏损。如果销售产品，账面亏损会变成实际亏损，因此现货企业纷纷惜售，现货市场出现菜籽油断流，造成了菜籽油现货价格比期货价格高 1000 元/吨的严重倒挂局面。奥星公司抓住这一有利时机，从 8 月开始一边积极卖掉现货，一边及时平掉 0809 合约 1000 手空单，最终期货盈利 1000 万元，现货亏损约 500 万元。通过利用期货工具，奥星公司规避了风险，保证了企业的正常生产，掌握了菜籽油销售市场的主动权。

（2）利用期货价格的权威性，开展点价模式，迅速完成现货销售。

期货市场对现货经营的稳定作用不仅体现在企业的经营方式上，还体现在现货市场价格的制定环节。2008 年 9 月以后，油脂现货市场价格暴跌，面对单边下跌的市场，很多下游贸易商在从购销合同签订到运输的过程中承担了巨大的在途风险，因而不敢下订单，威胁到油脂生产企业的销售。在这种情况下，奥星公司率先推出了升贴水报价模式，与贸易商约定：贸易商先把货款以高于市场价格支付给奥星公司，待货物到达销区后以约定时间内任意一天的当日期货收盘均价加上预定的600元/吨~800元/吨的升水价格，作为双方成交价格。通过期货点价和升贴水模式打消了贸易商的在路价格风险顾虑，维持了公司的正常销售，加速了公司的资金流转，又极大地扩大了客户销售网络。2008年7~11月份，奥星公司通过点价方式进行的菜籽油贸易量就达3万多吨，获利1000多万元，不但弥补了前期油菜籽收购亏损，而且也使下游客户很好地规避了风险，实现了双赢。目前，已经有多家现货企业开始与奥星公司开展期货点价贸易，稳定了供销关系，取得了良好的经济效益。

（案例选自郑州商品交易所《菜籽油期货市场运行报告》）

关于基差的概念

基差是指某一特定商品在某一特定时间和地点的现货价格与该商品在期货市场的期货价格之差，即：基差＝现货价格－期货价格。在期货市场上，现货的价格低于期货的价格，则基差为负数，远期期货的价格高于近期期货的价格，这种情况叫“期货升水”，也称“现货贴水”；如果远期期货的价格低于近期期货的价格、现货的价格高于期货的价格，则基差为正数，这种情况称为“期货贴水”，或称“现货升水”。

基差包含着两个成分，即现货与期货市场间的“时”与“空”两个因素。时间因素反映两个不同交割月份的持有成本，它又包括储藏费、利息、保险费和损耗费等，其中利率变动对持有成本的影响很大；空间因素则包含着两个市场之间的运输成本和持有成本。这也正是在同一时间里，两个不同地点的基差不同的根本原因。就同一市场而言，不同时期的基差理论上应充分反映着持有成本，即持有成本的那部分基差是随着时间而变动的，离期货合约到期的时间越长，持有成本就越大，而当非常接近合约的到期日时，就某地的现货价格与期货价格而言必然相近或相等。

从历史上看，贸易方式是不断发展的，目前的实际的情况是：期货交易所形成的价格是现货流通的基准价，现货流通只是一个物流系统，因产地、质量有别，在交易现货时双方需要谈一个对期货价的升贴水，即：交易价＝期货价＋升贴水。因此，理解了这种关系之后我们就大致上可以这么来看升水与贴水：以A为标准，B相对而言，如果其

价值（一般表现为价格）更高则为升水，反之则为贴水。

五、中间贸易商如何利用菜籽油期货制定远期采购和销售策略？

期货市场的价格形成机制，可以拓展现货销售和采购渠道，帮助中间贸易商制定远期的采购和销售策略。

现货市场交易存在的最大问题之一，就是合同履约率不高，信用风险大。其原因主要是交易双方单个、分散签约，缺乏履约的约束力，往往是一方违约，不仅给对方造成损失，而且形成债务链。期货交易集中竞价，市场组织化和规范化程度高，进场交易的必须是交易所的正式会员，这些会员都经过严格的信用审查，并缴纳一定的履约保证金，加之交易所也负有履约担保的责任，因而使合约的履约有了切实的保证。在现货市场发展不完善的情况下，持有或需要现货的生产经营者利用期货市场进行实物交割，可以弥补现货市场流通功能的不足。

通常情况下，中间贸易商会根据订单情况、历史销售数据、资金和库存能力，以及预判的菜籽油价格走势来制定远期采购和销售策略。菜籽油期货推出之后，贸易商就可以利用期货市场价格所具有的预期性和权威性，灵活制定采购与销售计划。

以下是在不同情况下的具体做法：

（一）价格持续稳定上涨过程中的期货操作方案

1. 未签订销售合同，可正常购销。菜籽油期货价格上涨趋势稳定，贸易商可以正常的购销。由于中间跌价风险小，因此有必要尽早筹措收购资金，加大收购量，积极联系买家。

2. 已签订销售合同，价格上涨对贸易公司不利、吞噬订单利润。若贸易商与下家已签订远期销售合同，然后再进行采购。此时贸易商可利用期货市场做买入保值，相当于在期货市场先行进货，然后再到生产厂家进货。届时，假如价格上涨 1000 元/吨，那么导致企业进货成本亏损 1000 元/吨。但因为参与了期货的保值，在期货市场相应的赚取了 100 元/吨的利润，两者相抵，企业规避了市场风险，赚取了稳定的订单利润，使企业稳定发展。

3. 价格上涨初期，在期货市场买入，赚取上涨利润；若价格转向下跌，则迅速在期货市场出货，规避销售风险。

这样做的优势在于：用 10% 左右的保证金在期货市场买货，利用少量的资金达到最大的使用效率，同时赚取差价，解决企业资金周转问题。当市场价格转向下跌时，迅速在期货市场抛掉，规避市场下跌的风险，解决现货市场难以迅速完成销售的问题。

（二）价格持续下跌过程中的期货操作方案

1. 期货价格下跌，贸易商需要尽可能地与买方签署好供货合同，约定相对有利的销售价格，在现货采购环节根据合同量采购，降低大量采购带来的价格下跌风险。

2. 在期货市场卖出，相当于将现有库存提前抛售，规避价格下跌风险。

3. 在期货市场卖出、赚取差价，等低价时在现货市场买入，也可在期货市场买入，作为库存，为远期销售做准备。

综上所述，合理利用菜籽油期货制定远期采购和销售策略是对中间贸易商经营方式的有效补充，是企业提升经营效率的重要工具和手段。

【案例 7 -4——利用期货市场进行远期采购与销售】

我国黑龙江粮食集团长年通过期货市场销售大豆，1997 年在期货市场的销售量占其现货市场贸易量的 60%；大连油脂工业总厂把其采购部设到大连商品交易所，根据加工进度，每月都从大连商品交易所收购 1 万多吨大豆，占其大豆来源的 1/3 以上[①]。这些企业通过期货市场销售和采购现货，最大的好处是严格履约、资金安全、保证质量、库存降低、节约采购费用。

中间贸易商要为远期销售备货，需采购菜籽油，但受库存和资金的影响，无法购入现货，此时可以选择购入期货的远期合约；或者贸易商据以往现货采购经验，认为市场处于某一时间段的时候，现货价格将处于相对的低价位，可以选择尽量多采购，但采购太多不易储存，则可在期货市场通过买入不同月份的菜籽油期货合约，在菜籽油价格相对较低区间建立 3 个月以上的库存，从而保证不同时期低价菜籽油原料的供应。贸易商在销售市场较为

---

① 资料来源：《期货日报》2004 年 8 月 27 日。

稳定或者可以实现现货远期销售合同的前提下，可以采取期货市场进行原料提前采购、锁定原料成本的期现结合采购策略；当菜籽油的购入成本与菜籽油的销售价格之间的价差，即销售利润在企业可以接受的范围内的时候，企业可以通过预售现货远期合同把销售落实，然后在期货市场上进行菜籽油原料的买入，以达到锁定采购成本的目的。

据郑商所数据统计，菜籽油期货上市以来，截至 2009 年 9 月，菜籽油期货共交割 33018 手，合计 165090 吨。目前，部分菜籽油的中间贸易商已通过期货市场采购菜籽油。

【案例 7－5——通过期货市场锁定远期采购成本】

菜籽油市场经过 2008 年下半年的暴跌，到了 2008 年底，整个购销市场已经相当的疲软。某中间贸易商认为菜籽油价格相对原来已经有了相当的跌幅，下方空间不大，于是 2009 年初该贸易商开始在期货市场上以 6800 元左右的价格陆续买入菜籽油合约，以抵消未来菜籽油价格上涨、收购成本提高的风险，为 2009 年 5 月份的远期销售做储备。2009 年上半年由于国家宏观政策的刺激，整个期货市场信心得到提振，人气和需求都有不同程度的恢复，菜籽油期货价格有所回升。至 2009 年 5 月，菜籽油期货价格最高涨至 8000 元左右，该贸易商在 7800 元附近抛出，期货盘面上，每吨菜籽油获利近千元，为远期销售成功降低了采购成本。

（资料来源：成都倍特期货经纪有限公司）

【案例 7－6——通过期货市场为远期销售进行卖出保值】

2008 年 6 月，菜籽油市场在经过上下两波行情后趋于平淡。某中间贸易商按远期销售计划购入菜籽油现货，同时在期货市场上进行卖出保值，陆续在 10000 元/吨 ~ 11000 元/吨附近卖出期货合约，这样可以在锁定利润的情况下安心销售。由于经济危机，菜籽油价格在下半年出现了一波相当大幅度的暴跌行情。而由于提前做了卖出保值，减少了市场不利因素对销售的冲击，该贸易商从容地应对了市场价格波动，企业最终在危机中得以生存。

（资料来源：成都倍特期货经纪有限公司）

六、消费企业怎样利用菜籽油期货指导生产经营?

随着中国经济与世界经济的进一步融合，国内商品价格的波动与全球的联系也越来越紧密，特别是2008年以来，原材料商品价格出现巨幅波动，使得相关企业的生产经营面临巨大风险。因此，企业对期货市场的需求也越来越迫切。

菜籽油消费企业可以从以下几个方面来利用好期货市场的各种功能，为其生产经营活动提供指导。

（一）利用期货市场为企业提供的公开、权威的价格信息

期货市场是一个完全开放的自由竞争市场，其形成的价格信息是公开的、权威的。郑州商品交易所上市交易品种菜籽油，其期货价格已成为国内菜籽油的权威价格。菜籽油消费企业可以通过关注交易所的市场行情来了解原料的价格走势，并且在采购原料时将菜籽油期货价格作为指导价，从而避免现货购销中定价不合理、不透明的现象，并遏制腐败行为的产生。同时，企业还可以把期货市场的价格作为原料现货购买长期合约的定价基准。

（二）利用期货市场的价格发现功能，有计划地调整库存量

期货市场具有价格发现的功能。菜籽油消费企业可以利用期货市场的价格趋势来指导现货交易，调节菜籽油原料的采购数量及库存水平。

（三）利用期货市场的套期保值功能，锁定生产成本

大多数菜籽油消费企业的产品属于刚性需求品，即使宏观经济环境出现变化，其产品总体需求也会保持相对平稳，同时产品的价格波动幅度也不会太大。特别是一些方便面、食品厂等需要使用菜籽油的企业，出于品牌维护的需要，其终端产品的价格常年不变。而一旦菜籽油原料价格上升，这些企业就只有靠自己承担增加的成本。菜籽油消费企业可以利用期货市场套期保值的功能来最大幅度锁定生产成本，防止生产利润被原料价格上涨所侵蚀。

菜籽油消费企业参与期货套期保值，就相当于为企业的原材料价格购买了“意外保险”。通过进行买入套期保值的操作，企业可以提前锁定其生产

所需的菜籽油原料的价格和数量，从而达到锁定经营生产成本和利润的目的。因此，期货市场可以大大缓解原料价格意外风险对菜籽油消费企业正常生产经营所造成的不良影响。

总之，期货市场给食品加工企业提供了指导原料采购的信息和规避原料价格波动的工具，为其带来新的理念和新的经营方式。食品加工企业可以学会掌握和利用期货市场，让自己的生产经营迈上一个新的台阶。

【案例 7－7——消费企业利用价格发现功能调整库存量】

2008 年 7 月后，国内菜籽油期货价格开始大幅走低。尽管现货价格依然坚挺，菜籽油消费企业 A 公司领导根据郑商所的期货交易情况，认为商品期货开始步入跌势，现货价格也必将回落，因此公司随之减少菜籽油采购量，并大量减少库存。2008 年底，菜籽油期价维持在 6100～6200 元/吨之间振荡，从交易状况看，其正在构筑底部，于是 A 公司逐渐增加菜籽油的采购量。2009 年春节前，公司注意到郑商所 2009 年 1 月菜籽油合约有大量现货交割时，立即采取措施从其所在地附近的交割库采购了 8000 吨菜籽油，这在一定程度上减少了春节后菜籽油现货价格大幅上扬所造成的成本提高。

（资料来源：成都倍特期货经纪有限公司）

七、菜籽油消费企业通过期货市场采购原料有什么优势？

按照传统的做法，菜籽油消费企业单纯从现货市场上采购菜籽油，存在着一定的局限性。如果在期货、现货两个市场上经营，利用“两条腿”走路，企业就可以充分利用自身熟悉市场的优势摆脱这种制约。

菜籽油消费企业完全可通过期货市场的实物交割来取得一条稳定可靠的采购渠道。企业可根据自己的实际生产需要，用相对较少的资金成本，在期货市场分批建仓，到期交割接货，投入生产，这样即节约了资金成本，降低了仓储费用，也通过分批建仓，稳定了生产成本。在期货市场上开立虚拟的菜籽油库存，如果价格涨上去，就通过对冲平仓，获利离场；如果价格没有上涨，则把原料采购回来使用。无论何种情况，加工企业在获得稳定原料采购渠道的同时，也将生产成本锁定在进入市场时的价格了。

具体说来，通过期货市场的实物交割来采购原料具有以下两大优点：

首先，采购合约的履行能够得到保障。现货市场交易存在的最大问题之一，就是合同履约率不高，信用风险大。原因主要是交易双方单个、分散签约，缺乏履约的约束力，往往是一方违约，不仅给对方造成损失，而且形成债务链。期货交易集中竞价，市场组织化和规范化程度高，进场交易的必须是交易所的正式会员，这些会员都经过严格的信用审查，并缴纳一定的履约保证金，加之交易所也负有履约担保的责任，因而使合约的履约有了切实的保证。在现货市场发展不完善的情况下，菜籽油消费企业通过期货市场采购原料，最大的好处是严格履约、资金安全、节约采购费用。

其次，通过在期货市场交割所采购菜籽油的质量能够得到保障。菜籽油生产企业由于原料价格和市场行情的不确定性，很难掌握和控制生产利润。其中存在个别利欲熏心的菜籽油生产商或贸易商以次充好的销售菜籽油，或将价格较低的食用油等掺杂在菜籽油中（比如将棉籽油掺杂在菜籽油）中进行销售，以获取更大的利润。因此，如何能够采购到质量可靠的菜籽油往往成为菜籽油消费企业所面临的难题。

期货市场给菜籽油消费提供了一条购买“放心油”的途径。郑商所交易的菜籽油期货合约规定了统一的、标准化的质量等级，其进入期货交割仓库的菜籽油，必须是由专业的油脂检验机构进行公正检验，且符合菜籽油的交割标准，这样的菜籽油在质量上有绝对的保证。因此，菜籽油消费企业通过期货市场可以获得质量稳定的原料货源，从而对其生产经营工作的稳定开展起到很大的作用。

延伸阅读：

期货市场交割品有严格的质量标准，并由指定交割仓库按照该标准进行严格检验。要了解相关细则，可参看《郑州商品交易所期货交易用菜籽油》（Q/ZSJ 003 - 2007）质量标准。

八、中间贸易商如何利用菜籽油期货开拓新的经营模式？

如前所述，期货市场可以为中间贸易商拓展新的经营模式。可以说，期货市场是帮助企业进行业务创新的重要平台。

比如“期现套利”，就是利用期货市场与现货市场之间的价差，通过在两个市场之间进行实物交割，以赚取稳定的价差利润。

中间贸易商对现货市场十分了解，也有能力进行货物的交割与销售。而期货市场与现货市场的价格虽然总体上呈现相同的走势，但在某些时期两者之间会出现一定幅度的价差，这就给“期现套利”提供了机会，这就为中间贸易商创造了新的经营模式。我们将在第十章详细介绍“期现套利”的具体做法。

此外，由于中间贸易商可以利用期货市场进行套期保值，从而可以提前与加工企业及消费企业签订购销合同，完全改变了过去单一的油脂经营模式，也敢于库存一部分菜籽油，由过去的被动销售变为现在的主动从容经营，改变了传统的经营模式。

九、为什么有些生产商不卖反买呢？

由于利用了菜籽油期货，企业的一些传统经营模式得到了一定程度的安全保障。譬如，当一些生产商不卖反买时，期货交易的介入就能帮助企业采取更灵活的策略。

我国幅员辽阔，各地人民的饮食习惯和口味存在较大差异。我国川、渝、陕、云、贵等省市向来有食用菜籽油的习惯，而主产区则为长江中下游占有主要份额，产区和销区并不完全吻合，造成川、陕、贵等省每年需要从长江中下游调入大量菜籽油，以满足需求。

在长期的贸易实践过程中，川、陕、贵等省区的菜籽油生产企业不仅承担着生产菜籽油供应本地区需求的任务，还承担着从长江中下游采购菜籽油的贸易商角色。这也就是为什么我们看到：有些生产商不仅没有在期货市场上卖出，而往往成为期货市场的买方。关键原因就在于他们承担着更多的市场角色。而这些生产商也基本是分布在川、渝、陕、云、贵等这些菜籽油的主要消费地区。

这些生产企业在期货市场的买入动作并不是违背了期货市场保值的原理，而是应该将其看作其此时是以一个菜籽油贸易中间商的身份在参与市场。

目前，川、渝、陕、云、贵等地区菜籽油生产企业在取得国家或省市的菜籽油储备指标后，往往着眼于储备油价格和期货价格存在的价格差异，为获得中间的价差，也往往在期货市场上买入菜籽油，用于交售储备油。

【案例 7－8——销售合同在前，期货买入无风险套利】

四川内江某菜籽油生产企业在 2008 年 5 月初与客户签订菜籽油 500 吨的销售合同，销售价格 12600 元/吨。此时该企业认为川内新油菜籽开秤价很可能在 2.7 元/斤以上，成本价高于 12200 元/吨，而此时，期货主力合约 0809 价格为 11500 元/吨左右，明显低估。经过核算后，存在买入期货，交割后销售的条件，企业随即进行买入操作，同时对新油菜籽的收购力度适当调低，以维持总生产量的平衡。

我们在此把这一操作的具体过程详细列举出来，以供其他企业参考：

一、执行方案的部分内容

菜籽油运达交割仓库指定货位的一切费用由卖方客户承担，货物装到汽车板（菜籽油包括火车、轮船）后的一切费用由买方客户承担。出入库费用由卖方客户承担，货物入库时向交割仓库支付。菜籽油入库检验费用由交割仓库承担。

菜籽油期货合约的交割基准价为该期货合约的基准交割品在基准交割仓库出库时的车船（汽车、火车、轮船）板交货的含税价格。

绵阳市游仙粮油购销公司库和益海广汉公司库为升水 240 元/吨，即买卖价格均高于对应的期货合约交割价 240 元/吨。

二、当时买方费用测算

在期货市场进行菜籽油买入交割，满足下列公式就可获利：

期货价格 < 现货到库购价 + 交割费用 + 资金占用利息

根据以上分析，我们以在绵阳市游仙粮油购销公司库为交割库进行交割为例，假定今年符合交割标准的标准等级的菜籽油现货价假设为 A 元/吨，目前的期货价格为 B 元/吨，则费用为：

1. 每吨交割费用 = 交易手续费 + 交割手续费 + 出库费用 + 仓储费 = 4 + 1 = 5 元。

2. 交割 1 吨菜籽油期货头寸所占用的资金利息 = B × 0.6225% × 3 × 0.25 = 0.00467 × B（元）

（注：本利率是按照农发行短期贷款利息率计算的，月息 0.6225%。其中数字 0.25 主要是考虑到一般月份收取的保证金比例为 10%，交割月为 50%，折中后得到的。）

3. 每吨菜籽油交割总成本 C = 每吨交割费 + 每吨菜籽油资金占用利息 = 5 + 0.00467 × B（元）

我们以在绵阳库交割为例，绵阳周边地区到库价为 12200 元/吨、期货买入价格假定 11500 元/吨，则每吨菜籽油的交割总成本：

C = 5 + 0.00467 × 11500 + 四川仓库的升水（240）

= 5 + 53.7 + 240 = 298.7 元/吨

利润：A − B − C = 12200 − 11500 − 298.7 = 401.3 元/吨

企业存在 401.3 元/吨的获利空间。

（注：以上是以符合《郑州商品交易所期货交易用菜籽油》（Q/ZSJ 003 − 2007）四级质量指标及《郑州商品交易所菜籽油交割细则》规定的菜籽油来进行测算的；利用自有资金收购现货的企业可忽略现货资金占用利息，其每吨交割总成本为：5 元。）

三、操作计划简述

1. 保值方向：买入保值。

2. 保值量确定：按照总计用量 500 吨计，合计 100 手。

3. 保值合约确定：操作时间限定为在郑州期货菜籽油 0809 合约。

4. 保值目标确定：郑州期货菜籽油 0809 合约价格 12600 元/吨。

5. 套保时机选择：0809 月合约以 11400 元/吨为基准。

6. 建仓策略：分步投入。

买入 0809 月合约：价格在 11400 元/吨时，建仓 30 手；

（1）若价格继续下跌，则在 11200 元/吨再建仓 30 手，则建仓均价 11300 元/吨；

（2）若价格上涨，待其确认有效突破30日均线（目前为11780～11750元/吨一线）压力后，在对应价位11800元/吨一线买入30手，建仓均价为11600元/吨。

进一步增加仓位，按市场走势决定。

7. 资金核算：按当前价格和保证金水平计算，买入500吨占用保证金约为500吨×11500元/吨（均价）×8%（保证金比例）=46万元，为预防可能出现的浮动亏损，需准备30万元的备用资金，持仓时间为当前到11月中旬。企业财务确认从当前到11月中旬，资金占用75万元以内不会影响企业日常开支，可以进行500吨的保值操作。

四、风险控制目标：现货价格下跌，获利条件不成立

经过核算后，企业可通过在期货市场上买入菜籽油交割后销售给客户而每吨获利400元。企业随即开始操作。在0809合约11600元/吨的均价买入100手（合计500吨）菜籽油。但企业并没有最后进入交割，而是在12600元/吨平掉期货上的头寸，获利50万元。因为进入6月中旬，新油菜籽已经大量上市，企业以2.85元/吨收购到对应的油菜籽，可以保障供给客户菜籽油，并认为期货上的盈利已经弥补油菜籽收购成本的增加，企业收益已经得到保障。

以上案例发生于2008年，由成都倍特期货经纪有限公司提供。

十、当生产企业的库存压力成为不能背负之重，谁可以帮忙缓解呢？

作为生产企业，最担忧的一个问题可能就是产品积压、销售不畅。当产品积压时，通常意味着企业的流动资金被大量占用，一方面，造成现金流缺乏，企业难以开展新的经营活动；另一方面，意味着产品存在减值跌价的风险，企业随时可能遭遇亏损的困境。

当库存压力成为不能背负之重的时候，生产企业往往需要两方面的帮助，第一是为库存寻求保值，另一方面则是希望能快速将库存变现，获得流动资金，开展新的经营。

对于这两点，期货市场都能够给予合适和及时的解决方案。第一点，企

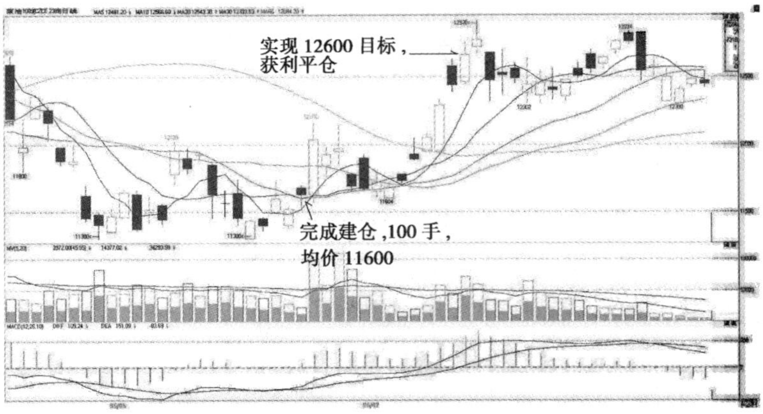

数据来源：文华财经。

图 7－2　2008 年 5～6 月菜籽油期货 0809 合约走势

业可以寻求在期货上卖出保值，规避库存的跌价风险。现货市场的销售不畅，很大程度上是由于现货贸易是“点对点”的模式，一旦某个点认为对未来的走势判断不清晰时，“点对点”的联系也就相应中止，贸易活动难以正常开展。而期货市场上，由于存在大量的以搏取价差收益的投资者，使得流动性充足，“点对点”的模式对于某一个生产厂家而言就转换成“点对面”，销售对象有数量级的激增，相应的销售渠道也自然拓开；第二点，企业可以通过期货市场，将其库存注册为满足期货交割规则的仓单，从而进行标准仓单质押融资，为企业获得流动资金。

什么是标准仓单质押融资？

标准仓单质押融资业务，是指企业以自有的标准仓单作为质押物，金融机构基于一定质押率向企业发放信贷资金，用于满足短期流动资金需求，或用于满足交割标准仓单资金需求的一种短期融资业务。该业务可接受的标准仓单，可以是企业将商品按规定入库后由指定交割仓库签发所得，也可以是企业自交易所交割所得。

它的优势是：标准仓单质押融资业务可有效解决标准仓单占压资金出现的流动性问题，或在没有其他质押品或第三方保证担保的情况下，为企业提供资金购买标准仓单，

在期货价格较低时完成原料采购，从而锁定价格、降低成本。

它适应企业状况是：企业持有的期货仓单占压大量资金，企业流动性受到影响；希望降低和锁定成本，想通过期货市场购买原材料，又苦于资金不足，不能完成标准仓单交割。

它的申请条件是：若企业从事与期货商品相关联的生产、加工和贸易活动，具备一定的期货交易经验，且提供期货经纪服务的期货公司资质优良，即可以申请标准仓单质押融资；如果企业手中持有经三家期货（商品）交易所注册生效的期货商品所对应的标准仓单，可以将持有的标准仓单作为质押，向金融机构申请短期流动资金融资。如果希望通过融资完成标准仓单的交割，也可以申请标准仓单质押融资，通过金融机构、期货公司等几方配合，将融资款项用于标准仓单交割，然后将标准仓单质押给深发展，待归还贷款后持标准仓单提货。

目前我国商业银行多数已经开展此项业务。

标准仓单的质押率一般为仓单价值的75%，根据发行时仓单品种的现货价格区域状况可以进行调整。

十一、中间贸易商如何利用期货市场增加融资渠道？

菜籽油期货市场同样也是中间贸易商的重要融资渠道，贸易商以期货仓单质押的方式向商业银行申请贷款也已逐渐开展。

根据规定，标准仓单质押授信的质押率不高于仓单价值的70%。对于贸易商来讲，仓单质押贷款解决了企业在交割回款前占用大量资金的问题，提高了企业资金利用效率，尤其是解决了中小企业融资难的问题；对期货公司而言，仓单质押贷款业务，丰富了期货公司为客户提供服务的内容，是一项多方共赢的业务创新。这里主要看看以下案例的具体做法。

【案例7-9——利用期货市场拓展融资渠道】

湖北某粮油企业是大型油脂企业，同时也从事菜籽油中间贸易活动。由于该公司善于利用期货市场工具，在2008年的金融危机中，该公司不但巩固了已有的销售客户，而且扩大了新的销售渠道和客户网络，企业实力和规模不断壮大。基于公司的行业地位、稳健的期货套保和良好的经营业绩，

2008 年湖北省农业发展银行将该公司的授信额度提高到 1.45 亿元、光大银行也给予其 1 亿元的授信额度，使得该公司在菜籽油行业声名鹊起，同时也为该公司进一步的发展打下良好基础。

（案例选自郑州商品交易所《菜籽油期货市场运行报告》）

资料链接：期货仓单的融资功能简介

期货标准仓单作为一种物权凭证不同于一般的仓单，是由期货交易所统一制定的，由交易所指定的交割仓库在完成商品入库、验收、确认合格后，签发给货主的实物提货凭证，仍属现货经营的范畴；标准仓单需经交易所注册后才可生效，受法律保护。因此，标准仓单质押贷款业务实际上是以现货为质押物，为企业提供的流动资金贷款，与信贷资金进入期货市场是两个完全不同的概念。同时，作为期货标准仓单的质权人和期货交易所的结算银行，还可以通过期货市场随时了解质押物市场行情，易于控制信贷风险。

建设银行郑商所标准仓单质押贷款业务流程如下：

借款人向当地建行递交申请材料，当地建行接收并审核材料，根据借款人的规模、资信及借款规模等，对于大型企业给予相应的评级授信，如果是中小企业则通过“速贷通”办理——银行审查并审批之后与借款人签订贷款合同及质押协议，并通知建行郑州期货城支行——借款人通知并授权期货公司与银行办理质押登记手续，建行郑州期货城支行为借款人开立专用交易编码并代办质押登记手续，交易所接收申请将仓单登记在为建行郑州期货城支行开设的特别通道下，并向期货公司和银行提供相关材料——期货城支行通知当地建行，当地建行取得质权后发放贷款——银行根据借款人是否如期还款等决定仓单处置，如期还款则解除质押将仓单登记回期货公司，未能如期还款则通过转让、交易等方式处置仓单。①

---

① 资料来源：中国证券网 http：//www. cnstock. com.

【案例 7－10——利用标准仓单质押融资，解决库存积压难题】

湖北潜江巨鑫粮油集团是集菜籽油收购、加工、销售为一体的民营企业，由于公司规模较小，自有资金不足，向银行融资难度大，限制了公司业务的发展。2008 年夏秋，在菜籽油价格下跌的行情中，巨鑫粮油也遭遇到销售不畅，库存积压的难题。此时，公司想到了利用期货市场的标准仓单质押融资的功能，通过某商业银行和郑州商品交易所，把公司生产的菜籽油注册成标准期货仓单 200 张（1000 吨）进行质押融资，获得资金约 560 万元，从而加速了企业的资金周转，扩大了融资渠道，解决了公司菜籽油库存过大，占用流动资金的难题。

（案例选自：郑州商品交易所、《菜籽油期货市场运行报告》）

十二、中间贸易商如何利用期货市场做大做强现货经营?

期货市场作为衔接金融市场与商品市场的重要桥梁和纽带，具有引导生产、发现价格、套期保值、规避风险的功能。随着我国经济快速发展和对外开放的进一步深化，境内外市场相关度越来越高，国内很多大宗商品价格走势与国际大宗商品价格走势趋同。由于国际经济金融动荡，美元波动，金融资本参与等各种因素导致商品期货价格剧烈波动，企业面临的经营风险增加。尤其是近年来，农产品价格波动加大，农业企业风险加剧，我国作为农业生产大国，农产品价格风险对国民经济有较大影响。在实践中，国内部分企业成功利用期货市场发现价格、规避风险的经济功能，保证了企业经营的平稳运行，并做大了自身的经营规模。

那么，中间贸易商又该如何利用期货市场，做大做强现货经营呢？

（一）中间贸易商应有合理定位

中间贸易商应以现货销售为主，同时积极利用期货市场进行套期保值。套期保值必须注意在价格、产量和销量上使现货和期货联动，要明确期货是为现货销售服务的。贸易商应把期货和现货两个市场作为统一体来分析研究才能使两个市场优势互补。现货市场的价格风险只有通过两个市场统一操作进行锁定，才可形成相对确定的价格，化解现货市场未来的价格风险。

（二）坚持稳健的参与原则

中间贸易商要通过期货市场做大做强，现货经营应坚持套保不投机、套保范围与现货相匹配，坚持控制风险第一、获取利润第二的原则。贸易商对期货交易要有一个正确的认识，要明确做期货的目的是通过保值来规避风险，使得企业的经营能够平稳运行，最终实现企业的经营目标。

通过分析2008年金融危机期间国内多个企业的期货投资案例，可以得出结论：国内多家大型企业之所以在境外期货交易中出现巨额亏损，根本原因在于其未在期货市场进行套保，而是在场外交易复合式期权。而在场外交易的非标准期权合约，对价格走势看准了可有限获利，看错了则无限亏损。投资场内套保还是场外非标准合约，就是规避风险或投机逐利的根本性投资目标差别。而在金融危机期间真正做套保的企业，无论对价格走势判断是否正确，都取得了较好的保值效果。

（三）制定完善的内部控制制度，科学决策，规范运作

从我国企业参与期货交易的经验教训看，企业必须建立完善的内部控制制度，谨慎操作，严格遵守既定交易计划，切忌贪图一时的投机利润，变保值为投机，进而酿成风险事件。

（四）重视期货人才培养

期货交易的专业性很强，决策及操作人员必须具备一定的专业素养，因此，企业要培养一支有较高忠诚度和有专业水平的高素质人才队伍。

（五）具备创新思维

企业决策人要有创新思维，紧跟时代的发展步伐，在熟悉期货市场的前提下，灵活利用期货市场功能为现货经营服务。比如前面曾经介绍过，利用期货价格进行“点价”交易、创新贸易模式等等。

综上所述，中间贸易商要通过期货市场做大做强现货经营，关键在于要科学地利用期货市场；其基础还是建立在利用期货市场规避风险、实现企业稳健经营上的。需要高度重视的是，期货市场是高端的金融市场，不仅具有规避风险的作用，也存在放大风险的可能。因此，对人才、资金、管理水平

的要求非常高，期货市场的操作要求管理者熟练掌握期货市场的运作技巧，对期现货影响因素有深入了解，及时把握价格走势，能够判断好切入点，真正做到套期保值、规避风险。

【案例 7-11——中间贸易商利用期货市场控制成本、扩大经营】

西安某油脂公司主营油脂批发业务，在 2008 年开始全面采用一次性中包装，全面淘汰周转桶包装。一次性中包装的好处是能更好地保证油脂的安全，而且可以有效地延长销售半径，扩大市场覆盖范围，但是这种包装，每吨油的成本要比周转桶包装高 300 元。有什么办法能把这高出的 300 元成本化解，不至于影响终端销售价格呢？该公司最终在期货市场上找到了答案。

通过考察期货现货价差以及远期、近期价差，该公司设计了一套有效的点价方案，一方面公司利用期货市场稳定了经营，降低了各种因素带来的风险；另一方面，公司组建了期货部门，由具有期、现货市场知识和操作经验的专职人员在期货价格相对低位时采购油脂，尽量降低成本，“把包装增加的费用找回来”，控制住了成本，保证了成品油在销售终端的竞争力。同时，全面采用一次性中包装后，其产品一直与同行的“周转桶”产品销售保持在同一价位，由于新包装产品销售和使用方便，受到市场青睐，销售范围辐射到山西和甘肃东部等地区，月销量也从过去的 1000 多吨猛增到2000～3000 吨，销售量增加一倍多。

2008 年剧烈波动的菜籽油市场并未对该油脂公司产生太大影响，该公司在 2008 年经营了 3 万吨菜籽油。在菜籽油期货上市初期，该公司由于投机遭受了一定的损失。此后，该公司改变思路，坚持将期货市场作为价格发现和套期保值工具来使用，不仅锁定了企业利润、保证了企业良好的效益，还更好地控制了成本，提高了资金利用率，利用期货市场扩大了企业的现货经营规模。

从以上的案例可以看出，期货市场为企业的现货经营提供了更多选择，灵活利用期货市场不仅可以规避企业经营风险，还可以使企业的生产经营规模得以扩大。

（资料来源：《经济日报》2009 年 5 月 23 日）

自 测 题（答案见本书最后）

一、填空题

1. 油菜籽是农民脱贫致富和增加收入的重要农业品种之一，在(　　)地区农民收入中占有相当重要的位置。

2. 市场经济条件下，价格是根据市场(　　)状况形成的。

3. 生产企业就可以通过借助菜籽油期货来制定更加合理的销售(　　)和(　　)。

4. 在长期的贸易实践过程中，川、陕、贵等省区的菜籽油生产企业不仅承担着(　　)菜籽油供应本地区需求的任务，还承担着从长江中下游(　　)菜籽油的贸易商角色。

5. 生产企业可利用期货价格，结合地区间现货价格差异，设计(　　)来最后形成对某个地区的现货销售价格。

6. 贸易商要明确做期货的目的是通过保值来(　　)，使得企业的经营能够平稳运行，最终实现企业的经营目标。

7. 菜籽油消费企业完全可通过期货市场的(　　)来取得一条稳定可靠的采购渠道。

二、判断题

1. 在传统的种植与销售方式中，农民通过种植油菜籽所能获得的收入往往很好。(　　)

2. 长期以来，油菜籽未受到进口油脂油料的冲击，价格波动不大。(　　)

3. 据统计，油菜籽作为生产菜籽油的原料，二者的价格相关性为0.99，菜籽油价格的变化直接影响到油菜籽价格。(　　)

4. 期货市场可以拓展现货销售和采购渠道，帮助中间贸易商制定远期的采购和销售策略。(　　)

5. 现货市场交易不存在合同履约率不高的问题。(　　)

6. 国内多家大型企业之所以在境外期货交易中出现巨额亏损，根本原

因在于其在期货市场进行套期保值。（　　）

三、选择题

1. 从发达国家（如美国）的情况看，直接进入期货市场的往往是一些（　　）的农场，（　　）的农场是通过与合作社合作进入市场的。

A. 规模较小，规模较大　　B. 规模较大，中小规模

C. 中等规模，规模较大　　D. 中等规模，规模较大

2. 菜籽油期货推出之后，贸易商就可以利用期货市场价格所具有的（　　）和（　　），灵活制定采购与销售计划。

A. 投机性，权威性　　B. 预期性，投机性

C. 预期性，权威性　　D. 灵活性，投机性

3. 而期货市场与现货市场的价格虽然总体上呈现相同的走势，但在某些时期两者之间会出现一定幅度的价差，这就给（　　）提供了机会。

A. 套期保值　　B. 期线套利

C. 跨期套利　　D. 跨市场套利

4. 菜籽油期货正在成为企业的重要融资渠道，企业以（　　）的方式向商业银行申请贷款正逐渐开展。

A. 期货交割　　B. 套期保值

C. 期货仓单质押　　D. 保值金抵押

5. 根据规定，标准仓单质押授信的质押率不高于仓单价值的（　　）。

A. 70%　　B. 50%

C. 60%　　D. 80%

6. 期货市场作为衔接金融市场与商品市场的重要桥梁和纽带，具有（　　）、（　　）、（　　）、（　　）的功能。

A. 引导生产、发现价格、套期保值、规避风险

B. 引导生产、操纵价格、套期保值、规避风险

C. 引导生产、发现价格、期现套利、规避风险

D. 代替生产、发现价格、套期保值、规避风险

7. 通过期货市场的实物交割来采购原料具有以下两大优点：（　　），（　　）。

A. 节约运输成本，质量能够得到保障

B. 采购合约履行能够得到保障，节约运输成本

C. 交易手续简单，质量能够得到保障

D. 采购合约履行能够得到保障，质量能够得到保障

第八章 菜籽油期货的套期保值

【本章要点】

本章首先分析了菜籽油期货在整个产业链中的重要地位，然后分别详细介绍了产业链中各个主体在不同情况下如何利用菜籽油期货进行套期保值、规避价格风险的具体做法；本章采用了大量的案例，针对不同情况的套期保值方法进行了具体讲解，广大企业可以对比自身的经营特点，从有关案例中找到并掌握有关做法，尽快掌握利用期货市场规避价格风险的基本技术。

一、菜籽油期货在菜籽油产业链中具有怎样的重要地位？

古人云：“民以食为天”，在计划经济时代讲的是“手中有粮，心中不慌”。然而到了市场经济环境中，由于价格随行就市，几乎每天都在发生变化，现在可谓是“手中有粮，心中也慌”。前面我们分析过，油菜籽种植农户长期存在“卖籽难、卖价低”的情况。同样地，油菜籽收购商、菜籽油加工企业、贸易企业、消费企业也面临类似的困境，甚至就连生产、销售菜粕（菜籽油压榨后的副产品）或以菜粕为原料的饲料企业，都有同样的价格风险。

我们知道，有关企业乃至农户都可以利用期货市场套期保值功能来规避价格风险（本章将详细介绍具体的做法）。现在的问题是，目前我国只有菜籽油期货品种，是不是只能为菜籽油企业提供避险手段？又如何对油菜籽或菜粕进行套期保值呢？

国外油菜籽主产国大多都上市了菜籽期货，如前述加拿大、法国等，这些国家油菜籽产量大于或接近菜籽加工能力，因此菜籽收获后必须常年储藏。加拿大和法国都有烘干设备，能够确保菜籽水份降到安全储藏水平。由于国外菜籽储藏期长，储藏风险大，保值需求高，因此菜籽期货较为活跃。

而在我国的情况略有不同。据估计，我国菜籽加工能力是产量的两倍多，菜籽收获后，众多中小加工企业争相抢购水份偏高的菜籽，并在3～4个月的时间内集中加工完毕，客观上不需要长期储藏菜籽。而且现货烘干设备较少，无法满足菜籽大量储藏的需要。由于国内油菜籽储藏期短，储藏过程中的价格风险相对较小，因此直接对储藏的油菜籽进行保值的需求就相对较小。在这样的情况下，我国首先推出菜籽油期货而不是菜籽期货，就有其充分的依据。在我国菜籽油产业链中，菜籽油期货恰恰处于核心地位，有着“牵一发而动全身”的重要地位。

在油料及其成品的体系中，籽—油—粕三者之间的价格不仅在理论上有着密切的关系，而且在实际表现中也存在着高度的相关性。经过研究，以往的数据证明，油菜籽与菜籽油价格之间的相关性为0.97，菜籽油与菜粕价格之间的相关性也在0.93左右（注：数据来源为成都倍特期货经纪有限公司）。此外，由于市场各方参与度高、流动性强，也使得菜籽油的价格最具有权威性和连续性。因此，菜籽油期货价格在我国油料及其成品体系中，是最具有重要影响力和代表性的“风向标”、“温度计”。

例如，2007年6月菜籽油期货上市后，菜籽油期货价格稳步上涨，0709期货合约的价格从8500元/吨涨到9300元/吨左右，按此价格折算成油菜籽价格应该在1.8元/斤。很多菜籽油加工企业和中间商根据期货价格信号，一方面在期货上积极卖出保值，另一方面不断地提高油菜籽收购价格，从1.6元/斤提高到1.8元/斤，四川地区最高甚至达到2元/斤左右。

可见，油菜籽和菜籽油价格保持着同方向、同趋势，幅度基本一致的变化。如此一来，即使我国没有油菜籽期货，我们也可以从具有高度相关性的菜籽油品种上寻求到对冲风险的途径。

因此，菜籽油期货不仅可以为广大菜籽油加工企业、贸易企业以及消费企业提供规避风险的手段，也同样可以作为油菜籽种植、收购以及末端产品的菜粕等相关市场主体进行套期保值的交易对象。可以说，菜籽油期货能够成为整个菜籽油产业链的避险场所。

在本章，我们将看到菜籽油产业链的各个相关主体如何参与菜籽油期货套期保值的具体做法。

【案例8－1——抛空菜籽油，粮站避免油菜籽收购损失】

储备、购销油菜籽是四川江油某粮站重要的自主经营业务。2007年，该站认准市场形势，新油菜籽上市初期即大力收购，以1.9元/斤均价收购到近4000吨油菜籽。其后，随着菜籽油价格不断上扬，油菜籽的价格也水涨船高，该站以均价2.4元/斤销售完油菜籽，获利近200万元。

但是，同样的操作在2008年却遇到了难题。2008年新油菜籽上市之时，正逢“5.12”汶川地震。在极其严重的天灾面前，为帮助受灾群众最大程度地挽回灾害损失，该粮站不计自身得失，果断开仓大力收购新油菜籽。由于菜籽油价格的高企，此时油菜籽价格也一路攀升，从2.5元/斤上涨到3.07元/斤的历史天价。截至7月中旬，该粮站收购了3400吨油菜籽，均价高达2.88元/斤。

此时，菜籽油已经开始走弱，期货价格徘徊于成本价下方，众多生产企业纷纷压缩压榨能力，限产保价，油菜籽的购销也转向清淡，市场上出现有价无市的局面。如何消化收购的油菜籽成为粮站的难题。

7月下旬，全球金融危机开始浮出水面，大宗商品价格整体纷纷下跌。此刻市面上虽然对新油菜籽报价仍普遍维持在2.85元/斤，但实际上已经没有成交。粮站收购的油菜籽面临巨大的跌价风险。

紧急关口，该粮站选择抛空菜籽油期货合约来对冲油菜籽价格下跌风险。在菜籽油 0901 合约 11500 价格上抛空 200 手，合计 1000 吨。对此举措，开始有人不理解，有人认为菜籽油跌破成本价是暂时的，而且不会跌得太凶，也有人认为 11500 的期货价格比当时菜籽油现货价格低太多了，不划算。该粮站领导则认为：由于 2008 年油菜籽收购价格确实太高，而且短期内难以消化，风险太大。粮站必须要控制好风险。此时只能选择价格联系最密切的期货品种来抛空。

之后的事实证明了粮站动作的正确。从 7 月下旬开始，期货市场和现货市场，菜籽油价格都一路暴跌，而油菜籽现货价格也从 2.85 元/斤回落到 1.7 元/斤以下。最后，该粮站在 6800 元/吨平仓菜籽油期货的空头头寸，同时在 1.8 元/斤一次性销售掉油菜籽。现货上，油菜籽损失 734.4 万元；期货上，沽空菜籽油获利 470 万元。通过期货操作，粮站减亏 470 万元。

事后粮站领导对此事谈了两点体会：第一，若没有菜籽油期货，粮站可能现在已经处在破产的边缘了；第二是要好好学习，更好地利用期货这个工具。按道理 3400 吨油菜籽换算成菜籽油是 1200 多吨，就应该做 1200 吨的菜籽油期货空头头寸，这样就能更好实现风险化解了。

（资料来源：成都倍特期货经纪有限公司）

二、签订了远期销售合同就没有风险了吗？

菜籽油生产企业在销售时，通常采用近期和远期结合的方式，即有面向终端消费市场的即期销售，价格随行就市，同时，针对有长期业务联系的、需求量较大的客户，则往往签订固定价格的远期销售合同，以保持客户关系的稳定。

固定价格的远期销售合同虽然对稳定重要客户有一定帮助，但其本身则带有相应的缺陷和风险。首先是价格固定，表面看是给买卖双方都吃下了“定心丸”，但事实上，从 2006 年以来，食用油包括菜籽油的价格波动幅度急剧放大，合同从签订到执行过程中，价格往往经历相当大的变化，很容易造成买方不愿意买，或者卖方不愿意卖。一旦某一方判断即便支付违约金，在经济利益上也较执行合同更合算时，很容易单方面违背合同。其次，正因为合同存在违约的风险，且守约方获得的经济补偿数额往往不足以弥补对方违约产生的损失。同时，为保住客户关系，双方往往是不愿深究，常常以大事化小、小事化无的心态处理。这样也给将来再次发生违约事件埋下隐患。因此，签订了远期合同仍不能完全解决生产商的风险。

对此，我们可以从菜籽油期货上寻求解决办法。一方面，菜籽油期货上同时挂有一年期的合约，生产商可选择该时段的任一合约参与，寻求合适价格，实施远期销售。在这个过程中，生产商面对的是整个销售市场，无需知道买家是谁，整个销售面从点放大到全体；另一方面，菜籽油期货交易规则对违约方采取严格的惩罚。守约方最高可能获得违约金额 20% 的赔偿。这也极大地保证了守约方的利益。

资料链接：郑州商品交易所《期货交割细则》第八章：交割违约处理

第五十条 具有下列行为之一的，构成交割违约：

（一）规定期限内，卖方未能如数交付标准仓单的；

（二）规定期限内，买方未能如数解付货款的；

（三）交易所认定的其他违约行为。

第五十一条 计算买方交割违约合约数量时，交易所应对违约部分预扣合约价值 30% 的违约金和赔偿金。

计算买、卖方交割违约合约数量的公式为：

卖方交割违约合约数量（手）=［应交标准仓单数量（张）－已交标准仓单数量（张）］×交割单位÷交易单位

买方交割违约合约数量（手）=（应交货款－已交货款）÷（1－30%）÷（交割结算价＋包装物单价）÷交易单位

第五十二条 发生交割违约的，交易所于违约发生当日上午 9 时 30 分以前通知违约方和对应的守约方。

守约方应当在当日上午 10 时 30 分以前将终止交割或者继续交割的选择意向书面递交交易所。逾期未递交选择意向的，交易所按终止交割处理。

第五十三条 构成交割违约的，由违约方支付违约部分合约价值（按交割结算价计算）10%的违约金。违约金支付后，根据违约主体的不同另行处理。

第五十四条 卖方违约的，买方可作如下一项选择：

（一）终止交割：交易所退还买方货款；

（二）继续交割：交易所在认定卖方违约的下一交易日发布标准仓单征购公告，并在7个交易日内组织征购。征购成功，交易所支付给买方标准仓单；征购失败，卖方支付给买方违约部分（此处指征购失败部分）合约价值10%的赔偿金，交易所退还买方交割货款后终止交割。卖方承担因征购产生的一切经济损失和费用。

第五十五条 买方违约的，卖方可作如下的一项选择：

（一）终止交割：交易所退还卖方标准仓单；

（二）继续交割：交易所在认定买方违约的下一交易日发布标准仓单竞卖公告，并在7个交易日内组织竞卖。竞卖成功，交易所支付给卖方交割货款；竞卖失败，买方支付给卖方违约部分（此处指竞卖失败部分）合约价值10%的赔偿金，交易所退还卖方标准仓单后终止交割。买方承担因竞卖产生的一切经济损失和费用。

第五十六条 征购价格不高于交割结算价的120%，竞卖价格不低于交割结算价的80%。

第五十七条 买卖双方同时违约的，交易所按终止交割处理，并对双方分别处以违约部分合约价值5%的罚款。

第五十八条 会员发生部分交割违约时，违约会员所接标准仓单或者所得货款可用于违约处理。

第五十九条 按本细则规定出现终止交割情形时，交易所的担保责任了结。

【案例8－2——诚信为本　信守合同】

成都新兴粮油有限公司是一家从事菜籽油加工、销售的中型企业。2007

年11月，公司与某客户签订合同，约定2008年3月以11500元/吨的价格向客户销售500吨国标四级菜籽油。

由于受到国内雨雪冰冻灾情和国际食用油价格暴涨的影响，2007年末到2008年初，菜籽油价格也一路上涨，到合同约定执行日时，川内菜籽油现货批发价格已经上涨到15500元/吨，整整较合同执行价高出4000元/吨。如果公司按照合同约定价格执行，公司将少收入200万元。而若公司违约，仅需要支付每吨300元，合计15万元的违约金。

在巨大的经济利益面前，公司董事长董国华先生认为：新兴粮油之所以能够快速的发展，靠的就是诚信经营。有了诚信，才有企业的根基。不要说现在油价是15500元/吨，就是18000元/吨、20000元/吨，我们也按合同价格执行！

正是有着“诚信为本”的经营理念，新兴粮油取得了飞跃发展，成为四川省最大的菜籽油精深加工、经营销售为一体的大型民营油脂企业之一。公司也成为“成都市企业诚信促进会会员单位”，“成都市农业产业化重点龙头企业”，公司被成都市工商行政管理局评为“守合同重信用AA级企业”，被中国农业发展银行四川省分行评为“资信等级AAA级”单位。

（资料来源：成都倍特期货经纪有限公司）

三、早期订单农业模式存在哪些风险？

如前所述，在菜籽油期货推出之前，农民经常面临“卖籽难、卖价低”的问题。为了解决这一问题，推动农业产业化的发展，一些地方政府尝试推动大型加工企业与种植农户之间建立“企业+农户”的订单农业模式。这种模式的做法是：政府代表农户与企业签订订单，约定油菜籽上市时，企业以略高于市场的价格收购农户油菜籽。

这是最早的“订单农业”模式，主要特点就是企业直接面对农户。

遗憾的是，这样的模式在实践中存在不少问题，突出的一点，就是预先签订的订单在执行中约束性差，履约率根本没有保障。常见的情况是，当市场行情好时，农民纷纷向市场出售，不卖给签约企业，企业无法让农户履行订单，实际平均履约率很低，企业无法完成预期的收购目标，严重影响了企业的原料供应，给生产造成损失；当行情不好时，农民积极履行订单，企业一旦按照订单的价格执行收购，受菜籽油成品价格下跌的影响，企业无法避免地会出现经营亏损，往往不堪重负。

为了解决诚信度、履约率等问题，人们又尝试“企业 + 专业合作社 + 农户”的模式，即由企业在资金、技术等方面给专业合作社提供帮助，再与专业合作社建立订单关系，借助合作社来保障农户的油菜籽供应。

这样当然有助于解决油菜籽供应保障问题，但是仍然存在着一个关键的风险，即菜籽油价格波动的市场风险：即使双方严格履约，企业按照订单约定的价格收购油菜籽，也会因为后来菜籽油价格下跌使企业因原料收购价过高而导致生产亏损。当加工企业面临巨大的价格风险时，“企业 + 专业合作社 + 农户”模式也无法顺利实施。

四、“订单 + 期货”模式如何规避价格风险？

多年来，尽管有关各方积极探索，但无论政府、企业、中介组织、农户采取何种模式，只是解决了现货产销问题，无法解决市场价格波动给双方利益带来的分配难题，无法实现真正的双赢局面。因此，订单履约率低在所难免。这样的现象在农业生产中普遍存在，直到菜籽油期货出现，有关各方学会发挥期货市场功能，才找到了解决办法。

订单农业是实现农业产业化的重要方式，但订单农业的关键就在“订单”上。加工企业要以种植户满意的价格签订收购合同、达成预售订单，就必然面临因未来菜籽油价格下跌所带来的风险。因此，规避这一风险就成了核心问题。在这里，在期货市场上进行“卖期保值”，就可以达到避险的目的。

具体做法是：在签订收购合同之际，同时在期货市场上远期月份的合约上卖出与收购量相当的空头头寸。等到执行收购合同的时候，菜籽油的价格下跌了，该加工企业固然因为油菜籽收购价格高、菜籽油销售价格低而遭受损失，但由于期货价格与现货价格同步下跌，其在期货市场上的空头头寸获得盈利。这样，就可以用期货市场的盈利来弥补现货市场的亏损，确保加工企业在执行订单价格时仍能实现预期利润。

反过来，在执行收购合同时菜籽油价格上涨了，其期货市场上的空头头寸将出现亏损，但是，由于现货价格也同步上涨了，该加工企业在现货市场上以高于预期价格销售其产品、获得了超额利润。因此，抵消期货市场的亏损，仍能获得预期的收入。

实践证明，凡是期货对应交易品种的农产品，如大豆、强筋小麦和菜籽油，订单农业都得到了长足的发展。其根本原因就在于期货市场给相关品种提供了规避风险的重大方法和途径。企业通过将订单农业和期货结合，带领农民间接参与期货市场，主动规避企业风险，以订单的形式稳定农产品收购价格，利用期货市场转移订单风险，在稳定农业生产的同时，带动农民收入增加，从而也推动了订单农业的发展，保障了企业的自身发展。

可以说，正是期货市场规避风险的市场功能为订单农业的发展保驾护航。

【案例 8－3——“订单＋期货”模式，推动订单农业发展】

我国菜籽油加工企业，如安徽大平集团、湖北巨鑫粮油公司、湖北奥星油脂公司、安徽庆发油脂公司、成都新兴粮油有限公司在发展油菜籽订单的过程中，都成功地走出了一条“龙头企业＋合作社＋农户”与“订单＋期货”的路子。这条路把一家一户的农民与农产品生产企业联系到了一起，改变了一家一户分散的生产经营模式，促进了科学技术和机械化的推广应用，它的出现和发展，为探索适合菜籽油产业的现代化生产经营模式做出了贡献。同时，这种模式改变了农民过去“小打小闹”、“单兵作战”的方式，社员由一家一户的“小生产”迈向了“大市场”。这其中，安徽大平集团是很典型的实例。以下我们对“大平模式”作出介绍。

大平模式

2006 年 8 月大平集团开始领办安徽巢湖市含山县巨兴大平油料合作社，建立了“龙头企业＋合作社＋社员”的订单农业新模式。2007 年 6 月菜籽油期货上市后，大平集团在原有的“龙头企业＋合作社＋社员”基础上又开展了“订单＋期货”的经营模式，从而完善了原先的组织和运作模式，规避了市场风险，实现了企业和农户的和谐发展，达到共赢，最终形成了稳定的农业现代化发展之路。

在大平模式中，合作社起到承上启下的组织作用。大平集团发起领办合作社，每个农户交纳10元股金，成为社员。大平集团与合作社签订了免费供种、保护价收购和加价收购油菜籽的合同，合作社与每户社员签订了详细的订单，规定油菜籽价格上不封顶、下要保底，在油菜籽市价低时，按保护价收购；市价高时，在市价基础上每斤加价3～5分钱进行收购；在年底实现利润时，对合作社二次返利。这样就形成了“龙头企业＋合作社＋社员”的产业化经营模式。同时，大平集团在期货上积极套保，实现“订单＋期货”的运作，保障合作社组织的稳定发展。

大平模式的核心是通过合作社，把农民有效地组织起来，实现了企业和农民的有效对接；通过期货市场的介入，保障了订单的执行，实现了订单和效益的有效对接。而“订单＋期货”的运用从根本上解决了企业风险规避问题，提高了订单履约率，实现多赢局面。

大平模式的运作过程中，包括公司、合作社和订单农户三大构成要素。其中，农户直接从事标准化生产。大平集团则起到统领及核心作用，也是此模式中农户与期货市场发生关系的通道。合作社的作用联姻搭桥、产品交易、信息交换、技术服务。具体地说，公司和合作社的功能体现在以下几个方面：

1. 创新组织，实现共赢。合作社的建立将分散经营的农户组织起来，把产前、产中、产后的相关环节链接起来，形成规模经济。入社农民成为和合作社、领办企业紧密相连的利益共同体；

2. 产销对接，保障履约。为了提高履约率，企业在每年的油菜籽播种之前都要通过合作社与农户签订书面订单，明确品种、种植面积、产品价格确定方式、价款结算方式等内容；另外，订单中还就双方的违约责任等方面进行了说明。这样，就明确了双方的权利和义务，使企业和农民都能放心生产和经营；

3. 统一管理，提高产出。合作社免费提供“双低”油菜种子“秦优7号”，按照科学方法施肥、管理，稳步提高油菜籽的产量和质量。油菜籽平均亩产增加了35%以上，出油率增加1～2个点。通过生产资料集中供应、机耕服务、技术信息、病虫害防治等一系列服务过程，降低了一家一户分散种植的成本，节省了大量的人力物力财力，实现了规模经营。仅此一项就使社员增收 20 万元，户均增收 340 元；

4. 信息指导，增强意识。合作社对社员进行期货价格及相关信息的宣传和指导，增强社员市场风险意识；期货保值，农民增收。大平集团通过在期货上套期保值，锁定利润，敢于加价收购合作社的油菜籽，让社员不仅增产还要增效。

期货市场在大平模式中的作用

为了更好地履行合作社订单合同，大平集团 2007 年以来多次在菜籽油期货上进行卖期保值，转移价格风险，锁定利润。其中一例如下：

2008 年 6 月夏收油菜籽上市以来，受高油价影响，油菜籽收购价格一路上涨，安徽地区从 2.4 元/斤涨到 2.8 元/斤的历史高价。大平集团认为菜籽油市场风险很大。但此时如果不收油菜籽或降价收购，将失信于合作社，同时也会失去市场。因此，油菜籽还要收，市场还要做，但一定要在期货上保值。

从 6 月开始，大平集团把菜籽油期货 0809、0901 合约分批卖出，最终目标是保值 8000 吨左右，约 1600 手，平均建仓价位是 12800 元/吨。7 月下旬，由于金融危机的恶化，国际市场商品期货价格大跌，菜籽油也难以幸免，期货、现货价格均开始暴跌，菜籽油 0809 合约从 7 月初的 12500 元/吨左右跌至 8 月初的 9700 元/吨左右，此时，大平集团一方面在现货市场上低价销售，一方面按照销售进度在期货市场陆续平仓，平均平仓价位在 9700 元/吨左右。在这次行情中，大平集团现货亏损为 540 万元，期货套保盈利 900 多万元，取得了较为成功的保值效果。

2008 年菜籽油价格大幅波动，全行业面临亏损，但大平集团仍能保持稳健经营，是 2008 年国内为数极少的不亏损有盈利的油脂企业。大平油脂通过“订单 + 期货”的模式获得了稳定的压榨利润，同时也促进了订单的履行。在 2008 年油菜籽收购价格高开低走的情况下，大平集团不仅全部履行与合作社的订单，而且收购价格在安徽省是最高的，为 2.9 元/斤，比 2007 年高 1.2 元/斤。同时比其他没有实行订单的企业高了 0.2 元/斤，仅此一项，即实现农民增收 800 万元。通过“订单 + 期货”，实际是把期货市场的部分利润转移到了社员手里，从而有效提高了农民的收入，保护了农民的利益，树立了农民—企业协调发展的典范。

大平集团已经着手筹建另外一个油料合作社，以实现更大的规模化发展。

（案例选自：郑州商品交易所《菜籽油期货市场运行报告》）

五、中间贸易商如何利用菜籽油期货进行基差交易以规避贸易风险？

由于期货价格具有权威性、预期性和连续性，现货贸易的定价方式可以依据期货价格来完成。在期货市场上有所谓“基差交易”的定价方式（或俗称“点价交易”），贸易商在现货交易中可以运用该方式来约定交易价格，有效避免贸易风险。

基差交易是进口商经常采取的定价和套期保值策略。其基本原理是购买方用期货市场价格来固定现货交易价格，从而将转售价格波动风险转移出去的一种套期保值策略。

用这种方法，购买方在与销售方谈判时，可以暂时不确定固定价格，而是按交易所的期货价格固定基差，由购买方在装运前选择某个交易日的期货价格来定价。一旦购买方选择了某日的期货价格，则他同时会在期货交易所建立空头交易部位。等到转售货物时，销售方再以等于或大于买入现货的基差价格出售货物，并在期货交易所以多头平仓。这样，无论期货价格如何变化，购买方都不会在现货交易中受到任何损失，而且如果卖出现货的基差大于买入现货的基差，购买方还会取得基差交易的盈利。

【案例 8 -4 ——贸易商运用基差交易规避价格风险】

2008 年 9 月以后，油脂现货市场价格暴跌，面对单边下跌的市场，许多下游贸易商在从购销合同签订到运输的过程中，产生了巨大的风险暴露，因而不敢下订单，威胁到油脂生产企业的销售开展。在这种情况下，湖北某粮油公司与贸易商约定，贸易商先把货款以高于市场价格支付给该公司，待货物到达销区后以约定时间内任意一天的当日期货收盘均价加上预定的 600

元/吨~800元/吨的升水价格，作为双方成交价格。通过期货点价和升贴水模式化解了中间贸易商在流通过程中的价格风险；对于油脂加工企业来讲则维持了企业的正常销售，加速了企业的资金流转，极大地扩大了客户销售网络。

2008年7~11月份，该公司通过点价方式进行的菜籽油贸易量就达3万多吨，获利1000多万元，不但弥补了前期油菜籽收购亏损，而且也使下游贸易商很好地规避了风险，实现了双赢。目前，国内已经有数十家大型油脂贸易企业开始与该公司开展期货点价贸易，通过点价交易，该公司稳定了供销关系，并取得了良好的经济效益。

（资料来源：中国证券网 http：//www.cnstock.com）

六、中间贸易商如何利用期货市场为已签订的购销合同规避价格风险？

在流通环节，中间贸易商往往需要提前签订购销合同，其经营风险主要来自于现货价格下跌。通常情况下，中间贸易商可以采取在期货市场上为现货进行卖出套期保值，规避价格下跌的风险。

【案例8-5——利用期货交易为已签订的购销合同进行卖出保值】

四川某中间粮油经营商，以经营菜籽油的购买及批发零售为主。2008年春节后，因雪灾影响，植物油脂价格再次大幅飚升，该贸易商受到市场高胀的看涨氛围影响，对市场过于乐观，因而在2月底3月初油脂类价格正处巅峰的时候，以15000多元/吨，甚至16000元/吨左右的价格大肆向菜籽油卖家定购菜籽油现货数百吨，准备囤积待涨后再转手卖出。然而市场风运突变，自2008年3月5日后菜籽油价格出现急速回跌走势，其定购的部分菜籽油还没到货每吨就亏损数千元，该贸易商对部分定购的合同不得不赔上定金而毁约。此时，期货公司建议其通过期货市场作卖出套保，对即将到库和已到库的共300吨菜籽油现货进行套期保值，回避价格进一步下跌风险。

具体卖出套期保值的操作过程如下：

日　期	现货市场	期货市场
3 月 12 日	菜籽油现货价格平均 14200 元/吨。该经营商手中有 300 吨菜籽油现货，平均成本价 15300 元/吨。	以 13420 元/吨的价格卖出开仓菜籽油期货 0809 合约 60 张空头头寸（基差 780 元）。
5 月 28 日	到此时，该经营商手中的高价菜籽油在艰难中走货 120 吨，测算下来平均销售价约 12900 元/吨，这部分菜籽油相对于买入价实际亏损：（15300 - 12900） ×120 = 288000 元；相对于做套保时的现货价格亏损：（14200 - 12900） ×120 = 156000 元。	期货市场菜籽油期价在惯性下跌后，出现企稳回涨之势，经营商对应平仓菜籽油 0809 套保空单 24 手，平仓价格 11812 元/吨（基差 1088 元），平仓盈利：（13420 - 11812） ×24 ×5 = 192960 元，此盈利额大于做套保以后价格继续下跌带来的亏损额（156000 元），不仅完全回避了价格进一步下跌风险，而且由于基差扩大，此批套保单还有额外的盈利，进一步充抵了亏损。
6 月 30 日	该经营商出清了剩下的 180 吨高价菜籽油，平均销售价 12300 元/吨，这 180 吨菜籽油销售实际亏损：（15300 - 12300） ×180 = 540000 元；相对于做套保时的现货价格亏损额为：（14200 - 12300） ×180 = 342000 元。	同时，在期货市场将菜籽油 0809 合约上剩下的 36 手套保空单全部对冲平仓，平仓均价 12624 元/吨（基差 - 324 元），平仓盈利：（13420 - 12624） ×36 ×5 = 143280 元。此批套保盈利小于做套保后价格进一步下跌带来的亏损额（342000），没有实现完全套保，其主要原因是基差缩小。
盈亏合计	现货实际的销售总亏损额：288000 + 540000 = 828000 元。	期货套保空单共计盈利：192960 + 143280 = 336240 元。

结论：该贸易商最终亏损金额为 491760 元，即销售总亏损（828000） - 卖出套保盈利（336240）。如果不进行套保操作，该中间贸易商在这波下跌中要亏损 828000 万元。由于其利用了期货市场进行套期保值操作，使得亏损缩小至 49 万余元，减少了近 34 万元的亏损，有效地回避了价格下跌时，流通和库存环节的风险。

此外，在套保过程中，基差的变化对企业的套保效果会产生不同的影响：在第一批套保单对冲平仓时，由于基差扩大，对该经营商卖出套保有利，因此实现了完全的套保，且还有额外盈余；在第二批套保对冲平仓时，由于基差缩小，对该经营商卖出套保不利，因此没有完全回避掉价格进一步下跌风险。不过进行卖出套保操作比不进行套保操作，仍然要好，因为可以减少很大一部分损失。

（资料来源：成都倍特期货经纪有限公司）

七、中间贸易商如何利用期货市场为库存菜籽油保值？

达到一定规模的中间贸易商往往都需要自己有一定的库存量。对许多大型菜籽油中间贸易商来说，如果库存过高，一方面需要付出高额存储成本，另一方面则会大量占用资金，增加资金使用成本，影响企业的投资回报率。因此，通过期现结合，即适当地卖出套期保值与期货交割相结合的方式，可以有效解决这一问题。

【案例 8－6——中间贸易商为库存菜籽油保值】

2008 年 5 月夏收菜籽上市，由于农民惜售，导致周边植物油价格维持在高位。很多中间贸易商在这个价位区间收购了大量的菜籽油，从而使得菜籽油成本在高位被锁定。但从 2008 年 7 月开始，受国际油脂价格暴跌影响，国内菜籽油价格开始快速下跌，现货价格从 12800 元/吨一直跌至 12 月初的 7000 元/吨左右。国内大小油脂加工企业及中间贸易商在这次菜籽油价格剧烈下跌中损失惨重，库存大量积压，现金周转失灵，不少企业濒临破产边缘。据中国油菜籽网统计，调查 220 家菜籽压榨企业中仅有 12 家盈利，208 家亏损，亏损面为 95%，220 家菜籽压榨企业共计亏损金额为 15.5 亿元。

湖北某中间贸易商在 2008 年夏季这波收购中，也面临着菜籽油收购成本过高的难题，如果不收购，那么企业经营就无法正常维持。因此，该公司在收购环节上和其他贸易企业没有什么区别，平均收购成本接近 12000 元/吨。

但和其他现货生产企业以及中间贸易商不同的是，该贸易商对期货功能的认识比较到位，在收购菜籽油的同时已经在期货上进行了部分的卖出套保。在菜籽油现货价格高于12000元/吨时，他们根据国际金融形势，认为当时国内菜籽收购价格过高、油脂企业积累了巨大的风险，国际国内油类价格不会一直维持高位，未来价格下跌的可能性较大。当时销售市场报价虚高，观望气氛渐浓，销售不畅的趋势已经出现。此时该贸易商库存菜油已经较多，库存风险逐渐加大。于是，该贸易商采取务实的态度，对库存的菜油一边适当降价积极销售，一边在期货市场上对部分库存进行卖出套期保值。

从6月份开始，该贸易商先后在菜油期货0809、0901合约上进行卖出套保。果然，进入7月份后菜籽油期货和现货价格一路急速下跌，该企业虽然在现货销售上出现亏损，但由于其在期货市场上出现盈利，因此极大地减轻了企业的亏损状况。进入8月份后，随着现货菜籽油不断销售，库存量减少，该贸易商也不断在期货市场上进行平仓，始终严格按照套期保值进行操作，不贪一时的投机小利，显示出该贸易商在利用期货市场进行套期保值操作上目标明确，着重企业的长期稳定发展。

在2008年菜籽油价格大幅下跌、菜籽油销售极其疲软的市场状况下，该中间贸易商利用期货市场成功转移了库存菜油的风险，并实现了部分盈利，保证了企业的正常经营。

从上述案例可以看出，该中间贸易商采用的期现结合的销售模式值得借鉴，特别是该贸易商对期货正确的操作理念值得提倡。

2008年菜籽油市场一个普遍的现象就是厂家报价虚高、现货销售不畅、库存迅速贬值。很多企业不能正视价格暴跌的现实，不能迅速降价销售，更加剧了库存折价的风险，亏损不断加大。此时，期货市场套期保值的重要性就突显出来，而大部分企业需要对现货进行套保时，没有套保，甚至把套保做成投机，放大了企业的经营风险，反而造成期货、现货两边亏损的局面，加重了企业的经营困难。

（资料来源：成都倍特期货经纪有限公司）

八、顺价销售难以实现时，中间贸易商如何寻求退路？

顺价销售本来是指国有粮站、粮库等粮食购销企业出售的原粮及其加工的成品粮，必须以粮食收购价格为基础，加上合理费用和最低利润形成的价格进行销售，不允许以任何形式向任何粮食加工、批发和零售企业亏本销售。

顺价销售政策国家在20世纪90年代末期就提出，初衷是为了保护农民利益，加大农业支持和保护力度，稳定粮食产量，体现了从长期以农养工到工业反哺农业的政策底蕴。因为顺价销售的本质就是要托市、托价格，就是要农民受益、农业受利。顺价销售在玉米、小麦等粮食品种上取得了一定成效，国家初步实现了扶植农业的目标。

对于菜籽油中间贸易商而言，通俗地讲，顺价销售就是指其售出的菜籽油价格应高于菜籽油的综合成本价。但在菜籽油价格剧烈波动的行情中，中间贸易商想要实现顺价销售是有一定困难的。2008年对国内油脂企业而言可谓举步维艰。由于国际油价剧烈波动，仅湖北省油脂企业亏损就达30亿元。由于价格大跌期间菜籽油市场价严重低于成本价，一些油脂企业和中间贸易商手中的菜籽油难以实现顺价销售。

面对如此严峻的市场形势，中间贸易商如何寻找应对之道，就是一个十分迫切的问题。从利用期货市场为现货企业服务的角度出发，此时，中间贸易商要维持企业生存，不妨考虑从以下几个途径来寻求退路：

一是采取降价销售，结合期货市场卖出套保，挽回部分损失，维持企业经营。此项操作方法可参考“中间贸易商如何利用期货市场为库存菜籽油保值?”中湖北某中间贸易商的案例。

二是灵活利用期现货市场价差。比如，在期现价格倒挂时，中间贸易商或从期货市场买入油脂，通过交割投放到现货市场，以降低过高的现货采购成本；或通过“现货做空”，向其他油脂企业“借油”销售，再在相对低价位买入未来相应月份的菜籽油期货，到期“归还”给“借出”的企业，并赚取其中的差价。灵活利用期现市场价差要求中间贸易商能对期现货市场走势有正确的判断，对期货市场操作较为熟悉，能够熟练的运用期货工具，并对价格高度敏感。

综上所述，企业要在危机中维持生存，关键在于要积极面对危机，灵活应变，将现货与期货市场结合起来，充分利用期货市场价格发现和规避风险的功能，为企业的生产经营服务。从多个案例可以看出，期货市场对保障企业生产的连续性和销售的稳定性能起到很大作用，只要同时把握好期货和现货行情，基本上能保证中间贸易商有一个相对稳定的利润空间。在顺价销售难以实现时，利用期货市场，是中间贸易商寻求退路的重要途径。

【案例 8 –7 ——期现价格倒挂时利用期货市场进行采购以降低成本】

2008 年 7 月份，期货先于现货“探测”到跌势的到来，菜籽油期货价格一举跌破现货价格并迅速拉开价差，价差最大时达到约 2000 元，形成明显的期现倒挂格局。尽管这种价格发现在这一特殊时期稍显“过度”，但也为众多的油脂生产企业和中间贸易商提供了保值空间。

2008 年湖北某粮油公司除了在前期期货价格过高时对远期合约进行卖期保值，还在下半年期价低于现货价格过多时，从期货市场买入油脂，通过交割投放现货市场，以降低过高的现货成本。此次危机中，该粮油公司虽然部分产品未实现顺价销售，但由于其灵活利用期货市场降低现货成本，最终不仅没有亏损，反而获得了一定利润。

【案例 8 –8 ——利用期现互补以“现货做空”方式增加市场份额】

2008 年，由于国际油价剧烈波动，导致国内菜籽油价格急剧下跌，对于大多数油脂生产企业和中间贸易商而言，是经营形势极为艰难的一年。全年仅湖北省油脂加工企业亏损就达 30 亿元。但在这种极端恶劣的环境下，却仍然成就了部分油脂公司的不平凡业绩。

在价格大跌期间，由于菜籽油市场价严重低于成本价，一些油脂生产企业和中间贸易商手中的菜籽油难以顺价销售，但又占用了大量的库存和资金。此时，湖北某粮油公司结合期货和现货市场走势分析，判断跌势仍将持续，便以资金作抵押，向同行油脂企业“借油”销往下游，并与“借出”

的企业约定归还周期。随后，该粮油公司利用期现倒挂的形势，在菜籽油期货价格相对低位时买入未来相应月份的菜籽油期货，到期“归还”给“借出”的企业，并赚取了其中的差价。

该粮油公司借助期货市场，实现了精彩的“现货做空”。不仅减轻了自身经营的成本压力，在价格急剧下跌过程中获得了稳定收益，同时也为同行缓解了资金压力。在此过程中受益最大的还是灵活运用期、现货市场的该粮油公司，公司跟国内有影响力的几十家油脂企业都有贸易往来，通过“工贸结合、期现互补”的贸易模式，该公司销售收入突破 10 亿元，其菜籽油贸易额和贸易量均居湖北省前列。2008 年，通过成功的期货市场操作，该公司不仅赚取了大量利润，扩大了市场份额，并且极大地提高了知名度，可谓名利双收。

为什么会出现期现倒挂现象？

期现价格倒挂现象是指商品的期货价格低于现货价格的现象。由于在正常的情况下，期货价格通常高于现货价格，这是因为期货价格中包含持仓费用。持仓费是指为拥有某种商品、有价证券等支付的仓储费用、保险费和利息等费用的总和。

出现期现价格倒挂现象的原因主要有以下几个方面：

1. 近期对某种商品的需求非常迫切，远大于近期产量及库存量，使现货价格大幅度增加，高于期货价格。

2. 预计将来该商品的供给会大幅度增加，或者未来需求会大幅度减少，导致期货价格大幅下降，低于现货价格。

3. 由于期货合约价格受到人为操纵。临近交割期，被迫抛售合约，导致合约价格下挫；或者出现逼空行情时，由于做多的庄家大量收购现货，造成市面上的现货紧张，现货价格会上涨。而这些货物最终要卖在后续市场上，所以期货（远月合约）价格较低。

九、怎样使价格策略符合中间贸易商角色的转变?

中间贸易商角色的转变，是指中间贸易商在完成商品的采购和销售的过程中，作为采购者和销售者的两种不同角色之间的转变。对于中间贸易商来讲，其价格策略的关键仍然是商品价格的风险管理。

菜籽油中间贸易企业相对于生产企业和加工企业而言有自身的特殊性，生产企业和加工企业是产业链条的两端，相对于同一种商品而言，他们是单纯的买方或卖方。所以菜籽油生产加工企业价格风险管理的模式相对单一，一般情况下是进入期货市场，要么做买入套期保值，要么做卖出套期保值。

而菜籽油中间贸易商处于产业链条的中间，对于菜籽油产品而言，中间贸易商即是买方又是卖方，他们购买菜籽油的目的是把它再次卖出，通常不会对菜籽油进行加工。菜籽油中间贸易商经营的特殊性，决定了他们在进行价格风险管理的过程中，参与期货市场套期保值的操作相对复杂。

在两种角色之间变化的中间贸易商应如何制定相应的价格策略，利用期货市场规避价格风险呢？

首先，如果将中间贸易商的两种角色割裂开来，当他们扮演买方角色，购入菜籽油的时候，他们需要规避商品价格上涨的风险，这时中间贸易商需要以买方的角色参与菜籽油的买入套期保值，规避菜籽油价格上涨风险；当他们扮演卖方角色，销售菜籽油的时候，他们需要规避商品价格下跌的风险，此时中间贸易商需要以卖方的角色参与菜籽油的卖出套期保值，规避菜籽油价格下跌的风险。

但事实上，由于中间贸易商的经营活动是交互进行的，他们往往在同一时间段内即充当买方又充当卖方，不可能把贸易商扮演的角色单纯地进行分割。因此在复杂的经营过程中，就需要运用期货市场的另一功能——发现价格功能，来判断中间贸易商何时需要进行买入套期保值，何时需要进行卖出套期保值。

期货市场的发现价格功能，是指期货价格具有预测性，能反映出现货价格未来的变化趋势。菜籽油中间贸易商可以利用菜籽油期货的这一功能判断其自身该在何时、以何种角色进入期货市场。

比如，当菜籽油期货的价格呈现较为稳定的上涨，菜籽油中间贸易商面临的就是购进菜籽油时价格上涨的风险，此时不用担心出售菜籽油时价格下跌的风险。这种情况下，中间贸易商可以以买方的角色进入期货市场进行买入套期保值，规避价格上涨风险。

当菜籽油期货的市场价格走势呈单边下跌的时候，中间贸易商主要面临菜籽油价格下跌的风险，此时贸易商不用担心低成本购进菜籽油，而只担心流通、库存和出售环节菜籽油价格继续下跌的风险。这种情况下，中间贸易商可以以卖方的角色进入期货市场进行卖出套期保值，规避价格下跌风险。

当菜籽油期货价格走势震荡，趋势不明确的时候，中间贸易商可以根据订单情况组织生产、做好风险控制，综合考虑采购和销售情况、确定需要进行套期保值的现货数量，并将库存和占用资金限定在可以维持企业安全经营的范围之内。

总结以上内容，中间贸易商要使价格策略符合角色的转变，关键仍在于控制好商品价格波动风险，并对自己有清晰的定位，明确在何时应该扮演何种角色，才能采取正确的措施控制价格风险。同时，中间贸易商需要对期现货行情趋势有清醒的认识，才能有效地利用期货市场功能，规避风险，保证企业的平稳经营。

【案例 8－9——在单边市场中以采购者身份通过期货市场锁定采购成本】

2007 年 6 月菜籽油期货上市伊始，曾出现过一轮单边上涨行情。至 2007 年 11 月，菜籽油期货价格突破万元大关。当时，四川某菜籽油中间贸易商与川内几位经销商签订合同，约定在来年 3 月，向几位经销商供应菜籽油共 350 吨。该贸易商手中已持有 100 吨左右的菜籽油库存，根据合同，尚需采购 250 吨左右。

随着菜籽油价格的节节高涨，该中间贸易商的订单利润正日渐减少，并有出现亏损的可能。此时，该贸易商根据当时国际国内大宗商品走势判断，菜籽油价格将进一步走高，但受资金周转限制，无法一次性购入大量菜籽油，因此该贸易商决定在期货盘面上进行保值，以锁定采购成本。考虑到价格上涨过程中，库存菜籽油不存在价格风险，因此针对该笔贸易，贸易商决定实行部分套保，即只对未采购的 250 吨菜籽油进行买入保值。

2008 年 1 月初，该贸易商在期货市场以 11000 元/吨左右的价格，分两次，在菜籽油 0805 合约上买入 50 手期货合约，对未采购的 250 吨菜籽油进行套保。2 月中旬，该贸易商在现货市场购入 250 吨菜籽油，随即在期货市场上以 13000 元/吨左右的价格将 50 手菜籽油合约全部平仓。在期货盘面上，该中间贸易商盈利近50万元，基本弥补了因现货市场价格上涨而带来的订单利润减少，由于该中间贸易商原库存菜籽油成本较低，本次现货交易，该贸易商仍获得了可观利润。

从上述案例可以看出，中间贸易商在经营活动中，要根据自身角色的不同，灵活制定套保方案，比如，套期保值部位的选择、套期保值方向的选择等等。对于每笔交易，贸易商可以参考资金情况和风险状况，选择套期保值部位，但对于套期保值来讲，套期保值范围可以小于或等于贸易量，但不能大于贸易量，否则就存在部分投机头寸，放大了经营风险。

（资料来源：成都倍特期货经纪有限公司）

什么是价格策略？

价格策略是指企业通过对顾客需求的估量和成本分析，选择一种能吸引顾客、实现市场营销组合的价格策略。物流企业的成本比较复杂，包括运输、包装、仓储等方面。所以价格策略的确定一定要以科学规律的研究为依据，以实践经验判断为手段，在维护生产者和消费者双方经济利益的前提下，以消费者可以接受的水平为基准，根据市场变化情况，灵活反应，实现买卖双方共同决策。

十、中间贸易商采购和销售平衡，还有没有敞口风险？

通俗地讲，风险敞口就是指未加保护的风险。对银行等金融机构而言，风险敞口就是因债务人违约行为导致的可能承受风险的信贷余额。若你买了某家公司的债券，由于公司债有信用风险，而你没有做任何对冲风险的交易，比如信用调期，你因此就有了一个信用风险敞口。若你买了一个固定利率的债券，而没有做利率风险对冲交易，比如利率调期，你就要承担利率波动的风险，因此有一个利率风险敞口等。

对于菜籽油中间贸易商来讲，其风险敞口主要有两处：

一是市场价格下跌引起贸易商手中持有的菜籽油价格下跌，销售利润下降，相应的风险管理策略就是当价格存在下行风险时，选择在期货市场上进行卖出保值，转移价格下跌风险，锁定菜籽油销售利润；

二是市场价格上涨或预期未来价格上涨但暂时资金不足，未来购货成本将上升而侵蚀利润。此时，相应的风险管理策略就是在期货市场上进行买入保值，转移价格上涨风险，锁定采购成本。

若中间贸易商的采购和销售能够平衡，是不是就没有敞口风险呢？

答案是否定的，因为价格存在不可控的风险。虽然贸易商的采购和销售在总量上能够平衡，但由于采购和销售之间存在时间差异，在此期间，菜籽油价格依然有波动的风险。

同时，还存在合同的履约风险。中间贸易商根据签订的合同进行采购销售，虽然数量和价格已经确定，但若菜籽油价格剧烈波动，其波动幅度超过合同规定的违约赔偿幅度时，上游的生产厂家和下游的经销商有可能选择违约。比如，在去年菜籽油价格剧烈下跌时，下游经销商违约的案例就特别多。

除价格波动因素外，其他不可控因素也有可能导致合同不能正常履行，而给中间贸易商带来敞口风险。

因此，即使中间贸易商的采购和销售能够平衡，其在经营过程中仍然存在敞口风险。中间贸易商要管理企业的敞口风险，需要在日常的经营活动中加强管理、制定周全的采购销售计划、完善购销合同条款尤其是违约责任等。

另一重要的规避敞口风险的途径，就是利用期货市场的风险转移功能，为中间贸易商的经营活动进行套期保值。从理论上讲，唯有将套期保值量完全覆盖采购销售量，避免风险暴露，才能避免敞口风险。

【案例 8－10——通过期货交易规避菜籽贸易敞口风险】

上海某大型粮油贸易公司，主要从事进口油菜籽的中间贸易，目前该公司菜籽进口量位居我国前列。由于国内没有菜籽期货，故该公司只能通过菜籽油期货为进口的油菜籽进行套保，通过了解远期价格，在进口油料的同时将利润锁定。

菜籽油期货上市以后，该公司依托这一避险工具管理菜籽贸易敞口风险，业务迅速扩张，菜籽进口量从 20 万吨扩大到 100 万吨。

从海外订购菜籽，到海运至国内，再转运压榨企业产出菜籽油，一般需要四到五个月时间，其间，菜籽和菜籽油市场价格存在较大的波动风险。该贸易公司最为担心的，就是在运输过程中，菜籽和菜籽油的价格下跌风险。虽然企业根据订单数量和上年销售情况决定进口量，力图采购和销售平衡，但由于采购和销售的时间差异大，该公司的贸易活动存在较大的敞口风险。

2007年国内菜籽减产，该贸易公司根据订单和市场销售情况，于2007年底从加拿大订购了8万吨菜籽，于2008年3月份到岸。2007年底，国内菜籽油价格上涨较快，该贸易企业通过分析认为，菜籽油价格上涨趋势将持续，购入的菜籽跌价风险较小，此时，不是进行卖出套保的最佳时期。进入2008年2月，菜籽油价格一路高涨，该公司认为此时菜籽油价格已经蕴含较大风险，宜开始该笔贸易的卖出套保操作，故在国内菜籽油期货市场上抛出相应数量的菜籽油期货合约，进行卖出保值。该公司从菜籽油最高15000元/吨一路抛到12000元/吨，总共在期货盘面上获利8500万元。

【案例8－11——通过期货交易以减少经销商违约风险造成的损失】

四川某菜籽油贸易企业，主要从事菜籽油批发业务。2008年初，因雪灾影响，国内菜籽油价格大幅上涨，各地经销商受到高涨的市场价格的鼓舞，对市场普遍持乐观态度，纷纷加大菜籽油订单量，准备囤货待涨。2008年2月该贸易企业根据下游经销商订单情况，以近15000元/吨的价格，向上游油脂加工企业购入500吨菜籽油。然而在3月初，菜籽油市场价格急速回落，并且市场销售情况也不理想。由于现货价格跌幅较大，加之走货困难，部分经销商选择赔上定金而毁约。此时，该贸易企业手中持有大量菜籽油现货，即使有经销商赔出的定金，也不足以弥补现货亏损。由于该贸易企业是根据订单进货，故没有在期货市场进行卖出保值，随着菜籽油价格的持续下跌，该企业的亏损接近90万元。

为挽回库存菜籽油损失，该企业在2008年3月下旬，对库存的300余吨菜籽油进行卖出保值，以12500元/吨左右的价格，在菜籽油0809合约上卖出60手。企业将合约持有至2008年5月中旬以11500元/吨左右的价格平仓了结，在期货盘面上获利 30 万元左右，挽回了部分因经销商违约造成的损失。

从上述的案例可以看出，当采购和销售平衡的时候，中间贸易商仍有敞口风险，即使签订合同确定价格，也存在违约风险。因此，通过期货市场进行套期保值，仍然是规避风险的最佳途径。

（资料来源：成都倍特期货经纪有限公司）

十一、菜籽油消费企业怎样保护利润不被菜籽油价格上涨侵蚀？

菜籽油消费企业在订单已经敲定或终端产品价格难以变化的前提下，如果未来菜籽油价格上涨了，则企业购买原料的价格也将上涨，从而增加生产成本，导致利润的减少；如果价格出现大幅上涨，将可能导致生产利润被原料价格上涨的亏损所抵消乃至出现亏损。

菜籽油消费企业希望未来价格能够维持平稳，最好是有下跌。但未来的价格是涨还是跌，企业是很难准确预见的。在生产经营中或签订销售合同的时候，企业是基于对未来市场的分析判断而作出的决定：如果未来价格上涨了，企业必须以更高的价格买回原料；如果未来的价格跌了，企业将可以以更低的价格买回原料，从而获取价格差。

由于未来市场价格变化的难以预见性，菜籽油消费企业如何才能回避因价格上涨而带来的成本风险并锁定其生产利润呢？

最直接的一种办法是在现货市场上买入相应数量的原料存在仓库里，然后按照生产计划组织生产。但一次性大量购买原料企业将面临较大的资金压力、资金成本和仓储成本，给企业带来很大的负担。

第二种办法是，在进行生产之前或在签订产品销售合同的时候，同时与菜籽油原料企业签订原料购买合同，然后按照原料购买合同购买原料进行生产。但菜籽油原料购买合同需要考虑合同的履约风险；如果未来原料价格上涨幅度超过原料购买合同规定的违约赔偿幅度、或者其他原因导致原料供应商违约，则会严重影响企业的生产经营。

还有一种比较好的办法是在期货市场上进行套期保值。利用菜籽油期货交易进行套期保值的具体方法如下：

企业在进行生产前或签订销售合同的同时，就在期货市场上进行相应的买入套期保值操作。也就是在确定未来菜籽油原料需求数量和价格的时候，就在期货市场开仓建立一个相应的多头部位，等到未来需要购买原料进行生产时，将期货市场的多头平仓。这样用一个市场的赢利将会弥补另一个市场的亏损，从而达到回避价格上涨风险、锁定生产成本和利润的目的。

期货市场可以为菜籽油消费企业提供一个控制原料成本的平台。通过期货套期保值，相关企业能够将原料价格出现不利变化或不确定性的风险转移出去，从而专心致力于主业经营，并从主业经营中获取稳定的利润。

【案例 8－12——调味油厂商套期保值】

2007 年，由于国内菜籽产量较上年大幅下降，进入 7 月份以后，国内菜籽收购基本进入尾声，市场可收购数量逐日减少，而进口菜籽难以弥补国内市场供应的空缺，因而国内菜籽供应紧张的局面导致收购价格高企，这使得四川某调味油生产厂因生产成本上涨而感到非常被动。该厂在 9 月份时预计 11 月中旬需购入菜籽油 1000 吨。考虑到仓库、资金等因素，该厂不可能立即采购 1000 吨菜籽油在仓库存放 2 个月以上，但同时又担心菜籽油价格上涨影响企业经营。于是，该厂就在期货市场上进行买入套期保值的操作：

2007 年 9 月中旬，四川地区菜籽油现货价格在 9600 元/吨附近波动，郑州菜籽油 0801 期货合约价格基本在 9300 元/吨附近波动时，该厂通过期货市场买入 200 多张（每张 5 吨）菜籽油 0801 期货月期合约，均价在 9300 元/吨。2007 年 11 月 15 日，该厂以 11200 元/吨价格在现货市场买进 1000 吨菜籽油，同时在期货市场以 10500 元/吨卖出菜籽油 0801 合约平仓。

现货市场采购成本增加：（11200－9600）元/吨 ×1000 吨＝160 万元。

期货市场套期保值盈利：（10500－9300）元/吨 ×1000 吨＝120 万元。

如果不进行套期保值，菜籽油价格的上涨就会导致该调味油厂就白白地多付了 160 万元的成本；通过在菜籽油期货市场套期保值，该企业将因菜籽油原料上涨带来的成本增加值降低至 40 万元，较为有效地锁定了生产成本。

【案例 8 - 13 ——方便面生产企业套期保值】

某方便面生产企业作为菜籽油的消费方，总希望自己能买到最为便宜的原料，使得成本最小化。如果菜籽油价格不断上涨，该企业的采购成本将不断上升，为了保证利润，只能对产品提价，但这又影响了其方便面的销售。因此，该厂通过在期货市场上进行买入套期保值来规避菜籽油价格上涨所带来的损失。

该厂在 2008 年 1 月 15 日发现，当时的菜籽现货价格为 10900 元/吨，市场有上涨的迹象。该企业预计到 2009 年 3 月 14 日该企业的库存已经降至低点，需要 1000 吨补库存。企业担心到 3 月份菜籽油价格出现上涨，因此于 1 月 15 日在郑商所以 10900 元/吨的价格买入 400 手 5 月菜籽油 0805 期货合约。

方便面生产企业的套期保值效果（不考虑手续费等交易成本）

	现货市场	期货市场
1 月 15 日	菜籽油价格 12800 元/吨	买入 200 手菜籽油 0805 合约价格为 10900 元/吨
3 月 14 日	买入 2000 吨菜籽油 价格为 17000 元/吨	卖出 200 手菜籽油 0805 合约价格为 13600 元/吨
盈亏变化情况	（12800 - 17000） ×1000 = - 420 万元	（13600 - 10900 ） ×1000 = 270 万元

虽然没有做到完全的规避原料价格上涨带来的成本增加损失，但该企业通过在期货市场上买入套期保值，用期货市场的 270 万元盈利部分弥补了现货市场菜籽油价格上涨给企业带来的成本增加值，减轻了企业的经营负担。

如果企业不在期货市场做套期保值，当菜籽油现货价格下跌时，固然可以使原料采购的价格降低，但是一旦价格上涨，企业将因采购成本提高而蒙受较大的损失。因此，追求稳健经营、稳定盈利的菜籽油消费企业应该积极地参与期货市场，利用期货套期保值减少或规避菜籽油价格上涨对其经营利润的侵蚀。

（资料来源：成都倍特期货经纪有限公司）

十二、菜籽油消费企业在流动资金不足的情况下如何利用期货市场提前订购原料或锁定成本价格？

加工企业由于经常跟原材料市场打交道，本身也对现货市场的供求关系有比较多的了解，往往能够提前掌握原材料供求状况发生变化的信息。本来，这些企业可以通过提前储备原材料以应对未来价格上涨，但是，由于提前储备原材料需要占用大量资金，而且还需要解决库存问题、支付库存的费用。特别是农产品原料，不仅储存麻烦，还有保质期等问题。菜籽油消费企业同样如此。有了期货市场之后，当企业看涨原材料价格时，可以用少量的保证金买入期货合约，提前订购原料，或进行买入套期保值，锁定成本价格。这样既节约了大量资金占用成本，同时又规避了原料价格上涨的风险。

【案例 8-14——方便粉丝企业买入套期保值】

某方便粉丝企业在 2007 年第三季度认为到当时整个植物油脂类的中期上涨趋势不仅明朗，而且价格走势的技术图表保持健康，因此其对后市继续看涨。2007 年 10 月该企业已经安排好了 2008 年上半年的生产计划，在进入 3 月份后需要消费 1500 吨的菜籽油。然而，当时企业流动资金比较紧缺，一时拿不出这么大笔的资金提前 4 个月买入菜籽油囤积存储。该公司领导解到郑州商品交易所可以做远期，并且还是保证金交易，有利于企业资金的流动且完全符合企业的利益，便考虑在菜籽油期货市场进行买入套期保值。

2007 年 10 月 29 日，该企业所在地区的菜籽油现货价格为每吨为 9000 元。其决定在郑州商品交易所进行菜籽油买入套期保值交易，即：以 9800 元/吨的价格买入 300 手菜籽油 0805 合约。

2008 年初，南方大部分地区出现了持续的暴雪冰冻灾害，市场普遍预期油菜籽的生长将受到极大的威胁，在一些媒体宣传保护价收购菜籽的信息引导下，出现了油菜籽上市后遭到抢购风潮。这推动了菜籽油期货和现货价格出现大幅急速的拉升走势。2008 年 2 月 29 日，该企业按原计划以 15000 元/吨的价值在现货市场上购入 1500 吨菜籽油，同时以每吨 14754 元的价格平出期货市场上的 300 手多单。

方便粉丝企业的套期保值效果（不考虑手续费等交易成本）

	现货市场	期货市场
2007 年 10 月 29 日	菜籽油价格 9000 元/吨	买入 300 手菜籽油 0805 合约价格为 9800 元/吨
2008 年 2 月 29 日	买入 1500 吨菜籽油价格为 15000 元/吨	卖出 300 手菜籽油 0805 合约价格为 15000 元/吨
盈亏变化情况	(9000 − 15000) × 1500 = −900 万元	(15000 − 9800) × 1500 = 780 万元
注：1 手 =5 吨		

该企业在 2008 年 2 月底以每吨 15000 元的价格购买了 1500 吨菜籽油，比在 2007 年 10 月底采购时多支付了 900 万元。但由于其在期货市场上进行了买入保值而盈利 780 万元，这就抵消了其在现货市场上采购菜籽油多支付的金额，使得该企业在这轮菜籽油价格大幅上涨过程中采购成本只增加了 120 万元。

（资料来源：成都倍特期货经纪有限公司）

【案例 8 − 15 ——企业利用期货套保节约资金成本】

菜籽油期货市场不仅帮助企业回避了价格波动的风险，而且大大减轻了企业的资金成本，缓解了企业的财务压力。2008 年 5 月底，新菜籽大量上市的时候，爱菊集团给西安市油脂公司下达了 1 万吨的菜籽油入库任务，要求 2008 年 9 月底之前完成。按照 12000 元/吨左右的价格，每吨油一个月的资金利息就超过 80 元，1 万吨菜籽油 4 个月仅银行利息就 300 多万元。另外，日常的经营也需要大量流动资金，企业资金压力很大。而通过菜籽油期货，9 月份的期货价格甚至还低于目前的现货价格，于是，1 万吨的菜籽油收储量，仅以少量的保证金就轻松地在期货市场上锁定了。仅此一项，就为企业节省了两三百万元的利息支出。

（资料来源：和讯期货）

十三、菜籽油价格下跌了，菜籽油消费企业就不会受到冲击吗?

一般而言，菜籽油消费企业的终端产品（比如食品、调和油等）的价格和菜籽油原料价格的相关性不大；在产品销售价格固定的情况下，如果菜籽油价格上涨就会提高企业的生产成本，从而减少其利润。因此，作为食品加工企业的菜籽油消费企业对菜籽油价格上涨较为担心，而往往并不畏惧原料价格的下跌，甚至把菜籽油价格下跌看做是采购便宜原料的机会。

然而，菜籽油价格下跌了真的对菜籽油消费企业不会产生任何冲击吗?

实际上，菜籽油消费企业并不能完全避开菜籽油价格下跌对其产生的不良影响。无论是生产企业还是消费企业，价格的剧烈波动都不容易把握。对消费企业来说，如果在菜籽油价格下跌前期高价购入的原料不能顺利转嫁出去，那么利润将大大缩小，菜籽油价格下跌固然在现货市场上可以买到更便宜的产品，但是手中的存货却出现大幅亏损，如果存货过多，企业资金周转将会受到影响。

总之，相对于生产和流通企业而言，菜籽油消费企业在菜籽油价格下跌中所受到的冲击较小；但由于库存和远期采购合同等问题，价格的下跌也会在一定程度上对消费企业产生直接的影响。

十四、企业参与菜籽油期货套期保值需要注意哪些问题?

尽管参与期货套期保值对企业有上述诸多好处，但在实际操作中，企业也需要注意以下一些问题，以避免不必要的损失：

（一）企业进行套期保值是以锁定产品价格波动风险为目的，因此，不要随意将套保头寸转为投机头寸。

（二）套期保值并不意味着一定要实物交割，企业进行实物交割要根据市场情况而定，并考虑交割和运输成本等。

（三）企业要根据自己的生产规模设计合理的套期保值头寸，并且合约月份要尽量与实际相近。

（四）企业要注意菜籽油期货仓单的有效期为一年，每年5月（含该月）之前注册的标准仓单在5月份最后一个工作日注销。

（五）企业进行套期保值应通过专业的期货经纪公司参与，并设置专门的部门或人员进行风险控制和操作监督。

自 测 题（答案见本书最后）

一、填空题

1. “企业+农户”的订单农业模式在实践中很不理想，主要原因是该模式的订单在执行中____性差，____率没有保障，难以实现双赢。

2. 因为订单是在农产品种养前签订，是一种____贸易，所以也叫期货农业。

3. 大豆、强筋小麦和菜籽油的订单农业则得到了长足的发展。其根本原因就在于____市场给相关品种提供了____的重大方法和途径。

4. 期货市场上有所谓的____定价方式（或俗称“点价交易”），贸易商在现货交易中可以运用该方式来约定交易价格，有效避免贸易风险。

5. 在顺价销售难以实现时，____是中间贸易商寻求退路的重要途径。

6. 通过期现结合，即适当的卖出套期保值与____相结合的方式，可以有效解决大型菜籽油中间贸易商库存量过高的问题。

二、判断题

1. 即便没有对应的期货品种，我们也可以从高度相关的品种上寻求到对冲风险的途径。 （　）

2. 菜籽油生产企业在销售时，一般只采用近期的方式。 （　）

3. 固定价格的远期销售合同对稳定重要客户有一定帮助，其本身没有缺陷和风险。（　　）

4. 当加工企业面临巨大的价格风险时，“企业+专业合作+农户”模式仍然可以顺利实施。（　　）

5. 顺价销售本来是指国有粮站、粮库等粮食购销企业出售的原粮及其加工的成品粮，必须以粮食收购价格为基础，加上合理费用和最低利润形成的价格进行销售，不允许以任何形式向任何粮食加工、批发和零售企业亏本销售。（　　）

6. 若中间贸易商的采购和销售能够平衡，就不存在敞口风险。（　　）

7. 期货市场套期保值总是能够使得菜籽油消费企业完全规避因菜籽油价格对其经营利润的侵蚀。（　　）

三、选择题

1. 加工企业要以种植户满意的价格签订收购合同、达成预售订单，就必然面临因未来菜籽油价格（　　）所带来的风险。

A. 下跌　　B. 上涨

C. 不变　　D. 横盘振荡

2. 粮油商品价格波动（　　），同时粮油产品消费总量变化（　　）。

A. 不大，不大　　B. 巨大，巨大

C. 不大，巨大　　D. 巨大，不大

3. 套期保值（　　）进行实物交割。

A. 一定要　　B. 并不一定要

C. 只能　　D. 不能

4. 企业要注意菜籽油期货仓单的有效期为一年，每年（　　）月（含该月）之前注册的标准仓单在该月最后一个工作日注销。

A. 6　　B. 5

C. 4　　D. 3

5. 通常情况下，中间贸易商可以采取在期货市场上为现货进行（　　），规避价格下跌的风险。

A. 卖出套期保值　　B. 买入套期保值

C. 期现套利　　D. 跨期套利

6. 菜籽油消费企业希望未来价格能够维持平稳，最好是有(　　)。

A. 下跌　　B. 上涨

C. 保持不变　　D. 大幅振荡

7. 菜籽油价格的下跌对(　　)企业产生的影响最小。

A. 储存　　B. 贸易

C. 消费　　D. 生产

第九章 菜籽油期货的价格影响因素

【本章要点】

了解影响商品价格的主要因素是参与期货投资的不可或缺的重要环节。本章主要对影响菜籽油价格的主要因素作出详细分析，具体回答是什么因素、以怎么样的程度和方式对菜籽油价格产生影响。本章通过大量的实际案例直观展示这些因素对菜籽油期货和现货价格的影响。

投资者阅读本章可以对影响菜籽油价格走势的主要因素有具体认识，而相关案例也有助投资者在参与菜籽油期货时避免一些误区和不必要的失误。

一、哪些是影响菜籽油价格的主要因素？

菜籽油价格受到多方面因素的影响。从大范围看，我们将其分为内部因素和外部因素。内部因素包括油菜籽种植面积、油菜籽种植期天气状况、油菜籽产量和收购价格；菜籽油产量、消费量、菜籽油消费的季节性规律、国家储备轮换及其政策；油菜籽的进出口量、菜籽油的进出口量。外部因素包括：菜籽油与菜籽粕的比价关系、菜籽油与豆油棕榈油的比价关系；国外油菜籽、菜籽油相关市场的变化；石油价格、生物能源政策和发展的影响；宏观经济环境变化的影响。

从商品价格走势受到供需关系左右这个出发点考虑，我们则可以将影响因素主要分解为供给和需求两大层面，供给主要分为期初库存、产量和进口量三个组成部分，而需求则分为国内消费、出口量、期末库存三个组成部分。

随着我国经济的飞速发展，人民群众对食用油的需求也大幅上升，我国对进口油脂油料的依存度已经超过 70%。作为植物食用油中的一员，国产菜籽油在食用油中份额呈现逐年缩减的状态，价格的波动也越来越容易受到外部因素的影响。这是需要投资者高度重视的。对于普通投资者而言，“就菜籽油而论菜籽油”往往难以把握问题的实质，而需要把眼光放得更开，看得更远。

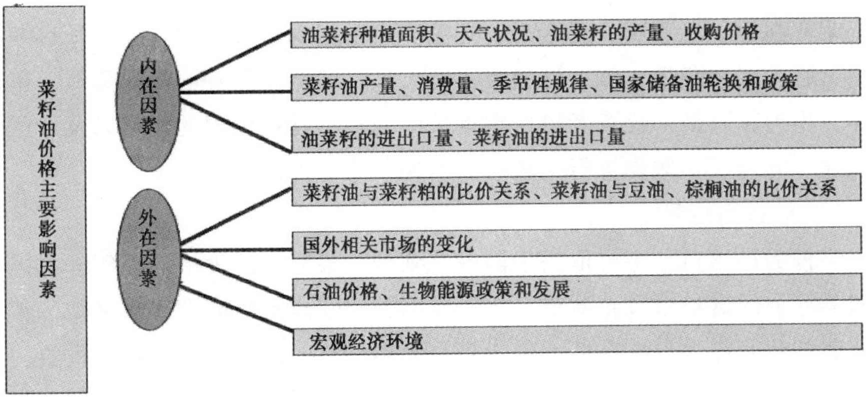

数据来源：郑州商品交易所。

图 9－1 菜籽油价格主要影响因素

二、分析供求因素对菜籽油价格的影响时应注意哪些特点？

我们都知道供求因素影响价格，具体到菜籽油市场而言，当我们分析供求因素对菜籽油价格的影响时，要注意观察菜籽油供求关系的一些特点。

（一）库存量

菜籽油库存是构成供给量的重要部分，库存量的多少体现着供应量的紧张程度。在多数情况下，库存短缺则价格上涨，库存充裕则价格下降。由于菜籽油具有不易长期保存的特点，一旦菜籽油库存增加，菜籽油价格往往会走低。我国菜籽油库存除了商业库存外，还有国家储备。国家储备主要在浙江、安徽和四川，每年都要轮换 50%，数量较大，因此投资者需要关注国家储备轮换时间、进度和流向。

（二）产量

影响菜籽油产量的最重要因素是其原料油菜籽的产量，而油菜籽产量主要受种植面积及单产影响。种植面积增加、单产提高则来年油菜籽供应充足，菜籽油价格将受压；若种植面积减少、单产降低则来年油菜籽供应紧张，菜籽油价格得到支撑。一般来说我国油菜籽种植面积受到地域性种植习惯以及前一年的价格影响，很难有大的突破。而单产则受天气状况的影响较大，菜籽在生长过程中，受干旱、低温、洪涝影响较大，尤其在生长后期和收割、脱粒、整晒期，如果遭遇灾害性天气，将会使菜籽油品质降低，单产下降，出油率降低。投资者可以重点关注油菜籽种植面积的变化以及产区天气状况，并与历史数据进行比较，从而判断菜籽油产量的变化。

（三）进出口量

菜籽的进出口量主要取决于国内外菜籽、菜籽油的价格。近年来我国菜籽和菜籽油的进口量日趋减少，主要原因是国际成本较高，无法进口。若国内外菜籽和菜籽油价格合适，进口将会大幅提高，增加我国菜籽油供给，令菜籽油价格受压；而如果国内菜籽和菜籽油出口增加，将会拉动国内菜籽油需求，从而提振菜籽油价格。

（四）消费量（需求）

消费类的增加/减少可以推动菜籽油价格上涨/下跌，一旦菜籽油需求增长过快而导致国内供应产生缺口，则菜籽油供应紧张的局面将突显，从而推动菜籽油价格上涨。一般来说，我国菜籽油消费（需求）呈现比较明显的季节特性：9 月底国庆中秋双节来临，菜籽油消费（需求）增大，价格上涨；10 月份以后，气温开始下降，棕榈油消费减少，菜籽油消费（需求）增加，价格进一步上升；12 月到次年 1 月份，菜籽油进入需求旺季，价格攀高，并保持高价到新菜籽上市。当然，近年来受国内宏观经济形势和其他植物油供求等综合因素的影响，菜籽油季节性价格变化规律更加复杂。

（五）相关产品的价格影响

菜籽油是菜籽的下游产品，每吨菜籽可以压榨出大约 0.36 吨的菜籽油和 0.6 吨的菜粕。菜籽油与菜粕的价格存在着密切的联系。菜粕主要用于淡水养殖业，其他品种的油粕很难替代菜粕的使用。如果我国淡水养殖业效益较好，菜粕用量就会放大，菜粕价格就会回升，就会拉动菜籽的收购价格，油厂开工率增加，菜籽油供应增加，价格会出现下跌；菜粕出现滞销的时候，油厂会降低开工率，菜籽油产量就会减少，菜籽油价格往往会上涨。

豆油、棕榈油、花生油、棉籽油等菜籽油替代品对菜籽油价格也有一定的影响，如果菜籽油价格过高，精炼油厂或者用油企业往往会使用其他植物油替代，或者进行搀兑，从而导致菜籽油需求量降低，促使菜籽油价格回落。随着豆油市场份额的不断扩大、棕榈油进口的剧增以及菜籽油消费地位的转变，国内菜籽油市场已经不能独立来分析，其受国内豆油、棕榈油市场影响相当大。

三、市场环境变化如何对菜籽油价格产生影响?

我们认为市场环境主要包括宏观经济环境、社会发展环境、政策法规环境、产业发展环境等四个部分。

（一）宏观经济环境

我国菜籽油主要用途是食用油，食用油的需求弹性带有刚性特征。短期的经济波动对其供需关系并不会产生过大的影响。我们谈到的宏观经济变化对菜籽油价格的影响，更大程度上是着眼于对长期供需关系变化和发展的影响。

改革开放 30 年以来，我国经济快速发展，创造了令世界震惊的“持续、快速、稳定的增长奇迹”。2008 年，百年不遇的金融危机，重创全球经济，但中国政府处变不惊，应对有方，措施得力，中国经济继续运行在快车道上。

（二）社会发展环境

对于菜籽油来说，经济发展直接作用于供需关系，使市场呈现美好而清晰的发展前景。

2003 年以来，我国菜籽油的家庭消费量维持在 300 万吨左右，而餐饮业对菜籽油的消费在城市化进程和人民消费结构改善的大背景下出现了明显的增幅，2008 年较 2003 年增加 13.4%。有关机构预计：2009～2012 年，我国植物食用油的人均消费增幅将处于 2.5% 左右。尽管受到豆油、棕榈油消费增长的冲击，但未来菜籽油的家庭消费仍有望保持绝对量上的增加。预计未来我国菜籽油家庭消费量的年均增幅为 2% 左右。到 2015 年有望达到 350 万吨。而餐饮业对菜籽油的消费则有望保持 3.5% 的年均增幅，预计在 2012 年有望突破 120 万吨。餐饮业消费是未来菜籽油消费增加的最大亮点。

工业消费量约占 6%，该部分年均消费增幅保持 3%～4% 的平稳增加。

（三）政策法规环境

主要有两点：

第一是我国从 2005 年 2 月 1 日起实施新的菜籽油国家标准 GB1536－2004，以取代老国标 GB1536－1986。该标准强调了标签的重要性，特别规定了转基因、压榨、浸出产品和原料原产国必须标示。随着饮食营养、食品安全问题受到越来越广泛的重视，我国食用油标准也将越来越完善，食用调和油的质量统一标准也有望在近 1～2 年内推出，实现和世界接轨。

第二是国家出台政策扶持油菜籽生产。2007 年 9 月 22 日国务院办公室发布《关于促进油料生产发展的意见》，对长江流域“双低”油菜优势区实施良种补贴，使得我国油料面积和产量出现恢复性上涨。同时，为保证农民利益，做到增产增收，国家从 2008 年第四季度起，对油菜籽实施托市收购，并于 2009 年 6 月 1 日启动临时收储。国家一系列举措保证了油菜籽保持增产的持续性。

（四）产业发展环境

1985 年，我国粮油收购由统购改为合同定购，国家按原统购价敞开收购，使粮食、油料种植面积逐步上升。1992 年，国务院下发《关于加快粮食流通体制改革的通知》，粮油收购由合同定购改为指导性计划收购，粮油购销实施双轨制。粮油收购体制逐步向市场化转变，油料作物种植面积逐步上升。2000年，粮油指导性计划收购全部取消，粮油生产总体继续呈现增长态势。

2007年，为提高我国自身油料生产能力，国务院办公厅制定《关于促进油料生产发展的意见》，目的是力争到2010年，我国油料种植面积比2006年扩大6%，总产量增加14%。

为从根本上解决我国油料生产有限的问题，国家可能继续出台政策促进油料生产，包括限制外资大量投资我国油脂加工业，避免外资对我国油脂加工业的绝对垄断。同时，国家将加强食用油储备，强化对食用油市场的干预能力。

从实际情况看，油菜籽的生产在我国还有着巨大的潜力可以挖掘，对于保障我国油料生产安全有着决定性的意义和作用。我们完全有理由相信菜籽油在未来会获得长足发展。目前国家也加大了在油菜籽良种、油菜籽和菜籽油精深加工上的科研投入，推动菜籽油生产企业的重组整合，为菜籽油行业的发展铺好路。

四、近年来我国菜籽油价格受各方面因素影响的情况是怎样的?

我们通过一张跨度10年的菜籽油周价格走势图（见图9－2）来直观认识上述一些因素是怎么影响菜籽油价格的。

1. 1999年1月～2000年9月，菜籽油价格从8050元/吨跌到4500元/吨，跌幅44%。内在原因是：国内油菜籽连年丰收，菜籽油产量大幅提高；外部原因是：同期大豆进口过多，冲击国内油脂市场，菜籽油价格持续下跌。

2. 2000年10月～2002年5月，菜籽油价格在4500～4400元/吨的区间中小幅波动。原因是：国内油脂市场供需平衡，菜籽油价格小幅波动。

3. 2002年6月～2004年4月，菜籽油价格由4400元/吨涨到7350

元/吨，涨幅65%。内在原因是：2002年国内油菜籽产量降低，同时受大范围降雨的影响及运输困难，菜籽油的生产供应紧张；外部原因是：中美贸易争端，大豆进口量减少。

4. 2004年5月~2006年5月，菜籽油价格再次下跌，价格从7350元/吨最低下跌到5150元/吨，跌幅30%。内在原因是：油菜籽种植面积大幅增加，国内菜籽油产量增加，供应充足；外在原因是：国家储备油轮换，豆油、棕榈油大量进口，对菜籽油市场造成冲击，菜籽油价格大幅下跌。

5. 2006年6月~2007年4月，10个月内，菜籽油经历了一次先大幅上涨，又突然急速下跌的波动，价格先从5150元/吨上扬到8100元/吨，幅度高达57%，而2007年春节后，市场需求转淡，价格在对国家储备油轮换的担忧下回落到7300元/吨。内在原因是：国内油菜籽面积和产量连续下降，菜籽油供应紧张；外部原因是：国外生物柴油消费植物油增加，国内外油脂供应紧张，价格联动上涨。2007年1月后国储油轮换，价格受到压力。

6. 2007年5月~2008年3月初，菜籽油经历了有史以来最大的一轮上涨，价格从7500元/吨飞涨到16500元/吨，涨幅120%。内在原因是：2007年国内油菜籽大幅减产，油菜籽收购价上涨，推动菜籽油压榨成本攀升，进而推升价格。而2008年春节前我国油菜籽产区遭遇罕见冰冻雨雪灾情，则更是对价格的上涨起到了火上浇油的作用；外部原因是：美元贬值推升了大宗商品整体的价格中枢上扬。中国进口更多油脂油料，国内外植物油表现为联动暴涨。

7. 2008年3月~5月，菜籽油价格又转变为一泻千里，价格从16500元/吨跌到11600元/吨，跌幅30%。内部原因是：雨雪灾情明了，中国油菜籽产量有望增加，供给紧张减轻；外部国家对油脂宏观调控力度加大。同时美国次贷危机抬头，投机资金减仓退场。美国大豆种植意向增加等，来年大豆等油料存在丰产压力。

通过图9-2，投资者可以清晰了解一些因素对菜籽油价格产生影响的情况。

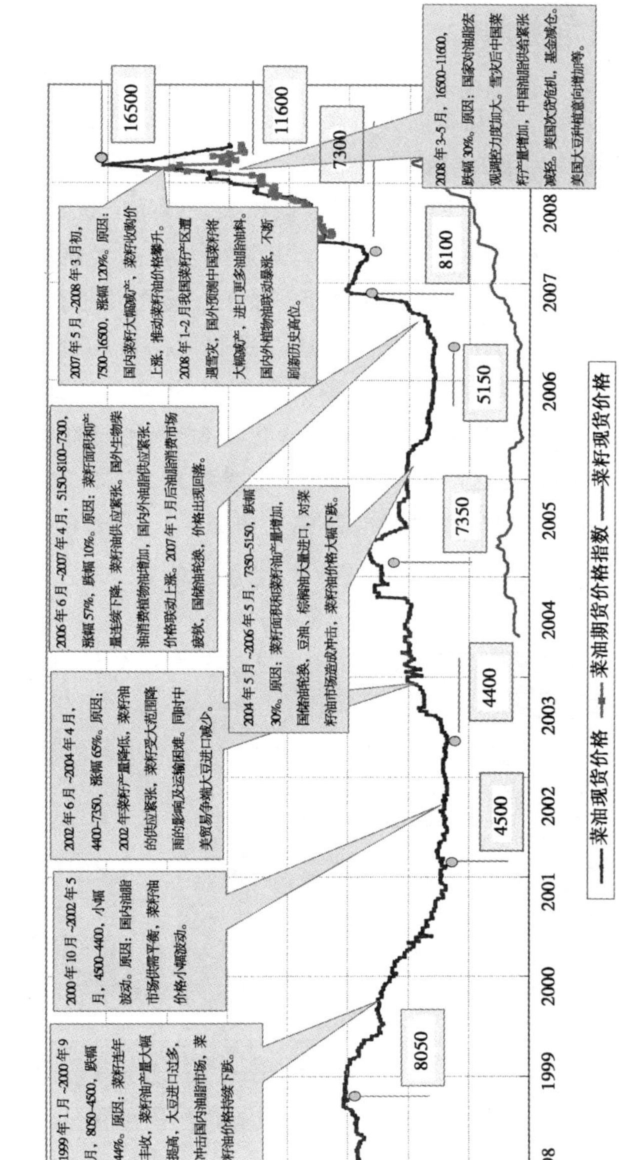

图9-2 1998~2007年国内菜籽油周价格走势图

五、金融危机中，菜籽油行业顶住了吗？

2008 年 3 月美国次级贷款危机出现加深和扩散，9 月中旬，以当时美国五大投行之一的雷曼兄弟公司破产为标志，金融危机全面爆发。在危机的影响下，银行惜贷，市场流动性收缩，资金撤离大宗商品市场引发了商品价格的整体下跌。随着金融危机进一步深化，其影响从虚拟经济向实体经济扩散。企业大量倒闭，失业率提高，社会经济萧条，反之引发了对商品需求削弱的预期，大宗商品价格由此进一步下跌。反映商品市场价格总体走势的 CRB 现货和 CRB 期货指数双双下行，跌幅在 2009 年 2 月达到极值 57.8%。大宗商品价格在短短 8 个月中竟然回到了上世纪 80 年代初的水平！

当我们回头仔细审视这段艰难的时光，竟然发现，在目前中国市场交易的农产品期货当中，食用油整体绝对跌幅高居第一！2008 年绝对跌幅，豆油 60.2%，棕榈油 67.5%，菜籽油 36.7%。

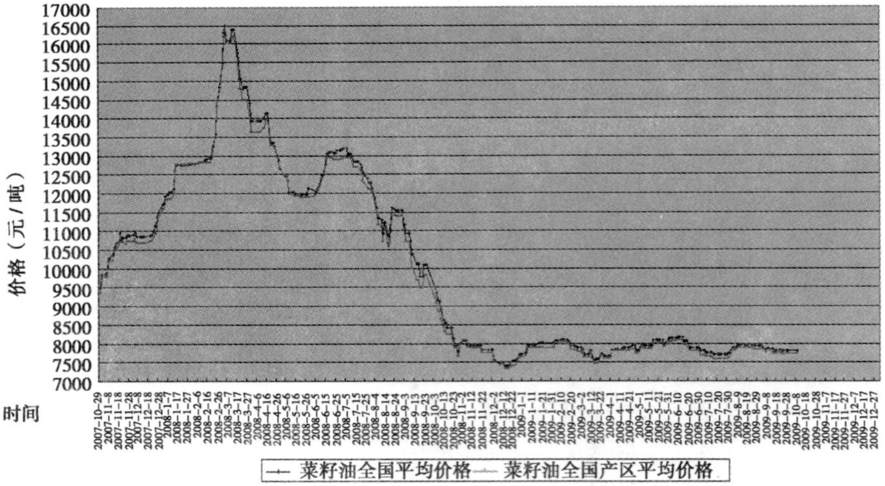

数据来源：成都倍特期货经纪有限公司。

图 9－3　菜籽油现货价格走势

主导 2008 年食用油价格出现如此剧烈振荡的根本因素同时存在于内部

和外部。

内部情况是，2007年以来前期的上涨，使业内存在着囤积货源，估价待涨的普遍现象，特别是棕榈油有相当大的隐形库存，短暂扭曲了供需关系；其二是国内、美国和南美大豆的播种面积回升，油料作物产量增加，紧张的供需关系得到扭转。

外部情况是，国内宏观调控能力加强，国家对高企的食用油价格加强了平抑措施；其二是美国金融市场的动荡主导着7月以后的国内食用油价格走势，由于美国豆油和马来棕榈油的剧烈下跌，廉价的进口豆油和棕榈油不断冲击国内本来就非常脆弱的油价。

我们认为，2008年中，菜籽油的角色在初期非常光彩，成为食用油乃至整个农产品价格上涨过程中的领头羊，但在中后期非常尴尬，生产成本在油菜籽收购基本完毕后居高不下。根据中国油菜籽网的统计，即便后期因油菜籽价格下跌，菜籽油生产成本有所降低，2008年，国产菜籽油平均压榨成本仍高达11838元/吨。而豆油和棕榈油因对进口的依赖程度高，成本可以跟随国外灵活变动。食用油品种之间固有的比价关系和可相互替代性迫使菜籽油价格下行，以免市场份额被过度侵蚀，跟随下跌成为唯一也是必须的选择。下跌到最暴烈的时候，企业每销售一吨菜籽油竟平均可能出现5000元的损失！

在2008年的金融危机中，国内菜籽油行业，特别是生产企业遭受重创。根据中国油菜籽网统计，2008年，全国菜籽油生产企业全行业巨额亏损，亏损面高达94.5%以上！统计的220家企业中，208家亏损，仅有12家微利或者保本。湖北、四川接近90%的民营菜籽油加工厂停机弃产，近半数以上菜籽油加工企业濒临破产，行情惨烈程度可见一斑。

金融危机造成的惨痛经历表明，菜籽油虽然有着较高的国内自主性，但是在食用油整体市场中仍明显受到周边品种的影响。投资者对菜籽油的认识或者判断，不能局限于菜籽油一点，不能脱离食用油整体，不能忽略整体商品市场的大背景。同样，这个深刻的教训也告诉我们的相关企业：了解企业的风险，建立科学的风险管控机制，学会利用期货市场的避险功能，正确参与套期保值是多么必要和迫切！

亡羊补牢，为时未晚。金融危机能使菜籽油行业的整体抗风险能力和管控风险水平都得到提高，才是它带给我们的积极一面。

什么是 CRB 指数？

CRB 指数是 1956 年美国商品研究局所汇编的“商品研究局期货价格指数”（Commodity Research Bureau Futures Price Index）的简称。CRB 指数可以反映出一般商品的物价水准，为市场研究者的重要参考。CRB 指数包括 CRB 期货物价指数与 CRB 现货物价指数。

CRB 期货物价指数是由美国商品研究局于 1956 年正式公布，它的组合成份不包含任何一种金融期货，是一种纯粹的商品指数，目前它的结构成份是由 21 种商品所组成，其中每种商品所占的权数比例均相同（4.7%，亦是 1/21），区分如下：谷物：小麦、燕麦、玉米、黄豆、黄豆油、黄豆粉；能源：轻原油、热燃油；贵金属：黄金、白金、白银；基本金属：铜；软性商品：糖、可可豆、咖啡、棉花、冻橘汁；牲畜类：活牛、活猪、猪腩；其他：木材。

CRB 现货物价指数的成份商品是由 23 种现货所构成，区分如下：金属：废铜、废钢、锡、铅、锌；谷物：小麦（堪萨斯）、小麦（明尼阿波利斯）、玉米、黄豆油；软性商品：糖、可可豆、棉花；其他：粗麻、橡胶、松脂、羊毛、印花布、皮革、小公牛、活猪、猪油、牛油、奶油。

CRB 指数包括了核心商品的价格波动，总体反映世界主要商品价格的动态信息，广泛用于观察和分析商品市场的价格波动与宏观经济波动，并能在一定程度上揭示宏观经济的未来走向。它能比较好地反映出生产者物价指数（PPI）和消费者物价指数（CPI）的变化。

CRB 指数是一种较好反映通货膨胀的指标，它与通货膨胀指数在同一个方向波动，与债券收益率在同一方向上波动。可以说，CRB 指数在一定程度上反映着经济发展的趋势，与经济波动同样也具有较强的趋同性。

六、生产成本是价格“铁底”吗?

很多投资者往往把生产成本视为价格的“铁底”，事实证明这一看法是错误的，也就是说生产成本并非能够对菜籽油现货和期货价格给予绝对的支撑。这一点在菜籽油期货交易中尤其需要警惕。

经济学理论认为，成本与价格存在三方面的关系：

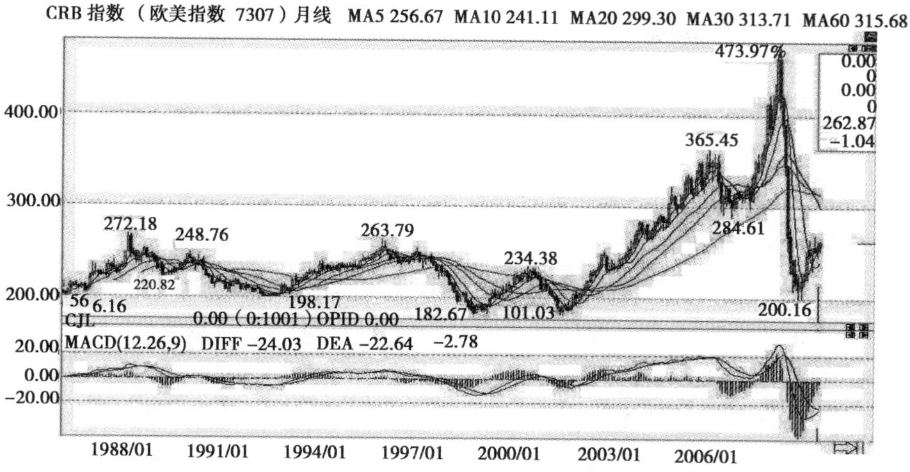

数据来源：文华财经。

图 9－4 CRB 期货指数走势

（一）成本是构成商品价格的主要成份

商品价格是由生产这种商品的物质消耗费用、职工工资、税金与合理利润构成。其中物质消耗费用和职工工资就是成本的倾向表现形式。成本与该商品价格成正比例关系，价格随着成本的增加而提高，反之则降低，二者紧密相关，不可分离。

（二）成本是制定价格的最基本依据

这里所说的成本不是个别企业生产该产品的成本，而是社会平均劳动强度下制造该产品的物质消耗和工人工资的成本，是社会成本，即通常所说正常情况下的中间成本。价格的制定就是以社会成本为依据的，从而可以使同一商品的劳动消耗按同一尺度计算和补偿。

（三）成本是确定价格的最低经济界限

商品成本存在必要性，是由经营者要以自己经营收入，补偿自己产销开支的客观必然所决定的。商品出售价格的最低界限，只能是商品成本。如果商品低于成本销售，生产中已消耗的部分就不能全部由出售价格得到补偿，长期以往，企业不能维持生存，走上亏损甚至破产的道路。商品的定价不能低于成本，商品的价格主要由成本、税金和合理利润组成，同时受到市场供需关系的影响。

国产菜籽油在我国植物食用油市场的份额为15%左右，处于第二集团的位置。豆油和棕榈油两者相加占据了接近70%的比例。这一特征也和国际市场植物食用油的情况一致。进一步看，我国棕榈油对进口的依赖程度为100%，而豆油对进口大豆和进口豆油的依赖程度也超过了90%。我们可以将国内菜籽油的生产成本看作是个体成本，而将植物食用油的整体成本看作是社会成本。而从市场份额看，显然棕榈油和豆油在植物食用油的生产成本计算中占据了绝大比重。因此这个成本基本由棕榈油进口成本，进口大豆、进口豆油的成本决定。

由于植物食用油市场上存在相互影响和可替代性，国内植物食用油高度依赖进口的特点决定了：国内菜籽油生产成本在定价中不能起到决定性的作用。重要的是看棕榈油和豆油。如果我们要谈生产成本是不是价格的“铁底”，则要考虑植物食用油的整体成本如何去构筑这个底部，而不是单纯看某一个品种的成本。特别是该品种在一个融合的市场中不占据主要份额，投资者更要避免这种单纯看成本的思维误区。

通常情况下，一个商品的价格很大程度上也受到自身供需关系的影响。对于菜籽油来说，我们就不能单单局限于菜籽油独立的供需关系，特别是这个品种不是整体商品供需关系的重心。而要从全球的整体的植物食用油供需关系上进行讨论。这样，才能避免管中窥豹、一叶障目的错误。小气候可以影响大气候，但是，小气候也必然受到大气候的更大程度上，甚至决定性的影响。

【案例9－1——陷入成本误区，企业遭遇亏损】

四川某油脂化工企业，以菜籽油为原料进行深加工为主，年需原料菜籽油约3000吨左右。面对2007年及2008年上半年菜籽油价格的大起大落，深感经营的被动性，为此该企业决定利用期货市场的套保功能，对菜籽油的采购成本进行锁定，以回避价格波动带来的风险，确保企业经营的稳定和预期利润的实现。该企业于2008年4月份正开户进入期货市场。

2008年6月中旬，该企业菜籽油采购即将展开。期货市场上菜籽油期价在历经四个多月的下跌后止跌企稳，并出现回涨走势，菜籽油0809合约回到12500元/吨左右。该企业综合分析后认为，虽然油菜籽遭受的冻害并不明显，但此时期货价格相对年初高点回跌幅度已很大，有波段反弹的要求，且当时从全国油菜籽的收购价格来推算的菜籽油生产成本价格也高于菜籽油期货价格，菜籽油价格将受到生产成本的支撑。而当时全国菜籽油现货平均价格高于期货价格近700元/吨，从期货市场买油相对划算。同时，12500元/吨左右的价格相对企业已签定的下游产品销售合同来讲也可以接受，有利可图。为此，该企业决定对菜籽油采购成本作一个锁定，即做买入套保。由于该企业初次入市，对市场较为谨慎，因此决定仅按以约一个月的需求量（250吨）来作套保实践。具体操作如下：

6月20日，该企业以12410元/吨的价格买入菜籽油期货0809合约30手。

7月9日，菜籽油期价仍处于横盘之中，该企业以12450元/吨的价格继续买入菜籽油期货0809合约20手，完成计划套保量的买入操作。

7月中下旬，菜籽油期货价格在国家奥运前平抑物价的举动和国际市场上大豆、豆油、棕榈油价格纷纷回落的拖累下，出现了破位下跌走势，菜籽油的生产成本没有对期价和现货价格的下跌有任何支撑作用。这表明该企业先前的分析和判断有误。这种情况下，企业应该将套保头寸进行止损了结。但该企业觉得套保量较小，且在下游产品销售合同已签定的情况下，亏损有限，更主要的是抱着学习的心态打算走一次完整的交割交程，决定持仓到最后直接进行现货交割，将现货接回来用于生产。由此，该企业一直持有多单未动，等待最后交割。

9月中旬，企业如期完成了菜籽油0909合约的现货交割，交割结算价9390元/吨，接回了现货。

从最终结果来看，该企业的买入套保是失败的，在行情否定了之前判断的情况下没有及时止损，而选择了持仓接现货代替当月现货采购。结果产生了一定的亏损，亏损额达到（12410 - 9939）×30×5 + （12450 - 9939）×20×5 = 621750元。如果企业把这当作是一次学习的机会，学习的成本未免也太高了。

另一个方面，虽然套保失败，但对企业的影响有限，其主要原因如下：一是该企业的套保量较小，没有超过自己经营所需；二是该企业在套保前对成本和利润作了测算，即在已签定有销售合同的情况下，选择并锁定的成本价格（即12500元/吨）是可以接受的。随后价格的下跌，只能说是企业损失了获得更大的利润的机会。

（资料来源 成都倍特期货经纪有限公司）

七、菜籽油期货价格与其他食用油期货价格之间的联动关系是怎样的？

我国目前上市的3个食用油期货品种同属植物食用油类，除了棕榈油的使用受到季节性因素的限制以外，3个品种在一定程度上具有相互可替代性。进而在价格变化上体现一致联动和相互影响制约。我们从以下两个方面来分析：

（一）相关性分析

首先，为了分析3个油脂品种价格体系之间的相互影响，我们讨论其间的相关性，以辨析之间存在千丝万缕的联系。价格体系分别为大连商品交易所的豆油期货指数、大连商品交易所的棕榈油期货指数、郑州商品交易所的菜籽油期货指数。

我们选取2007年11月8日~2009年10月9日共99×3个数据做Tow - tailed（双尾T检验）下的Perason系数计算（因国内棕榈油期货于2007年10月29日上市，只能采用其后的数据）。

表9-1　国内食用油期货价格体系的相关性检验

	豆油期货指数	棕榈油期货指数	菜籽油期货指数
豆油期货指数	1	.985**	.990**
棕榈油期货指数	.985**	1	.985**
菜籽油期货指数	.990**	.985**	1
数目N	99	99	99

**. Correlation is significant at the 0.01 level (2 - tailed).

资料来源：大连商品交易所、郑州商品交易所。

从表 9 - 1 中可见，以上 3 个价格体系都存在高度的正相关关系：国内的食用油期货品种之间的相关性高达 0.985 以上。这表明各食用油品种期价之间相互影响，高度联动。

进一步，我们对马来棕榈油期货指数、美国豆油期货指数、大连豆油期货指数、大连棕榈油期货指数、郑州菜籽油期货指数等 5 个食用油期货价格体系作相关性分析，以辨析外盘食用油期货价格和国内菜籽油期货价格体系的相关性。

我们选取 2007 年 11 月 8 日 ~2009 年 10 月 9 日共 99 ×5 个数据做Tow - tailed（双尾 T 检验）下的 Perason 系数计算。

表 9 - 2　　国内外食用油期货价格体系的相关性检验

	马来棕榈油指数	美国豆油指数	豆油期货指数	棕榈油期货指数	菜籽油期货指数
马来棕榈油指数	1	.898 *	.957 **	.974 **	.957 **
美国豆油指数	.898 **	1	.952 **	.927 **	.941 **
豆油期货指数	.957 **	.952 **	1	.985 **	.990 **
棕榈油期货指数	.974 **	.927 **	.985 **	1	.985 **
菜籽油期货指数	.957 **	.941 **	.990 **	.985 **	1
数目 N	99	99	99	99	99

**. Correlation is significant at the 0.01 level（2 - tailed）.

资料来源：DCE、CZCE、CBOT、JCI、BMD。

从表 9 - 2 中可见，以上 5 个价格体系都存在高度的正相关关系。我们关注到国内菜籽油期货指数对美国豆油期货指数的相关性为 0.941，对马来棕榈油期货指数的相关性为 0.957，也为高度正相关关系，但均低于对国内食用油期货价格指数的相关性。

这表明国内其他食用油期货价格的波动往往能更直接地导致或影响菜籽油期货价格的变化。这一点提示投资者在投资于菜籽油期货时需要保持对其他食用油波动和走势的关注。

（二）价格运行阶段的指引性

虽然国内 3 个食用油价格体系在价格波动上具有高度的联动性，但是具体到每一个波动过程却并不一致，各个食用油品种因自身差异而在价格波动上也出现各自的特征。以下，我们对菜籽油在食用油期货体系中的波动特性作出分析。

国内菜籽油期货于2007年6月8日上市交易，棕榈油期货为2007年10月29日上市交易。为做到分析时间的统一和可对比性，我们对棕榈油期货上市以后的食用油期货波动进行分析。

从运行的大节奏上，我们认为2007年11月以后，国内食用油事实上是经历了三个典型波动过程，即2008年2月1日~2008年3月4日的牛市加速上升阶段；2008年3月4日~2008年12月12日的熊市下跌过程；以及2008年12月12日~今（2009年10月）的修正性技术反弹阶段。

第一阶段：食用油期货牛市单边上扬。

豆油期货指数最低10898，最高14697，上涨3799点，幅度34.8%；棕榈油期货指数最低9750，最高12510，上涨2760点，幅度28.3%；菜籽油期货指数最低11188，最高15872，上涨4684点，幅度0.418%。

非常明显，菜籽油期货在食用油的牛市加速上涨阶段成为整个体系的领头羊。根本原因在于菜籽油期货和现货的规模在食用油期货体系中均为最小，资金运作的压力最小，在明确的基本面利多背景下更容易吸引资金的关注，引发资金追捧，这个和股市“牛市”格局中，小盘股更容易实现相对较大的涨幅的道理一致。而菜籽油期货并无外盘的直接对应品种，也使其不容易受到外盘直接的影响。同时，因食用油期货价格的联动性，菜籽油价格走高，又将拉动食用油期货整体走高，对整体市场而言是起到了“四两拨千斤”的效果。

第二阶段：食用油期货熊市下跌。

豆油期货指数最高14697，最低5591，下跌9106点，幅度62%；棕榈油期货指数最高12510，最低4221，下跌8289，幅度66.3%；菜籽油期货指数最高15872，最低5825，下跌10047，幅度63.3%。

在下跌过程中，菜籽油期货也显得较为抗跌。如果我们屏蔽掉因恐慌杀跌而打出瞬间低点，菜籽油跌幅和豆油一致。这表明菜籽油在下跌过程中因国内供给比例高，能在一定程度上制约整体下跌幅度，但尚不具备明确滞跌特征。

第三阶段：技术性修正反弹。

从2008年12月见底后，食用油期价进入了复杂的震荡反弹过程，行情性质是超跌后的技术性反弹。豆油期货指数最低5591，最高7837，上涨2246点，幅度40.2%；棕榈油期货指数最低4221，最高6996，上涨2775，幅度65.7%；菜籽油期货指数最低5825，最高8096，上涨2271点，幅度39%。

既然是技术反弹过程，前期下跌最严重的品种棕榈油自然受到最大的关注，其相对反弹幅度也为最大。而菜籽油和豆油则保持基本一致，和其下跌过程中的表现一致。

分析了以上三个阶段，我们可以看到在食用油体系中，当波动趋势明确时，菜籽油有领涨、滞跌的相对特性。而对应于棕榈油则为滞涨、领跌。而在波动趋势不明确，期价以区间震荡的方式运行时，菜籽油在波动上又具体即滞跌又滞涨的特性，对应棕榈油则为即领跌又领涨的特征。2009年6月1日~2009年10月，食用油整体的波动中就具有这个特性。

了解了食用油期货波动的以上特征，投资者就可以根据对波动趋势的判断，采取买入（卖出）菜籽油的同时卖出（买入）棕榈油，利用两者之间存在的波动幅度和节奏差异来获取收益。这种操作即为食用油期货中的跨品种套利交易，我们在本书的第十一章将对此具体论述，请投资者留意。

【案例9-2——李代桃僵，借用棕榈油期货规避菜籽油现货下跌风险】

某个体中间粮油经销商，以经营菜籽油的购买及批发零售为主。2008年春节后，因南方雨雪灾情影响，植物油价格再次大幅飚升，该贸易商受到市场高胀的看涨氛围影响，对市场过于乐观，因而在2月底3月初油脂类价格正处巅峰的时候，以均价15800元/吨价格采购300吨菜籽油，准备囤积待涨。然后行情突变，受到国家出手调控食用油价格影响，菜籽油期货价格3月5日后出现急速回跌走势。菜籽油现货价格暂时没有跟跌，但已经出现有价无市的局面，库存无法顺价消化。如果毁约，则该经销商将损失定金。此时，期货公司建议其通过期货市场作卖出套保，对已到库和即将到库的共300吨菜籽油现货进行保值，回避价格进一步下跌风险。

但在具体操作中，公司分析人员发现：因菜籽油期价下跌过快，出现低于现货价格3300多元/吨的特殊情况（2008年3月12日，菜籽油0809合约收盘13020元/吨，而此时全国菜籽油现货平均价格为16383元/吨，两者价差高达3363元/吨）。此时在菜籽油期货上做卖出保值会损失较大的现货升水。因此建议该客户选择期价低于现货幅度较小的棕榈油做替代（2008年3月12日，棕榈油0809合约收盘10816元/吨，而全国棕榈油现货平均价格为10650元/吨，两者价差仅为166元/吨），进行卖出，以对冲菜籽油可能跌价的风险。

该客户在3月13日进入市场，于13、14日两日在11200合计卖出30手（30手×10吨/手=300吨）棕榈油。

其后食用油价格整体继续下跌，该客户因已实现风险对冲，得以从容销售菜籽油现货，同时在4月21日10400价格平出棕榈油空单。至4月底，其300吨现货也以14400的均价完成销售。

回顾本次操作，该营销商在现货上亏损（15800－14400）×300＝420000，而通过卖出棕榈油期货作为风险控制，而获利（11200－10400）×300＝240000，两者相抵，经营亏损18万元，减亏24万元。

这是一个利用食用油价格的相互联动性实现风险控制的典型案例。菜籽油现货的损失，通过卖出棕榈油期货实现了李代桃僵的巧妙转换。

（资料来源：成都倍特期货经纪有限公司）

八、国家政策对菜籽油价格的影响力有多大？

我们在这里谈到的政策是特指国家对菜籽油价格进行调控的相关政策。国家对菜籽油价格调控的目的是“削峰去谷”，保障需求，价格合理、平稳波动，同时做到兼顾生产者、消费者的整体利益最大化，并确保我国菜籽油产业的可持续发展。

我国实行社会主义市场经济，兼顾市场自主调节和宏观调控。粮油产品是最基本的生活要素，关系国计民生大局，也是政府宏观调控的着眼点和着力点。在我国期货市场上，能够明显地感受到国家宏观调控的影响。

近年来，随着植物食用油价格波动的加剧，国家也明显加大了对食用油价格的调控力度，我们通过回顾国家对菜籽油暨食用油的一些调控政策，来探究政策的影响力。

（一）价格平抑措施

1. 关税调整。2007 年 9 月，国家为保障中秋、国庆期间食用油供应，稳定食用油价格，决定从 10 月 1 日起，对进口大豆实行为期 3 个月的暂定关税，税率由 3% 降为 1%，用以降低豆油压榨成本。

关税调整对市场的影响是，向市场传递中国对食用油加强宏观调控的信号，国际大豆市场出现剧烈波动，美国大豆在 1000 美分/蒲式耳关口前一度下挫，最大下挫幅度 6.5%。但其后价格再次上行，上涨趋势未能改变。因市场认为我国对大豆进口依赖程度较高，而降低关税目的仍是为增加进口，对于出口国而言，是看涨理由，国际上期货保持上行。

2. 国家投放储备食用植物油。2007 年 9 月，国家打出调控组合拳，在临时降低大豆进口关税的同时，在“两节”期间，在京津沪与其他沿海的大中城市投放部分中央储备食用植物油，稳定食用植物油价格。国家粮食局于 9 月 28 日在安徽粮食批发交易市场以及天津和广东分会场进行 20 万吨中央储备食用植物油（豆油 17.8 万吨、菜籽油 2.2 万吨）竞价销售交易会。

国家投放储备食用植物油的市场影响是，在短期内平衡了市场价格，延缓了食用油价格连续冲高的节奏，但未能改变食用油供应紧张的格局，食用油价格走势坚挺。竞价销售交易会现场出现抢购。菜籽油期货价格在 9400 横盘整理近一个月后，在 10 月下旬突破 10000 元/吨关口，继续上涨。

3. 临时价格干预措施。2008 年 1 月，国家有关部门为平抑连续上涨的物价，抑制通货膨胀，保障广大人民群众基本生活需求，对和群众生活密切相关的重要商品及服务实行临时价格干预。要求实施临时价格干预措施期间，对部分达到一定规模的生产加工企业实行提价申报和调价备案的原则，并加强价格监管和监督检查。实行价格干预措施应当遵循市场经济规律，有利于发展生产，保障供应；有利于稳定市场，稳定价格总水平。临时价格干预措施矛头直接指向近期涨幅较大的粮油蛋奶等基本生活消费品。

干预措施的市场影响是，食用油价格上涨在春节前受到抑制，菜籽油期货价格围绕 11000 元/吨做上下 500 点的区间波动。但因我国食用油的进口依赖程度较大，国际油脂油料上涨势头难以遏制。同时，我国南方部分地区又遭遇冰冻雨雪灾情，造成油料作物减产的预期。食用油上涨趋势仍没有得到扭转，并在春节后出现了加速上涨。

（二）价格支撑措施

随着2008年下半年国际金融危机爆发，大宗商品价格出现巨幅下跌，粮油产品价格也是一泻千里。国内粮食和油料生产受到巨大冲击，价格下跌，购销清淡，企业产品库存积压，产区农民出现“卖粮难”。

在市场出现巨大转折的时候，国家的宏观调控政策也与时俱进，积极调整，从对价格的平抑转为对价格的维护和托举。

1. 启动托市收购。2008年10月17日国务院常务会议作出“加大强农惠农政策力度，较大幅度提高粮食最低收购价格”的决定。随后国家发改委公布了以2.2元/斤价格在油菜籽主产区收购100万吨油菜籽（折合菜籽油接近36万吨），以1.85元/斤的价格在东北大豆产区收购150万吨大豆的收储计划（折合豆油24.75万吨），并在其后陆续增加到725万吨，折合豆油接近128万吨，充实食用油籽油料中央储备。

托市收购的市场影响是，国家收储政策出台，缓解了市场此时的极度恐慌情绪，也明确告之市场“政策的底限在哪里”。菜籽油期货价格受到鼓舞，两天内反弹幅度接近11%。其后虽有反复，但价格并没有偏离政策发布时的价格。国家托市政策对于稳定市场，保障农民增产增收起到了决定性的作用。

2. 强化托市收购政策，加大惠农力度。2009年5月，国家有关部门发文，在湖北、四川、安徽、江苏、湖南、河南、贵州、江西、青海、陕西、浙江、甘肃、重庆、内蒙古、云南、新疆、西藏等17个油菜产区实行油菜籽托市收购。其中，冬播油菜产区托市收购期限为2009年6月1日~9月底；春播油菜产区为2009年9月1日~12月底。油菜籽托市收购价格为每市斤1.85元。此次油菜籽托市收购采取不限制数量，敞开收购的原则，同时国家引导油脂加工企业积极入市收购油菜籽，以中央财政给予委托企业0.1元/斤补贴的方式，鼓励企业按照不低于国家确定的托市收购价格挂牌收购农民交售的油菜籽，并加工成菜籽油自行销售，自负盈亏。

对于国家强化油菜籽托市收购政策，市场已经有所预期，菜籽油期货主力合约1001价格已经先行运行到7700元/吨。政策公布后，市场热情和信心再度点燃，随后一个交易日，期价高开后，继续大幅上涨，冲击到8000关口以上，实现2008年10月后首次回归8000元/吨以上。

经过对国家调控政策对菜籽油、食用油价格的影响回顾，我们可以看到：国家调控措施确实能够对菜籽油价格走势产生相当大的影响，其中政策的支撑作用往往起到关键性甚至转折性的作用。但在价格的上涨过程中，调控政策往往难以从根本上化解价格上行的推动力，而只能起到暂缓价格上涨的作用。根本原因在于我国食用油的进口依赖性很强，在价格波动上跟随国际市场价格，若国家缺乏充足的储备以满足市场的需求，那么菜籽油、食用油的价格只能在政策效应、心理影响削弱后继续跟随国外市场的走势。

针对个体商品的保护和支持措施，通常是限于一定范围之内，是我们能力可及的地方，但是当此商品具有对外的依赖性，要阻断外界的影响就需要耗费更大的力量了。

【案例 9－3——辨析政策影响 短线交易获利】

2009 年 5 月 27 日，国家发改委公布《关于做好 2009 年油菜籽收购工作的通知》，确定 1.85 元/斤的托市收购价格。期货公司分析人员在了解此信息后，考虑菜籽粕现货价格、菜籽粕价格和菜籽油价格的对应关系，认为菜籽油期货主力合约 0809 不应低于 7800 元/吨。同时综合考虑国际市场上食用油技术良好的向上走势，认为在市场信心得到鼓舞，市场氛围配合良好的环境中，期价日内大幅上涨的可能性很大。于是在 6 月 1 日早间分析中提出日内积极做多菜籽油的操作建议。当日，菜籽油主力合约 0809 以 7802 的价格跳空高开，并在日内走出持续上行走势，最高触及到 8000 关口，收盘 7946，日内上涨 144 点。众多投资者获得短线交易收益。

表 9－3　　油菜籽、菜籽粕、菜籽油价格对应关系　　（单位：元/吨）

菜籽粕＼四级菜籽油	6800	7000	7200	7400	7600	7800	8000	8200
1400	2970	3040	3110	3180	3250	3320	3390	3460
1500	3030	3100	3170	3240	3310	3380	3450	3520
1600	3090	3160	3230	3300	3370	3440	3510	3580
1700	3150	3220	3290	3360	3430	3500	3570	3640
1800	3210	3280	3350	3420	3490	3560	3630	3700
1900	3270	3340	3410	3480	3550	3620	3690	3760
2000	3330	3400	3470	3540	3610	3680	3750	3820

（数据来源：成都倍特期货经纪有限公司）

表 9－3 中数据即为不同价位四级菜籽油和菜籽粕对应油菜籽价格。譬如，表中所示 3620 元/吨的油菜籽价格，当菜籽粕对应为 1900 元/吨时，四级菜籽油价格成本价为 7800 元/吨。

（资料来源：成都倍特期货经纪有限公司）

九、菜籽油现货的价格波动特征是什么?

现货市场是期货市场运行与发展的前提条件和物质基础。投资者要认识期货价格的波动特征和规律，相应也需要了解现货市场价格的波动特征。那么，我国菜籽油现货市场的价格波动特征是什么呢？我们通过以下分析来认识。

（一）现货价格波动和供需关系密切相关

统计表明：中国菜籽油产量与年度价格走势具有较强的负相关性，1994/1995～2006/2007 年度，菜籽油价格与产量间的相关系数为－69%，表明当菜籽油产量提高时，菜籽油价格将可能随之出现下降，反之，则上涨。

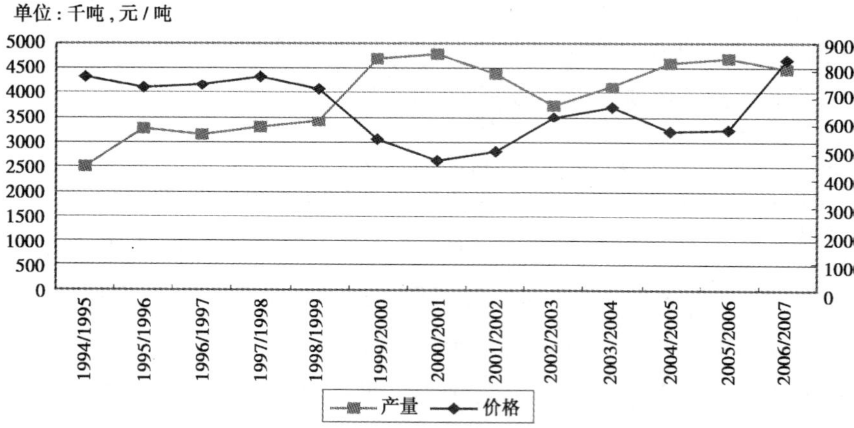

数据来源：东方艾格。

图 9－5 中国菜籽油价格与产量相关性（1994/1995～2006/2007 年度）

菜籽油期末库存是衡量供需情况的一个非常重要的指标，数据统计表明其与菜籽油现货价格之间具有极强的负相关性，1994/1995～2006/2007年度，菜籽油现货价格与期末库存之间的相关系数－78%，表明：期末库存是可以作用于衡量菜籽油价格变化走势的一个重要指标，菜籽油期末库存越低，菜籽油价格上涨的动力越强。

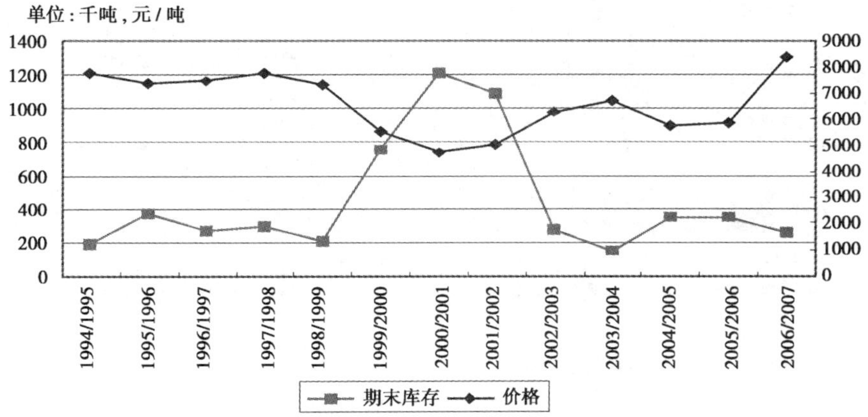

数据来源：东方艾格。

图9－6 中国菜籽油价格与期末库存相关性（1994/1995－2006/2007年度）

以上数据对比证明，我国菜籽油现货价格波动基本受到供需关系主导。

（二）现货价格波动的独特性

通过对2007年10月29日～2009年10月13日的全国菜籽油现货价格，6个数据采集点（产区：江苏南通、安徽滁州、湖南常德、湖北荆州；销区：贵州贵阳、四川成都）一共451组数据样本进行波动特性分析，我们认为有以下特点：

1. 现货价格日均波动幅度总体平缓。我们看到，数据的日最大涨幅低于6%，最大跌幅低于8%，98%以上的日均价格波动幅度在正负3%以内。投资者应该注意到现货价格的波动幅度特性与菜籽油期货日单日涨跌幅度5%的设计是一致的。期货的日价格变化幅度基本能完全覆盖现货价格的波动。

进一步分析，我们发现，现货价格的波动中没有出现连续两日合计同方向价格波动幅度超过12.5%的现象。这一点表明，菜籽油期货的连续涨跌停板幅度设计完全能够包含现货价格连续波动，合约设计充分考虑了现货价格波动的实际情况。

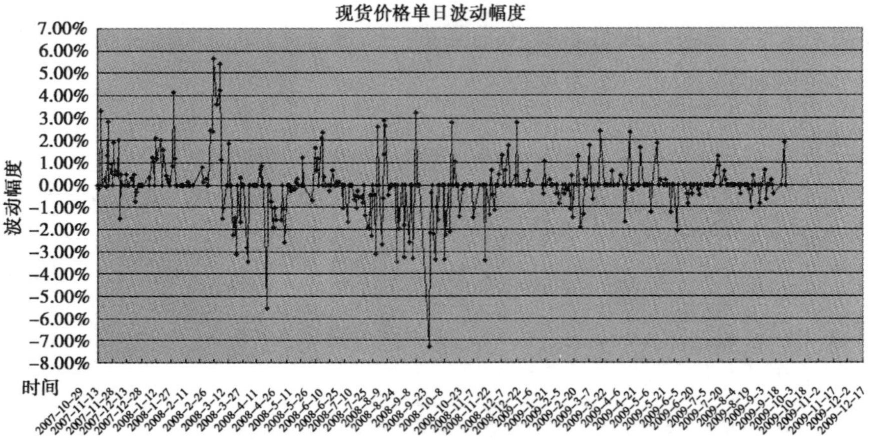

数据来源：成都倍特期货经纪有限公司。

图 9－7　菜籽油现货价格单日波动幅度

2. 现货价格变化不敏感。在451组数据样本中，仅有191组数据样本有变化，比例42.3%，这和棕榈油、豆油几乎高达98%差异明显。这表明国内菜籽油现货价格存在相对的稳定性。这一特征是和菜籽油供应关系中国内自产份额占据绝对比例的特性相吻合的。由于在价格形成机制上对外盘的联动性低，使得国内菜籽油现货价格对国际市场因素变化反应不敏感，往往存在等待观望，价格变化频率也相应降低。

3. 产销区价格差异始终合理，没有出现产销区价格倒挂的现象。从数据中我们看到，销区平均价格始终能高于产区平均价格，价差范围在（50，1250），价差幅度在（0，11%）。产销价格合理保持的根本原因是和我国菜籽油贸易、生产特性一致的。我国菜籽油生产和贸易市场均属于完全市场竞争格局，产销区供需关系的差异和贸易过程的成本等因素自然体现在价格的差异上。

十、菜籽油期货价格的波动特征是什么？

讨论完菜籽油现货的价格波动特性，我们再看看菜籽油期货价格的波动特性是什么。

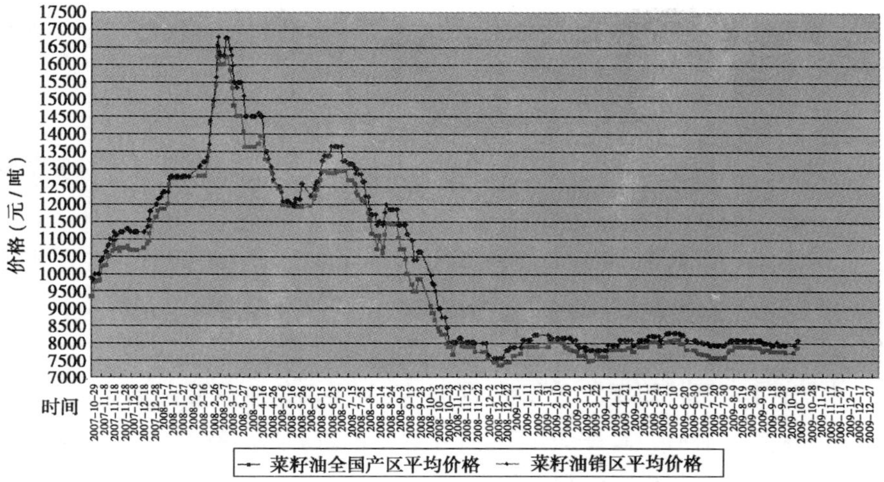

数据来源：成都倍特期货经纪有限公司。

图 9－8　菜籽油现货产销区价格对比

（一）菜籽油期货和现货价格的相关性

我们采用 2007 年 10 月 29 日～2009 年 10 月 13 日，菜籽油期货指数、全国现货平均价格和全国产区现货平均价格三项数据作相关性分析。共 451 组数据样本。

Tow－tailed（双尾 T 检验）下的 Perason 系数计算。

表 9－4　　　国内菜籽油期货和现货价格体系的相关性检验

	菜籽油期货指数	全国现货平均价格	全国产区现货平均价格
菜籽油期货指数	1	.898**	.903**
全国现货平均价格	.898**	1	.999**
全国产区现货平均价格	.999**	.903**	1
数目 N	451	451	451

**. Correlation is significant at the 0.01 level (2－tailed).

资料来源：DCE、CZCE。

相关性分析表明，菜籽油期货价格和两个现货价格体系都存在高度正相关性，相关性系数均约为0.9。其中产区现货平均价相关性略高。这个特征也是菜籽油基准交割仓库设定于主产区的理论依据。

（二）菜籽油期货价格波动的先导性

期货价格是现货价格的先行者，对现货价格具有引导性。通过对比菜籽油期货和现货的波动过程，我们发现菜籽油期货价格具有先导性特征。

上升先导：菜籽油期价从2008年1月末开始上涨，而现货对应上涨推迟到2008年2月20日。现货市场上涨因价格临时干预措施受到抑制，但期货价格积极拉升，最终仍引导现货价格上涨。

下行先导：菜籽油期货价格在2008年3月3日冲高后开始急转回落。现货反应也相应滞后，直到3月14日才开始下跌。这一特性在2008年8月下旬开始的下跌过程中也表现非常明显。

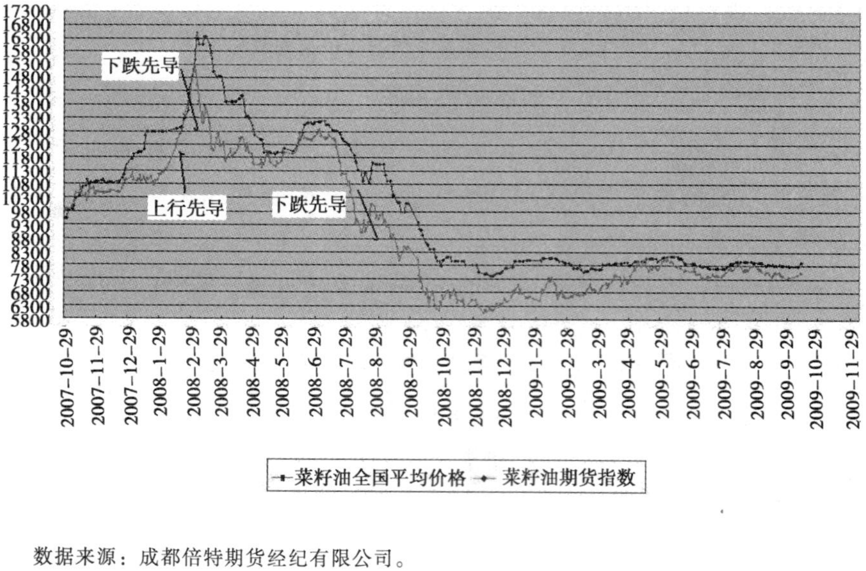

数据来源：成都倍特期货经纪有限公司。

图9-9 菜籽油期货和全国现货走势对比

（三）菜籽油期货价格波动的偏离性

现货价格的主导因素是供需关系，而期货价格除供需关系之外，还受到宏观经济、政府农业政策、投机资金运作，心理、国际市场供需与价格变化等等诸多因素的影响。有些阶段，这些因素甚至可以超越供需关系，而成为核心要素，使得期价波动对现货价格表现出偏离。我们对 2007 年 10 月以来的国内食用油期货价格和对应现货价格进行对比，见下表。

表 9－5　　食用油现货和期货波动对比

	最高价	最低价	波动幅度	期现偏离值	差异简述
豆油现货	15800	6400	9200		
豆油期货	14700	5800	8900	300～1100	
棕榈油现货	13500	4200	9300		现货波动幅度最为剧烈
棕榈油期货	13000	4200	8800	0～500	期现偏离值最小
菜籽油现货	16500	7700	8800		现货波动幅度最小
菜籽油期货	16000	6000	10000	500～3300	期现偏离值最大

数据来源：成都倍特期货经纪有限公司。

从表 9－5 中，我们能够总结出以下特征：

食用油期货价格低于现货价格成为常态。从偏离幅度对比，国内自主性越强的油品如菜籽油，期货偏离值越大，而进口依赖度越高的油品如棕榈油，期货偏离值越小。我们认为，国内自主性越强的油品，在现货定价上同样带有强的自主性，而对进口依赖程度较大的油品，现货价格往往完全跟随外盘价格变化而变化。

在期货市场上，投机性资金力量作用较强，会先行根据油品之间的比价关系推动价格，而现货跟进相对迟缓，此时，往往造成期价和现货价格的偏离值放大。这一点在菜籽油上表现得最为明显。

（四）菜籽油期货价格低于现货价格的常态性

我们在对菜籽油期货和现货做对比时发现，菜籽油期货低于现货价格几乎是一种常态。市场上几乎没有出现期货超越全国现货平均价格的现象。

出现这种现象的原因主要有两点：

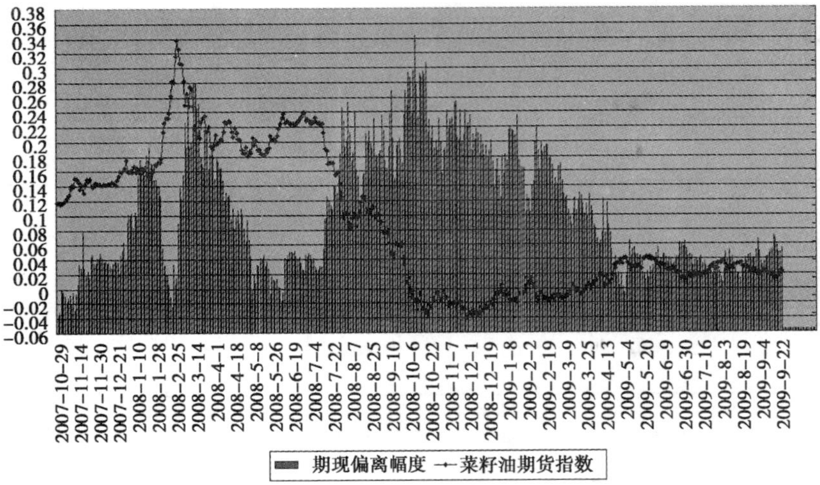

数据来源：成都倍特期货经纪有限公司。

图 9－10 菜籽油期货走势和期现价格偏离幅度

第一是参与菜籽油期货卖出保值的企业往往是交割采用进口转基因油菜籽生产的菜籽油（交割规则没有对进口转基因油菜籽生产的菜籽油和国内非转基因油菜籽生产的菜籽油作出明确指定，国产非转基因菜籽油没有获得价格上的上浮），进口油菜籽压榨的菜籽油成本往往低于国内菜籽油成本。而分析中采集的现货价格则包括产区、销区，多为国产菜籽油，价格上出现差异。

第二是资金运作的结果。趋势性运行中，投机资金追求短期内的最大效率，进行快速抑制。而期货，多空双方力量此消彼长的特点也决定了其中一方必然是“兵败如山倒”。现货上则往往会有停滞、观望的阶段，结果造成期价的先行超跌，价格低于现货。

对于此特点，因菜籽油期货市场时间尚短，是否长期成立还需要继续观察。投资者要灵活思考。

【案例 9－4——忽略期货价格波动的特性，投资亏损】

2008 年 6 月中旬，历经四个多月下跌后的菜籽油期货价格企稳并回升到12500元/吨上下横盘，而此时四川省内菜籽油现货价格稳定在13500以上，期、现倒挂，价差最高甚至接近2000元/吨。某具有现货背景的客户，认为后市期价进一步回升可能较大，而且就当时的期现价差来看，按现货价格计算，在期货市场上接货回来卖也是稳稳赚钱，于是开始在期货市场作菜籽油买入的投机操作。具体操作过程如下：先后于6月17日、30日在菜籽油期货0901合约上买入20手，均价12637元/吨。

菜籽油期价经过一段时间的横盘后，不仅没有如期出现上涨，反而在7月中下旬受国际市场豆油、棕榈油价格下跌的影响，走出破位下跌行情。

此时，菜籽油期货虽已经明显走出下跌趋势，但现货却因自身压榨成本过高，保持了暂时的观望，国内现货价格仍维持在12600~12800元/吨的区间内，四川省内的现货价处于13200~13300元/吨范围内波动。这是期货价格波动的前导性和低于现货价格的常态性。

这种期货和现货的波动差异使该投资者进入了思维误区，仍以现货价格远高于期货价格为由，不接受公司分析人员建议，未及时采取止损措施，控制风险，而是继续追加资金，以保留持仓头寸。7月31日，该客户抱着拉低成本的想法，追加资金，逆市在菜籽油期货0901合约上继续买入多单10手，价格10860元/吨。

接着菜籽油期价并未止跌，继续下行，该客户亏损也不断放大，直到8月中旬期价才止跌回稳。此时现货价格也已经跟随期货价格一路下跌，到8月20日，全国菜籽油现货平均价格下跌到11000元/吨。

此过程，期价下跌2600元/吨，现货价格下跌1800元/吨。这是期货价格波动的偏离性。

8月22日，该投资者听取公司分析人员建议，将持仓头寸止损，亏损达到27.23万元。几乎是其持仓保证金的两倍。

总结投资失败的原因，我们看到：投资者虽然有现货经营的丰富经验，但未能认识到期货价格波动的特性，片面以现货价格高作为看涨和持仓的理由。同时在投资过程中已经出现明显失误的情况下未能及时止损，反而逆势加仓，造成亏损的进一步放大。

这个教训是很深刻的，也是很典型的。

（资料来源：成都倍特期货经纪有限公司）

十一、自然灾害对菜籽油期货价格有什么影响?

自然灾害是指由于纯自然的原因而给人类社会造成巨大经济损失或严重人员伤亡的一类自然现象。自然灾害一般包括天文灾害，如超新星爆发、陨石冲击、太阳辐射异常、电磁异暴、宇宙射线等；地质灾害，如火山爆发、地震、山崩、地陷、雪崩、海啸、滑坡、泥石流等；气象水文灾害，如风灾、水灾、旱灾、雪灾、雹灾、雷电、寒潮、霜冻、风暴潮、海岸侵蚀、海水倒灌、热浪、局部强气候异常、厄尔尼诺现象等；土壤生物灾害，如荒漠化、盐渍化、尘暴、森林火灾、病虫害、水土流失、物种灭绝等。常见的自然灾害爆发和持续的时间有长有短，比如洪灾、雪灾爆发和持续的时间较长，往往持续数十天，而地震、海啸、火山爆发等爆发和持续的时间较短，时间持续数天以内甚至以秒计算。

但是灾害影响的时间持续时间都会较长，其造成损失的影响可能在数月甚至一两年内慢慢叠加或显现出来。重大的自然灾害，必然会负面影响受灾国、周边国家甚至全球的经济表现，也会影响股期货市场上商品价格的走势。

菜籽油是重要的农产品。自然灾害也会对它的价格走势产生巨大影响。事实上，从 2007 年 6 月上市以来，菜籽油先后遭遇 2008 年南方雨雪冰冻灾情，“5.12” 汶川大地震和 2009 年初北方特大干旱。灾害类型为气象水文灾害和地质灾害。这些灾害均对菜籽油期货价格产生了较大影响。我们在此做一一回顾。

【案例 9－5 ——2008 年我国南方雨雪冰冻灾情】

2008 年 1 月 10 日起，一场 50 年来不遇的暴雪袭击我国南方的 11 个省市。据国家发改委公布的资料显示，在雪灾持续的 1 月中旬到 2 月上旬，我国南方地区连续遭受四次低温雨雪冰冻极端天气过程袭击，给电力、交通运输等基础设施带来极大破坏，因灾直接经济损失 1516.5 亿元。

雪灾主要给国内国际农产品价格造成较大影响。雪灾爆发以后，一方面交通的阻碍或中断导致农产品和一些其他商品运输出现较大问题，现货价格上涨；另一方面市场预期雪灾也将会造成南方众多省份较多农产品歉收甚至绝收的情况，使得未来一段时间农产品的供应量减少，随着雪灾造成损失越来越大的现实影响，人们对农产品价格走高的预期也不断加强，农产品期货价格先于现货上涨，并且涨幅高于现货。

灾情覆盖我国油菜籽主产区，市场普遍预期灾情将对油菜籽的生长造成极其不良影响，并导致油菜籽产量大幅缩减 20%。随着灾情现实影响不断加重，市场由此的价格看涨预期也变得更加强烈。国家农业部统计数据显示，截至 1 月 24 日，贵州、湖南、湖北和江西四省作物因低温冻害受灾面积达 3315 万亩，其中油菜受灾面积 1918 万亩。受灾面积仍在扩大。由此资金介入菜籽油期货，推动期价大幅上涨。在短短 23 个交易日内，菜籽油期货指数价格从 10500 一线，快速上涨到 16000 关口。其阶段性涨幅据农产品期货品种之首！

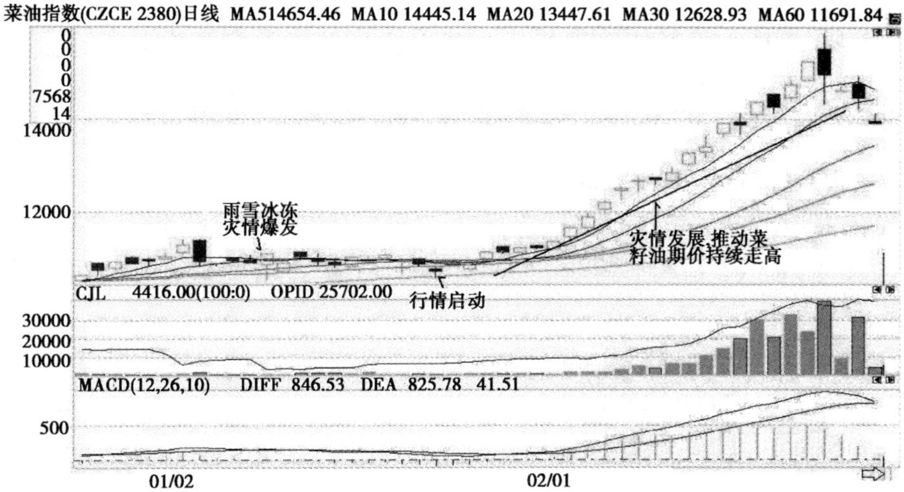

数据来源：文华财经。

图 9－11 雨雪冰冻灾情对菜籽油期价的影响

【案例 9－6——2008 年 5.12 四川汶川大地震】

2008 年 5 月 12 日 14 点 28 分，四川省汶川发生 8.0 级特大地震灾害，

69207 人遇难，18194 人失踪。公路受损 5.3 万多公里、供水管道受损 4.8 万多公里、电力等设施全面受损、房屋倒塌及严重损毁不能居住的近 450 万间、1.4 万多家企业受灾停产、1.3 万多家商业网点停业。据人民网 7 月 1 日报道直接经济损失达到 1 万亿人民币。

地震造成极大的经济损失。同时由于对受灾地区的救助，其他地区食品、建材、帐篷、服装等物资被大量调用，会造成社会主要商品一个阶段的短缺，如农产品、汽油等商品。由此会给正处于上升轨道的商品期货更多上涨动能，也会给正处于下跌轨道的商品期货价格一个支撑力。但地震灾情由于其突发性和影响的重大性，使得价格初期反应往往比较冲动，后期存在修正的过程，并重新归于基本面影响。

四川省是我国油菜籽的主产区之一，同时是我国菜籽油的最大消费省份。市场预期的地震将严重影响省内油菜籽和菜籽油的生产。同时国家将调拨大量食用油储备用于赈灾。菜籽油价格将受到明显支撑和提振。

5 月 13 日，菜籽油期货价格大幅跳空高开，盘中继续上涨，主力 0809 和 0901 合约均一度触及涨停位，收盘菜籽油期货整体涨幅达到 4.63%，远远高于当日豆油和棕榈油涨幅。但此后随着救援工作的快速开展，国家全力保障灾区粮油供应和价格稳定，四川省内菜籽油厂家也从稳定大局出发，积极投身抗震救灾工作，全力生产，保障市场供应，使得现货价格始终维持 12200 元/吨，并未上涨，期价在短暂的冲动后也逐步回落。

【案例 9－7 ——2009 年初春北方严重干旱】

2009 年初春，我国北方部分省份遭遇 30 年一遇的严重干旱。2008 年 10 月下旬以来，北方的降水明显偏少，出现了大范围的气象干旱，旱区波及到西北、华北、黄淮、西南、华南等地区，降水量较之常年持续偏少，其中华北中南部、黄淮西部偏少八成以上。2008 年冬华北的降水偏少，属于 30 年一遇，其中河北南部、河南、安徽北部等旱情特别严重的地区，干旱的程度达 50 年一遇。

此次旱情对我国北方地区的农业生产造成严重困难和损失。就油菜籽

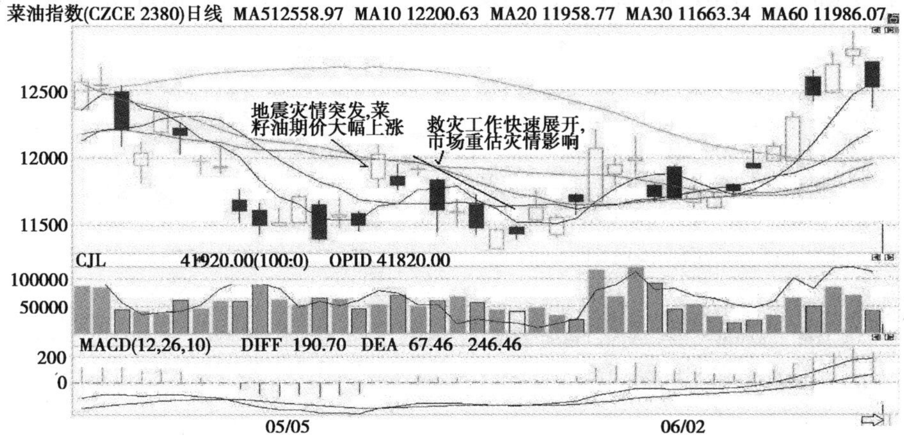

数据来源：文华财经。

图 9－12 地震灾情对菜籽油期价的影响

看，主产区安徽、河南均为受灾省份。市场预期干旱将造成河南油菜籽产量减产 10%～15%，安徽北部也有部分减产。

受此影响，菜籽油期货成为投机资金炒作关注的重点对象，期价从 2 月 3 日开始，短短 6 个交易日内，从 6400 拉高到 7400 元/吨，阶段性涨幅 15%。同期，豆油涨幅 10%，棕榈油涨幅 11%。菜籽油期价明显因灾情影响而获得更多的上涨。

从上述案例中的各种灾情看，其对菜籽油期价的波动都有较为强烈的影响，但影响程度和持续时间有较大差异。投资者需要对此有明确认识。

当大型的自然灾害发生时，对于普通投资者，需要对该时段商品处于的趋势做出清晰判断后再考虑入场参与。

若商品价格处于上升趋势，则可坚决持有多单或买入多单，待该品种上涨趋势结束，开始下跌时再平仓。此阶段不可盲目抛空。

而若商品价格处于下跌趋势，则应先果断平仓空单，退场观望，对市场反应做出明确判断时再参与其中。而对博取价格反弹的操作，则应该坚持以日内交易或短时段为主，不宜报以过高的预期。

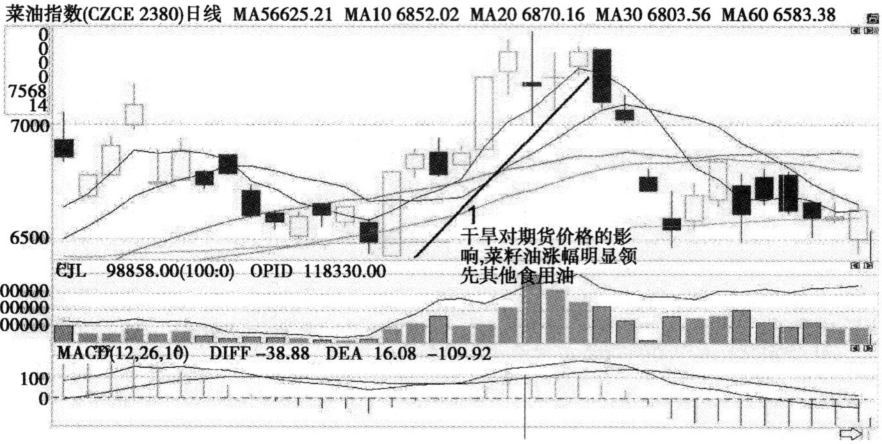

数据来源：文华财经。

图 9－13 干旱灾情对菜籽油期价的影响

自 测 题（答案见本书最后）

一、填空题

1. 菜籽油价格受到多个因素的影响，从大范围看，我们将其分为________因素和________因素。而从商品价格走势受到供需关系左右这个出发点考虑，我们则可以将影响因素主要分解为________和________两大层面。

2. 我国目前上市的食用油期货品种有三个，即豆油，棕榈油和菜籽油。其中豆油、棕榈油期货在大连商品交易所（DCE）上市交易，而菜籽油期货则在__________上市交易。

3. 金融危机冲击中，为保证农民利益，做到增产增收，保证油菜籽增产的持续性，国家从 2009 年 6 月 1 日启动油菜籽临时收储。收储价格是__________元/吨。

4. 中国菜籽油产量与年度价格走势具有较强的负相关性，同时菜籽油期末库存是衡量供需情况的一个非常重要的指标，数据统计表明其与菜籽油现货价格之间具有极强的__________。

5. 国家有关部门为平抑连续上涨的物价，保障广大人民群众基本生活需求，对和群众生活密切相关的重要商品及服务实行临时价格干预。要求实施临时价格干预措施期间，对部分达到一定规模的生产加工企业实行__________和__________。

6. 食用油体系中，当波动趋势明确时，菜籽油有__________的相对特性，而对应于棕榈油则为滞涨、领跌。

二、判断题

1. 对菜籽油产生影响的市场环境主要包括宏观经济环境、社会发展环境、政策法规环境、产业发展环境等四个部分。（ ）

2. 生产成本是菜籽油价格的“铁底”，不会被跌破。（ ）

3. 价格相关性分析表明：国内的食用油期货品种之间的相关性极高。各食用油品期价之间相互影响，高度联动。（ ）

4. 国家调控措施不能够对菜籽油价格走势产生影响，其中政策的支撑作用也不能起到关键性甚至转折性的作用。（ ）

5. 自然灾害对我国菜籽油期货价格的影响较大。但影响程度和持续时间有较大差异。投资者应注意具体问题具体分析。（ ）

6. 普通投资者应该注意的是，菜籽油价格受到整个食用油体系大环境的影响，“就菜籽油而论菜籽油”往往难以把握问题的实质，而需要把眼光放得更开，看得更远。（ ）

7. 随着我国人民水平提高，城市化进程加快，预期我国菜籽油消费将保持持续增加。其中餐饮业消费将可能是我国未来菜籽油消费增长中的最大亮点。（ ）

8. 国家对菜籽油价格调控的目的是“削峰去谷”，保障需求，价格合理、平稳波动，同时做到兼顾生产者、消费者的整体利益最大化，并确保我国菜籽油产业的可持续发展。（ ）

三、单选题

1. 以下哪一项不是我国菜籽油现货价格波动的特点（ ）

A. 现货价格日均波动幅度总体平缓，低于豆油和棕榈油

B. 现货价格变化不敏感

C. 现货价格变化频率较低

D. 产销区价格差异较大，经常出现产销区价格倒挂的现象

2. 以下哪一项不是我国菜籽油期货价格波动的特点(　　)?

A. 期货价格波动对现货价格具有先导性

B. 期货价格波动对现货价格经常具有偏离性

C. 期货价格高于现货价格的常态性

D. 期货价格波动幅度和频率高于现货

3. 金融危机中，大宗商品价格全线下跌，国内菜籽油也没有顶住冲击，同样出现价格暴跌。以下哪一项不是价格下跌的原因(　　)?

A. 周边豆油、棕榈油价格暴跌，拉低菜籽油价格

B. 金融危机使得未来消费预期走势出现供应过剩的预期

C. 国内菜籽油生产成本处于较低水平，给予菜籽油价格下跌的空间

D. 市场流动性不足，投机资金退出商品市场，国际市场相关品种（加拿大油菜籽、美国大豆）价格大幅下跌

4. 我国是在哪一年全部取消粮油指导性计划收购(　　)?

A. 1985　　B. 1992

C. 1995　　D. 2000

5. 近年来，对我国菜籽油价格产生较大影响的自然灾害不包括以下哪一项(　　)?

A. 地震　　B. 荒漠化

C. 干旱　　D. 雨雪冰冻

6. 国家对菜籽油产业发展采取多种护持和鼓励政策，以下哪一项和国家政策是相悖的(　　)?

A. 促进油菜籽产量提升，实行油菜籽良种补贴，鼓励油菜籽种植

B. 采取政策和税收优惠，鼓励菜籽油、油菜籽精深加工

C. 加快国内油脂加工业发展，限制外资投资油脂加工业，避免外资在油脂加工业占据垄断地位

D. 降低食用油储备，弱化国家对食用油市场的干预能力，依赖市场自身调控

第十章 菜籽油期货的投机获利

【本章要点】

期货的投机获利分为单向交易与套期图利，本章结合菜籽油期货有别于其他期货品种的具体情况，详细介绍了菜籽油期货的价格运行规律、炒作题材的特点等内容，分析了投资者参与单向交易与套期图利的具体作法及需要关注的问题。特别是对套期图利中的各种套利方式进行了详细讲解，帮助投资者在运用通常的交易方法时充分考虑到菜籽油期货的特性，避免因不熟悉品种特点而遭受不必要的损失。

一、都说期货“高风险、高收益”，究竟是怎么回事？

期货市场除具有前面几章所讲述的“发现价格”、“规避风险”功能以外，还有一个作用，就是为投机者提供投机获利的机会。

说到“投机”，许多人心目中的期货交易是所谓“高风险，高收益”，甚至都喜欢把期货市场比喻为“赌场”，都认为参与期货交易的人要么“一夜暴富”，要么“一夜之间倾家荡产”。很多人就因为脑子中有这样的先入为主的观念，甚至不愿意亲自去了解一下期货究竟是什么。而事实到底是怎么样的呢？其实很多这种坊间传言或个人的想法，都是不准确的，甚至是错误的。

在这里，我们需要首先了解一下期货的“高风险”、“高收益”是怎么来的？只有了解了它们的成因，才能找到真正有效的控制风险、搏取利润的手段。

相对于其他的投资，期货的“高风险，高收益”主要来自它的保证金制度，这一制度把期货交易的风险与收益放大了十多倍。

什么是期货的“保证金制度”？我们知道，买股票必须支付全额的资金才能买到（如 10 元的股票买 1 股，必须拿 10 元才可以成交），但期货交易则只需要交易金额一定比例的保证金（譬如 5%）就可以，而不必支付全额款项（同样是 10 元的东西买 1 份，只需 10 ×5% =0. 50 元）。这就是期货的保证金制度，俗称期货以小搏大的杠杆原理。

就以 10 元的股票或东西为例，我们把股票与期货在同样比例的价差变化中所产生的风险与收益做一个对比（见表 10 – 1）。

表 10 – 1　　股票与期货的风险与收益对比

	股　票	期　货
占用的资金	10 元	0. 5 元
价格后来上涨了 5%	赚 0. 5 元	赚 0. 5 元
收益率（%）	5%（用 10 元赚 0. 5 元）	100%（用 0. 5 元赚 0. 5 元）
价格后来下跌了 5%	亏 0. 5 元	亏 0. 5 元
收益率（%）	–5%（剩余 9. 5 元）	–100%（占用的交易保证金全部亏完）

从表 10 – 1 中我们不难看出，相对于股票，即使是出现同样比例的价差变化，期货的风险及收益都放大了 20 倍（按 5% 的保证金比例计算，以下分析都按这个比例匡算。通常的情况是，交易所收取 5%，期货公司加收 2 ~5 个百分点，客户实际收取的保证金比例为 7% ~10%，这样，风险与收

益就被放大了十几倍）。这就是期货“高风险，高收益”的成因——被放大了的收益率。

了解这一成因之后，我们很容易找到一个控制风险的手段——控制交易规模、缩小收益率的放大比例。

譬如上例，你有10元，按照杠杆原理，你最多可以买20份，但是，如果你不想冒很大的风险，只买5份，这就把资金效力只放大了5倍。甚至于再保守一点，只买1份，就把期货当股票来做，也是可以的，这样的话，你的风险与收益就跟股票一样的了。

参与期货交易，控制风险是头等大事。所谓“未虑胜，先虑败”，在参与每一笔期货交易之前，不是先设想赚多少钱，而是先评估自己能够承受多大的风险。初学者控制风险的简单作法，就是根据自己的风险承受力来建立头寸规模。

对于投资者而言，了解风险的成因非常重要。我们固然要重视期货交易的风险性，但也不能过于强调期货交易的高风险，却忽视了风险的可控性。

二、常用的风险控制手段有哪些？

对于投资者而言，主动控制风险可以从以下两方面着手：

首先，适当控制交易规模。

一些股民刚参与期货交易时，往往像做股票一样，习惯每次交易都把账户上所有的资金用完，殊不知这样做就在无意中把风险放大了十多倍。也有一些投资者，一心想着“一夜暴富”的梦想，也是满仓交易（建立最大限度的头寸）。可想而知，这样的作法稍有不慎，价格朝不利的方向稍有波动，就会面临很大的风险。因此，初学者要切记重仓操作。

若想有效地控制风险，可以适当地控制交易规模。例如，在行情演变初期可先轻仓跟进，待行情明朗后再逐步加码；在行情有把握的时候，可根据自己的风险承受能力，把杠杆使用到1:5或1:10（即建立25%～50%的仓位），适当扩大战果。对于期货市场新手来讲，投资者应根据自身的风险承受能力，适当调低收益预期。我们建议新入市投资者最好不要超过半仓，即可以实现比股市更高的收益率，又可以适当地控制风险。

其次，投资者要学会并做到及时止损。

期货交易的杠杆原理意味着投资者错误交易而产生的亏损将被放大，学会并做到在亏损超出可控范围之前及时把手上的头寸了结，这是投资者迈向成功所必须具备的能力。

在股票市场中，某些投资者在亏损发生的时候往往选择长期捂股，或是在低位补仓，或是利用派息、送股、配股等方式，以摊低其持股成本价，并在日后牛市上涨时获利。这种交易方式放在股票市场也许能赚钱，但是如果用在期货市场上肯定会赔钱，而且是赔大钱。因为期货投资的杠杆交易特征，一旦亏损过多且投资者不及时止损，可能会给投资者带来数倍甚至十几倍的损失。而且期货交易有强行平仓制度，若账户上的资金不足以支付其持仓合约所应缴纳的保证金时，期货经纪公司要按规定将对其持仓进行强行平仓，客户也很难像股市一样长期持有亏损合约。因此，期货投资者在建仓的同时，应该同时根据行情判断及自己的风险承受能力设立一个止损上限，一旦期货头寸出现了损失并且损失已经超过自己设立的止损上限，就应该承认错误、立即平仓止损。

此外，我们注意到，期货交易的“T+0”制度相比股市的“T+1”制度更有利于风险控制。例如，在“T+1”制度中，上午买了股票，说不定下午出消息了、价格开始下跌了，由于只能第二个交易日才能卖掉股票，就增大了隔夜持股的风险性。而在期货上，投资者见势不对，可以随时了结手里的头寸（前一分钟买了，下一分钟就可以卖掉）。这样，初学者也可以灵活运用“T+0”制度来控制风险。

遭遇极端行情时，期货投资者利用规则来减少损失的办法。

所谓极端行情，就是在某些强烈的不利因素的刺激下，价格以连续停板的方式朝不利方向连续出现单边市，致使投资者手里的头寸无法了结、无法脱身。

在期货市场上，交易者如果遇到类似的情况又该怎么办呢？可以利用目前国内三个商品交易所均实行的“强制减仓制度”来减少自己的损失。这是股票交易所没有的特点。

所谓强制减仓制度，是指当某期货合约发生连续三个同方向涨跌停板单边市后，交易所将停止交易一天并采取强制减仓措施。对以涨（跌）停板价申报但没有成交的亏损满足一定条件的客户持仓进行强制减仓，这一措施能有效减少客户因连续停板而无法平仓止损离场现象的发生。

具体来讲，仍以下跌为例，就是当客户在连续三个跌停板均无法卖出平仓的情况下，可以在第三个跌停板收市之前，把自己想要卖出却又无法卖出的平仓头寸挂出去，由交易所在收盘之后把该头寸与盈利的空头按照跌停板的价格强制对冲。从这个意义上讲，当客户想要止损而又无法止损的时候，他最多在遭遇三个停板时可以平仓离场。

当然，在期货市场上，三个停板的损失已经很大了，不过，作为初学者，必须充分了解期货市场的交易制度（特别是与股市不同的交易制度），以达到控制风险、减少损失的目的。

三、菜籽油期货作为投资品种有哪些特点？

与目前国内上市的其他期货品种相比，菜籽油期货有以下的投资特点：

（一）交易规模增长迅速，流动性良好

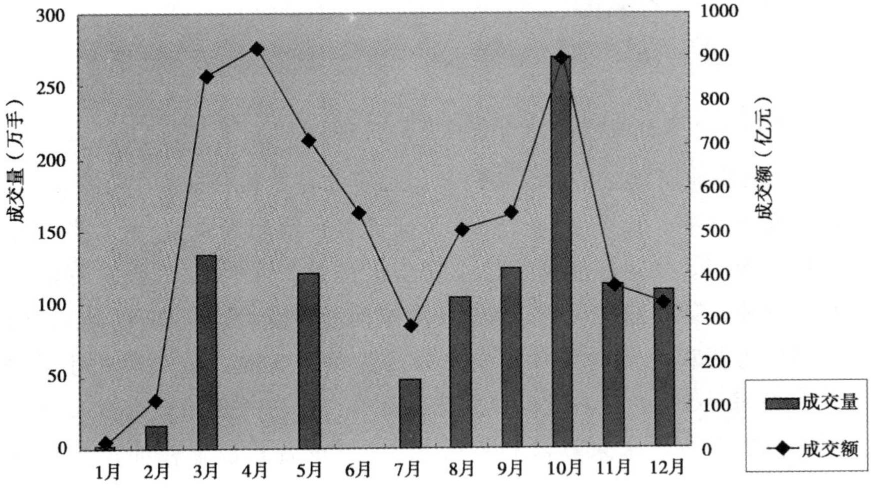

图 10－1　2008 年菜籽油期货成交情况示意图

自从菜籽油期货从 2007 年上市以来，交易规模增长迅速，成交量呈现稳步放大，逐年增长的势头，交易活跃。2008 年成交量增长至 1285.88 万手，2009 年上半年成交量 1618.66 万手。整体而言，菜籽油期货市场规模大，流动性良好，为投资者参与期货交易提供了良好的市场环境。

（二）持仓量稳步上升

自从菜籽油期货从2007年上市以来，期货持仓量较大而且稳步上升。2008年持仓量8.24万手（截至2008年12月），2009年上半年持仓量达到13.34万手（截至2009年6月）。菜籽油期货持仓量的稳步上升意味着菜籽油期货交易已经吸引到了一批稳定的客户和资金，为菜籽油期货的发展提供扎实的基础。

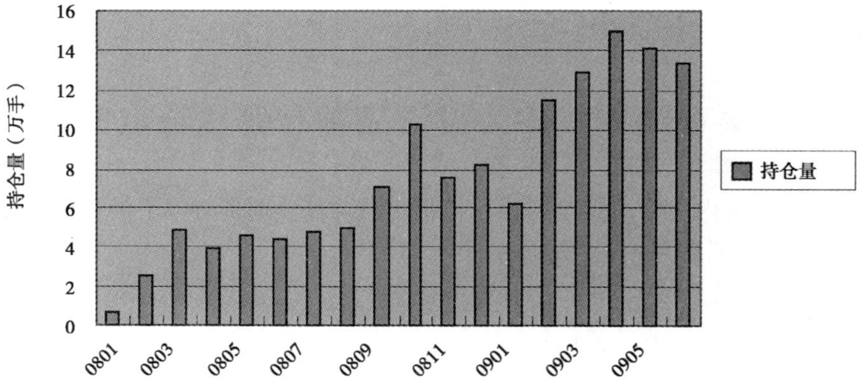

图10－2　菜籽油期货持仓情况示意图（2008年1月～2009年6月）

（三）菜籽油期货交易手续费较低，投资收益比较高

按交易所标准，菜籽油期货交易手续费单边最高为4元/手，当日开平仓仅收单边费用。而菜籽油期货最小变动价位为2元/吨。假设菜籽油价格为8000元/吨，菜籽油波动0.025%（即波动最小变动价位2元/吨），则投资者每手即可获利6元（菜籽油期货合约为每手5吨，减去单边手续费4元/手）。按每手5%的交易所保证金标准计算，客户每手保证金投入为2000元，那么投资者按本金来算盈利率是0.3%。也就是说菜籽油价格每波动0.025%，投资者利润就是0.2%，投资收益比是相当高的。

（四）菜籽油长期波动率处于上游水平，短期波动率处于中游水平

从上市品种长期波动率对比图可以看出，菜籽油期货的长期波动率水平处于上市品种的上游水平，显示菜籽油期货长期以来的投资机会众多，有利于投资者参与交易。

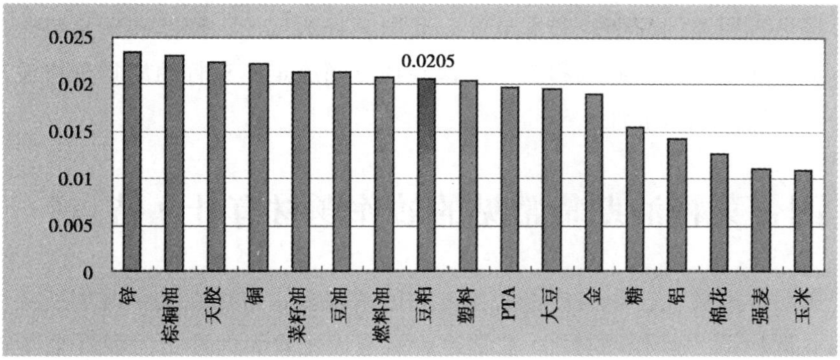

图 10－3　国内 17 个期货品种长期波动率对比图

（五）菜籽油期货中期趋势明显

菜籽油期货价格自 2007 年上市以来，保持着明显的中期趋势性的特征，为中长线交易者提供良好的交易机会。

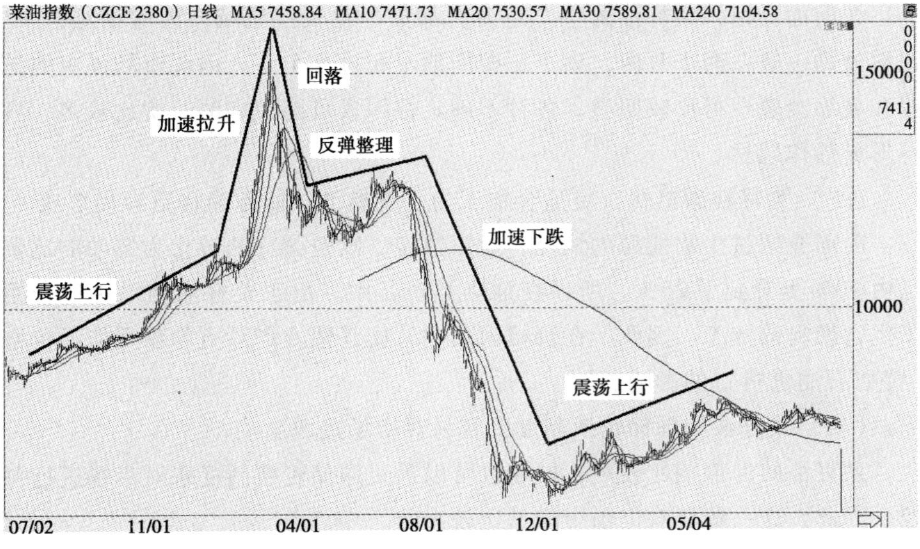

图 10－4　菜籽油期货价格走势示意图

（六）价格波动周期性和季节性强

由于菜籽油价格受油菜籽种植面积、油菜籽产量、需求等自身因素的影响，同时还受豆油、棕榈油等其他替代油脂价格的影响，因此菜籽油期货价格必将呈现明显的周期性和季节性。我国菜籽油生产、储藏和贸易特点是季节性集中加工，常年储藏和销售，这些特点都决定了菜籽油期货价格波动有明显的周期性和季节性。

四、菜籽油期货常见的炒作题材有什么特点？

在期货市场上，影响价格的各方面因素很多，市场在某个时期所关注的热点（即所谓“炒作题材”）常常给价格造成比较大的冲击。要在期货市场上投机获利，就要迅速了解并把握各种题材所带来的机会。菜籽油期货常见的炒作题材十分丰富，除了作为期货品种共通的政治、经济、金融等因素以及作为农产品期货共通的天气、灾害、单产、产量等因素以外，还有一些自身的特点。

（一）菜籽油生产的地域性强、周期短，受干扰因素多

如前面介绍，菜籽油的生产与消费都集中在长江流域，区域相对集中。原料收购一般在两个月内，整个压榨周期不超过 5 个月，因此市场供应的扩张和收缩会表现得比较明显，各种不确定性因素可能带来的干扰比较多，容易形成炒作题材。

（二）菜籽油碳链短，更适合加工为生物燃油，能源题材更容易形成

前面介绍过生物能源的情况，短短数年，欧盟菜籽油转化为燃油的比例已由 10% 上升到了 25%，所以在油脂类产品中，由于菜籽油相对更适合用于生物燃料的加工。因此，在价格因素中，比其他农产品更容易受能源价格（譬如石油价格）的影响。

（三）菜籽油的国储轮换制度更容易对市场造成影响

菜籽油的保值期比较短，国家也可以通过国储轮换制度来对市场进行调控。因此，这一题材对市场影响是比较大的。

（四）国内因素突发变化影响大，炒作题材往往比较迅猛

前面介绍过，和豆油、棕榈油对全球市场的高度依赖性不同，由于国内菜籽油的自给率很高，使得国内市场影响因素的变化对菜籽油期货价格的波动相应增大，一些国内市场的突发事件更能超越国际市场的影响。在突发事

件中，政策因素对菜籽油期价往往能够起到立竿见影的效果。

【案例 10－1——国家限制进口带病油菜籽，菜籽油报复上涨】

2009 年 10 月 22 日，国家有关部门已正式通知加拿大等国，在 11 月 15 日之后出口至中国的油菜籽不得含有有毒病毒——黑胫病。同时，要求进口油菜籽企业必须具有出口国政府出具的不含有此病毒的证明文件方可进口。此禁令对加拿大油菜籽期货产生巨大冲击，加拿大的油菜籽很难有效清除黑胫病这一病毒。即使加拿大的有关部门已采取了严格的控制措施，该病害每年仍造成该国油菜籽 3 亿多美元的损失。因此，该限制条件几乎等同于中国将禁止进口加拿大油菜籽。当夜，加拿大油菜籽期货价格暴跌 4%。

但禁令对国内油菜籽和菜籽油市场无疑为利好。根据 10 月 21 日农业部最新发布的《9 月油料食油市场监测信息》显示，1～8 月份，我国累计进口油菜籽 220 万吨，同比增长 2.6 倍，其中 97.3% 来自加拿大。禁令的发布意味者国内菜籽油承受的进口油菜籽压力削弱，国内菜籽油市场的价格波动将在一定程度上回归到国内菜籽油独立的供需关系影响中。

进一步，投资者应该注意到，国家在 2009 年以 1.85 元/斤的价格启动油菜籽临时收储，并为调动国内油脂加工企业积极性，中央财政根据企业实际收购的油菜籽数量，按每斤 0.10 元/斤的标准，给予一次性的定额费用补贴。

对进口油菜籽的限制，对国内菜籽油期货市场产生的第一个影响就是期价重新体现国家临时收储政策的作用，菜籽油期价需要回升到当时价位 7800 以上。

从 10 月 23 日当日菜籽油期货行情看，期价开盘就中幅跳空上涨，短线资金在盘中异常活跃，当日成交增加 798%，持仓量增加 45%。资金在盘中不断涌入，至收盘时，期价收于 7927 元/吨，和临时收储政策发布后的首个交易收盘价 7964 元/吨几乎一致，总体上涨 257 元/吨，幅度 3.35%。而同日，豆油涨幅为 2.685%，棕榈油涨幅 2.73%，明显弱于菜籽油。

菜籽油期货价格在当日为高开高走，单边上扬，对于投资者而言是很好的投资获利机会。

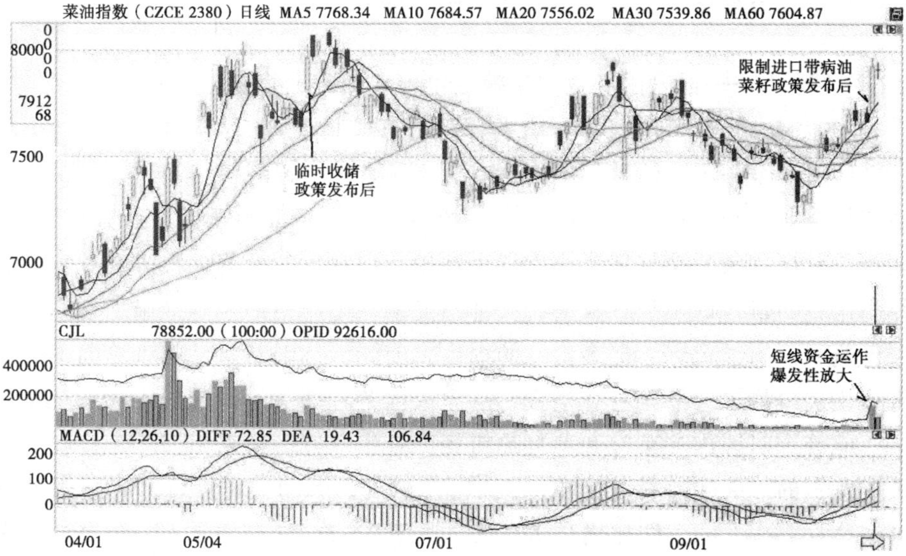

数据来源：文华财经、成都倍特期货经纪公司。

图 10－5　突发变化对菜籽油期价的影响

五、菜籽油期货价格分析中有哪些需要注意的问题？

常用的价格分析方法不外乎基础分析方法和技术分析方法。基础分析方法可以让投资者了解价格波动的内因，从而掌握价格的长期趋势；技术分析方法可以让投资者把握价格波动的走势，并选择合适的交易机会。这些都是参与期货交易所必须掌握的知识与技巧。

那么，除了通常的知识与技巧之外，参与菜籽油期货交易有哪些特别的要求呢？我们还需要结合菜籽油期货的特点，在运用通常的分析方法时有所侧重或调整。

在此，我们就菜籽油现货市场供求关系的特点及期货市场价格运行的特点，谈谈菜籽油期货价格分析中需要注意的问题。

（一）菜籽油期货最具中国特色

我们知道，我国目前大多数期货品种都受到国外市场的直接影响，菜籽油期货自然也不例外，但是，前面介绍过，相比其他油脂品，我国作为最大的菜籽油生产国和消费国，产销基本持平，国内的自给率相当高。因此，在国内因素起主导作用的情况下，国内菜籽油期货价格甚至出现独立于食用油期货的行情走势。因此，郑商所的菜籽油期货上市以来，被业内人士称为“最具中国特色的品种”。

（二）分析菜籽油期货价格需要更加关注现货企业的动向

业内人士常把郑商所的小麦称为“小”的大品种，而把菜籽油称为“大”的小品种。这是因为，虽然我国小麦产量在亿吨上下，优质品种种植比例逐年递增，但能够完全符合交割标准的并不多。而菜籽油正好相反，尽管年压榨量只有400万吨左右，但只要按照标准流程生产，几乎所有的菜籽油都能符合交割标准。这个特点使得压榨厂家的卖出套保门槛很低，一旦期价过分偏高，必然会招致现货方面的抛盘压力。

（三）要更多关注交易所公布的持仓排名、仓单变化等信息

由于上述“中国特色”及现货企业动向等问题，交易者在分析菜籽油期货价格时要更多地关注多空双方主力资金的动向，这可以从会员持仓变化、仓单变化等信息中跟踪并分析出蛛丝马迹。这将更有利于交易者采取正确的策略。

（四）参与菜籽油期货的资金短线进出更凌厉

菜籽油期货在食用油期货体系中属于轻量级，截至2009年10月26日，单边持仓峰值50万吨。而豆油为322万吨，棕榈油为205万吨。而从成交量看，菜籽油期货的单边成交峰值是137.5万吨，豆油为675万吨，棕榈油为530万吨，分别为持仓峰值规模的2.75倍、2.1倍和2.58倍。从成交量和持仓量的比值看，菜籽油期货的短线交易活跃性好于豆油和棕榈油，这意味短线资金活动的频率较高，也给投资者带来了相当多的短线交易机会。

此外，由于菜籽油生产的季节性因素比较强，不同月份之间的价差变化也需要特别关注，往往可以从中捕捉到市场的异常变化所带来的机会。

六、菜籽油期货与现货之间如何进行无风险期现套利？

期现套利是指利用期货市场与现货市场之间的不合理价差，通过在两个市场上进行反向交易（卖出期货合约同时买入现货，或买入期货合约同时卖出现货，交易数量相等），待价差趋于合理时而获利的一种交易方式，这是一种基于现货交割基础上的套利形式。所谓无风险，是因为分别完成期货与现货市场的交易之后，只要进行实物交割，就不再遭受因价格变化而出现的风险。

一般来讲，期货价格和现货价格之间的价差主要反映的是持仓费用。但现实中，两者价差并不绝对等同于持仓费用，并且在不同的市场状况下，期现价差有不同的表现形势。当两者偏差足够大时，期现套利机会就会存在。如果期现价差大于期现套利费用总和，就具有了期现无风险套利机会。

具体到菜籽油的期现套利上，如果菜籽油的期货价格与现货价格的价差绝对值大于期现套利的费用总额，就可以说菜籽油品种上具有了无风险的期现套利机会。由于期现两个市场存在正向市场和反向市场之分，因此在菜籽油的无风险的期现套利机会的把握和操作上也就分为了两种情况，即正向市场的无风险期现套利和反向市场的无风险期现套利。

持仓费用是指为拥有或保留某种商品、资产等而支付的仓储费、保险费和利息等费用总和。不过，对于金融资产来说，仓储费和保险费可能为零。

我们分别针对正向市场和反向市场两种情况来介绍无风险套利交易。

（一）正向市场上菜籽油的无风险期现套利

所谓正向市场，是指菜籽油期货价格高于现货价格，菜籽油期货远期合约次递高于近期合约这样一种市场状况。

正向市场上，菜籽油现货企业进行期现套利的操作方式是：

在现货市场上买入菜籽油现货，在期货市场上卖出期货合约空头头寸，两者数量要保持一致。待到期交割时，以现货市场上买入的菜籽油去交割，了结菜籽油期货合约的空头头寸，从而赚取期现价差。

正向市场菜籽油无风险的期现套利机会的判断标准是：

（菜籽油期货价格－菜籽油现货价格）>菜籽油的期现套利费用总额

资料链接：菜籽油正向市场期现套利的费用概算

期现套利总费用＝菜籽油现货运至交割仓库的运输费用＋交割费用＋增值税＋资金占用利息

1. 菜籽油现货运至交割仓库的运输费用，因各个企业距交割仓库的远近不同和运输方式的不同而有所差别，参与企业根据自身情况自行测算；

2. 每吨菜籽油交割费用＝交易手续费＋交割手续费＋入库费用＋仓储费；

3. 交易手续费根据与期货经纪公司签定的经纪合同来确定；

4. 菜籽油交割手续费 1 元/吨；

5. 入库费用：2007/2008 年度各交割菜籽油交割仓库的标准为，江苏、浙江地区交割仓库出入库费用不超过 30 元/吨，其他地区交割仓库出入库费用不超过 25 元/吨；

仓储费：目前菜籽油标准仓单仓储费（含保险费及损耗费）为 0.9 元/吨·天；

6. 每吨菜籽油增值税＝（卖出某月菜籽油结算价－菜籽油生产价）7%/（1+7%）；

7. 资金占用利息。在正向市场上由于期现套利操作企业是作卖方，资金占用有两个部分，一是开立期货头寸所占用的资金，二是菜籽油现货所占用的资金，这两部分资金都要计算利息。

1 吨菜籽油现货资金占用利息＝现货价格×月息×月数

1 吨菜籽油期货头寸所占用的资金利息＝期货结算价格×保证金比例×月息×月数

经过费用测算，只要菜籽油期货价格高于现货价格的差额大于测算出来的期现套利所需费用总额，就说明期现两个市场具有无风险期现套利机会，可以利用期现两个市场进行无风险期现套利操作。

【案例 10－2——菜籽油正向市场期现套利】

2008 年 7 月 15 日，菜籽油期货 9 月合约价格为 11500 元/吨，四川地区现货价格为 10400 元/吨，期货价格高出现货价格近 1100 元/吨。川内某中间贸易商认为价差过大，并进行了期现套利的费用测算如下：

该中间贸易商到就近的交割仓库的运费约需要 150 元/吨。

每吨菜籽油交割费用＝交易手续费＋交割手续费＋入库费用＋仓储费＝2＋1＋25＋0.9×2×30＝85 元（交易手续费按 2 元/吨算；7 月到 9 月交割有两个月，每月按 30 天计算仓储费）

每吨菜籽油增值税＝（卖出某月菜籽油结算价－菜籽油生产价）×7%/（1＋7%）＝（11500－10400）×7%/（1＋7%）＝72 元

注：这里以期货价格作为结算价，现货价格设为生产价格代入计算，实际测算中视具体数据代入。

1 吨菜籽油资金占用利息＝现货价格×月息×月数＋期货结算价格×保证金比例×月息×月数＝10400×5.04%×2/12＋11500×8%×5.04%×2/12＝95 元

该中间商进行菜籽油期现套利的总费用＝150＋85＋72＋95＝402 元

两相比较，期现价差 1100 元，远大于期现套利总费用 402 元，具有无风险期现套利机会。于是该企业按 10400 元/吨的价格买入现货 300 吨，同时在期货市场卖出 9 月期货合约空头头寸 60 手（1 手 5 吨）。然后一直持有到交割，用在现货市场上买入的菜籽油进行期货交割。这样，该中间贸易商每吨菜籽油赚取期现价差 1100 元，扣除因进行期现套利发生的总费用 402 元/吨，该中间贸易商每吨还盈利 698 元。另外四川地区的交割仓库还有升水 340 元/吨，因此该中间贸易商实际每吨的盈利还要加上升水，合计 1038 元/吨（698＋340），300 吨菜籽油的期现套利共盈利 311400 元。可见该企业利用期现不合理的价差成功地进行了期现套利操作，并获得可观的收入。

（二）反向市场上菜籽油的无风险期现套利

所谓反向市场，是指菜籽油期货价格低于现货价格，菜籽油期货远期合约次递低于近期合约这样一种市场状况。

在反向市场上，菜籽油现货企业进行期现套利的操作方式是：

在现货市场上卖出菜籽油现货，在期货市场上买入期货合约多头头寸，两者数量保持一致。待到期交割时，从期货市场接回现货，以补充之前卖出的现货库存，从而赚取期现价差。由于现货市场无卖空机制，而反向期现套利是在现货市场上卖出现货，因此反向期现套利仅适用于企业手中有菜籽油现货的时候。

反向市场菜籽油无风险的期现套利机会的判断标准：

｜菜籽油期货价格 - 菜籽油现货价格｜ > 菜籽油的期现套利费用总额

反向市场状态下，进行菜籽油无风险期现套利的费用所包括内容较少，测算相对要简单一些。

反向市场菜籽油期现套利总费用 = 菜籽油从交割仓库到企业的运输费用 + 交割费用 + 资金占用利息

注：①由于期货价格是含税价格，在企业作为期货买方的情况下，期现套利费用里不再计增值税一项。

②由于企业在现货市场是卖出现货，不存在因买现货而占用资金，因此资金占用仅仅是开立期货头寸所占用的资金。

③交割费用里仓储费一项，计算期限仅从交割日起到提货日，时间一般不会太长。

其他各项的内容和计算方法和正向市场期现套利的费用测算方式一致。

通过费用测算，只要经过测算的费用总额与期现价差的关系满足前面的判断公式，也就具有了菜籽油的无风险期现套利机会。在国内推出菜籽油期货后，菜籽油期货价格大部分时间都低于现货价格（如图 10 - 6 所示），即多数时间处于反向市场之中，因此反向市场上菜籽油无风险期现套利的实际案例相对较多。

此外，从经验看，在反向市场做期现套利时，不能单纯从两者的价格差异判断，还应该有趋势性的基本判断，否则容易出现难以把握套利机会。

【案例 10 - 3 ——菜籽油反向市场期现套利之一】

四川绵阳某小型粮油贸易公司以油菜籽收购、压榨及菜籽油销售为主要业务。在 2009 年上半年因菜籽油价格大幅下跌，手中约 310 吨菜籽油现货的成本因国家收储政策支持而高高在上，约 8700 元/吨左右。当时在金融危机阴影下，市场的不确定性很大，企业经营显得十分被动。在这种背景下，

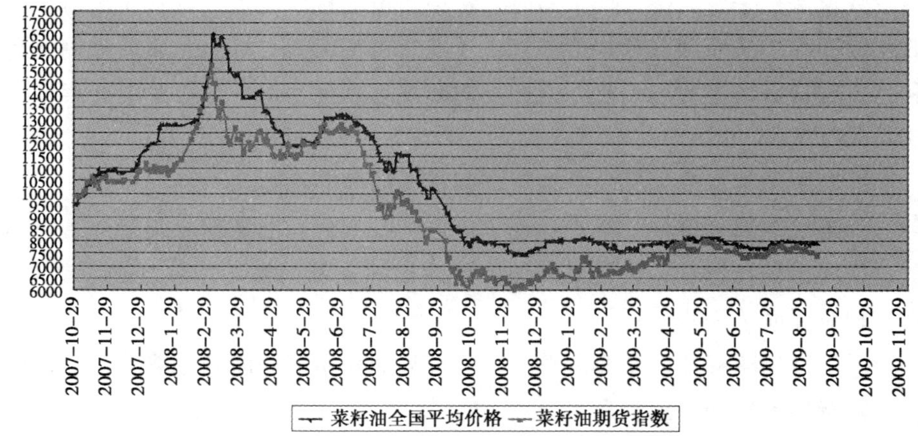

图 10-6 菜籽油期现价格走势对比

企业决定利用期货市场来争取经营上的主动，扩大利润空间。2009 年 4 月下旬，当时川内菜籽油现货销售价格 8200 元/吨左右，而郑商所菜籽油期货 0905 合约期货价格在 7100 元/吨上下，呈现“期现倒挂”格局，价差达到 1100 元/吨。该企业进行了费用测算：

当时川内菜籽油交割库基本没有菜籽油仓单，接货只有到长江中下游一些交割库，该企业意向仓库为江苏张家港的东海粮油，经过初步测算，从此交割库到四川绵阳的运费约为 330 元/吨。

每吨菜籽油交割费用 = 交易手续费 + 交割手续费 + 入库费用 + 仓储费 = 2 + 1 + 30 + 0.9 × 15 = 46.5 元（交易手续费按 2 元/吨算；从交割到提货预计半个月内能完成，因此仓储费按 15 天算）。

1 吨菜籽油资金占用利息 = 期货结算价格 × 保证金比例 × 月息 × 月数 = 7100 × 8% × 5.04% × 1/12 = 2.4 元。

该中间商进行菜籽油期现套利的总费用 = 330 + 46.5 + 2.4 ≈ 379 元

｜7100 - 8200｜ > 379，符合进行期现无风险套利的条件，遂决定以当时现货市场的价格顺价销售菜籽油，同时在期货市场买入菜籽油 0905 合约，准备在期货市场把卖出的菜籽油现货接回来，达到降低成本，扩大利润空间，争取经营主动的目的。具体操作流程如下表：

日 期	现货市场	期货市场
4月下旬	现货市场菜籽油售价8200元/吨左右，此时企业手中有310吨成本约在8700元/吨的库存菜籽油。	期货市场菜籽油期价企稳并出现震荡盘升趋势，0905合约菜籽油期价回到7100元/吨附近。
4月22~23日	企业决定实施套利操作，以当时8200元/吨左右的市场价格开始顺价销售库存菜籽油310吨。	同时，在期货市场以7100元/吨的均价等量买入菜籽油期货0905合约62手（310吨），占用资金7100×62×5×8%=176080元。
5月中旬	库存310吨菜籽油早已销售完毕，销售均价基本维持在8200元/吨。比较成本价，现货销售亏损：（8700-8200）×310=155000元。	菜籽油0905合约上的62手多单到期顺利交割，最后交割结算价7616元/吨。相对开仓价结算盈利为：（7616-7100）×62×5=159960元。
5月下旬	从郑商所交割库接回菜籽油现货310吨，完成期现套利操作，每吨套利费用总额379元，每吨期现套利盈利：1100-379=721元，310吨菜籽油共计盈利223510元。	

从这个例子可以看出，通过期货市场的期现套利操作，最终企业手中库存菜籽油数量没变，但由于期现套利每吨实现了721元的盈利，以此冲抵成本后，目前库存菜籽油的成本下降到了7979元/吨（8700-721=7979），有效降低了成本。在当时川内菜籽油现货价格变化不大，仍稳定在8100~8200元/吨左右的情况下，新的成本价低于现货市场销售价格，让企业争取了经营上的主动权，也争得了利润空间，企业的市场处境由亏损、被动地位变为盈利、主动地位！

（资料来源：成都倍特期货经纪有限公司）

【案例10-4——菜籽油反向市场期现套利之二】

襄樊万宝粮油有限公司（下称万宝公司）地处襄樊市襄阳区双支沟镇，现为农业产业化国家级龙头企业。该企业主要从事粮食（包括小麦和稻谷）收储与加工，以及菜籽的收购、压榨及仓储。其中仅在菜籽生产加工上，企业保持近100余人的工人生产。

自进入2008年以来，受国际金融危机在全球不断扩散的影响，国际商品期货价格一路暴跌，郑州菜籽油期货也不例外。更为特别的是，郑商所菜籽油期货价格远远领先其现货价格反应而快速下跌，一段时间内出现了巨幅的“期现倒挂”现象，即现货价格远高于期货价格。在进入 8 月份的时候，郑商所菜籽油期货价格已出现低于当时国内菜籽油现货价格每吨近 2000 元左右。此时万宝公司领导也看到此不合理的巨大差价，决定进行期现套利，即在期货市场上以较低价格买进菜籽油，同时在现货市场上以较高的价格卖出现货。在 2008 年 8 月中旬，万宝粮油在现货市场以 11000 ~ 10000 元/吨的高价区间与下家分批签定合同，对外销售四级菜籽油；同时，该公司还在期货市场分批买入 155 手郑商所菜籽油期货 0809 合约，共计 775 吨，合约总成交金额为 6963290 元，成交均价约为 8985 元/吨；期现价差最高接近 2000 元/吨。到 9 月份提货时，郑州菜籽油期货价格虽然跌到 8850 元/吨，公司在期货账面上出现交割亏损高达 10 万多元，但由于公司之前已与下家在高位签定有合同，因此公司把从期货上提到的现货在现货市场上销售，收益远高于在期货市场上的损失。按照公司之前在现货市场上签定的售价，公司扣除交割费用及交割亏损后，实际上公司从中获益近 100 万元。

从上述万宝公司的实务操作来看，由于公司之前已在现货市场上锁定了较高的销售价格，然后在期货市场上以较低的买价进场建仓至最终接货，之间的成本处于公司的可控制范围之内，因此能较好地实现无风险的收益。

（资料来源：成都倍特期货经纪有限公司）

综合上述分析，不论是正向市场还是反向市场，当期现价差出现不合理，并且满足无风险期现套利判断标准时，所有与菜籽油相关的有现货背景或销售渠道的企业，都可以去把握菜籽油上的无风险期现套利的机会，这也是现货企业从期货市场上获益的最佳方式。

此外，期现套利虽然是基于现货交割，但最终也可以不通过期货市场的交割而完成。当出现比现货交割更有利的情况时，也可以在期现两个市场再次反向操作来结束，即正向市场进行的期现套利最后直接在现货市场卖出菜籽油现货，同时把期货市场的空头头寸作买入对冲平仓；反向市场的期现套利刚好相反，将期货合约的多头头寸直接做卖出平仓，并在现货市场进行买入操作。

七、油脂类品种之间跨品种套利的基本作法是什么?

目前，我国商品期货市场中三大油脂品种分别为大豆油、菜籽油和棕榈油，这也是国内主要的食用油。从消费终端来看，三者之间存在着相互替代关系，同时，各品种之间的供需关系又存在着很大差异。三者之间的替代关系决定了其价格走势之间存在着密不可分的联系，这种联系为投资者提供了套利的可能性，而品种之间的差异性则决定了套利利润的来源和大小。

投资者在三大油脂类品种之间找到套利机会，需要从以下三个方面着手：

（一）套利对象之间供需关系的对比分析

供需关系的对比分析实际上是解决套利交易的方向问题，即买什么品种和卖什么品种的问题，总的原则是买入那些供需关系相对紧张的品种，而对应卖出那些供需关系相对充裕的品种。供需关系对比分析大致包括以下几个方面：

1. 棕榈油和其他油脂类品种的产量对比，包括单产比较、种植面积比较和总产量比较。棕榈油是从油棕树上的棕果中榨取出来的，棕榈树通常 2 ~3 年开始结果，8 ~15 年进入旺产期，18 ~20 年后开始老化、产量降低。它与大豆和油菜籽的生长和收获方式不同，后者为一年生植物，每年价格会对种植面积进行反向调整，油棕是多年生植物，产量有一个很长的周期惯性，我们在研究两者之间的产量对比时要注意这个特点。油棕树生长在热带和亚热带地区，其生长受热带天气系统的影响较大，而其他两个品种种植带偏北，主要自然灾害是旱涝和早霜等，因此，季节和天气对产量的影响也会有很大的不同。

2. 消费状况对比。棕榈油主要消费国有印度、欧盟 25 国、中国、印尼、马来西亚和巴基斯坦，其中我国占全球棕榈油消费总量的 14%，棕榈油的生产主要集中在印尼和马来西亚等国家，由于中国与产区国家的运距较短，所以未来中国的棕榈油消费状况将主导全球棕榈油消费格局。另外，棕榈油熔点较高，所以棕榈油消费随气温变化呈明显的季节性变化，这一点与豆油和菜籽油有很大不同，所以我们可以根据这个特点实施不同阶段的季节性套利。

3. 进出口对比。我国是植物油的主要进口国之一，由于各品种的产地不同，收获季节也不同，因此进口量的大小在不同时段会有很大的不同，同时进口也会受到诸如港口阻塞阻断的突发事件影响。

4. 库存状况对比，包括绝对库存量和库存消费比等对比。

（二）套利对象之间的历史数据对比分析

在供求关系对比分析之后，还要了解并掌握它们之间历史价差的变化情况。

首先，对于菜籽油与豆油的历史价差情况。

从历年的数据来看，菜籽油与一级豆油价差基本上维持在 -650 ~ 500 之间，两者之间的正常价差维持在 -200 元/吨；菜籽油与四级豆油价差在 -200 ~ 700 之间，两者之间的正常价差维持在 50 元/吨。从比价上看，四级菜籽油与豆油的比价区间为 1.02 ~ 1.07，如果比价关系偏离这个正常比价之后，两者将会出现消费替代现象，最终两者的比价关系恢复到正常的区间内。但从 1995 年至今两者比价关系的走势来看，菜籽油与豆油的正常比价整体有小幅抬高的趋势，充分说明菜籽油相对豆油的价值有所提高（见图 10 -7）。

其次，对于菜籽油与棕榈油的历史价差情况。

自 2003 ~ 2007 年，菜籽油与棕榈油的价差大部分时间运行在 500 ~ 1500 区间。但 2007 年后油脂市场出现了巨幅波动，全球性通胀、原油大涨及生物能源推广，油脂市场的整体价格处于高位，绝对价格的抬高致使价差也出现了水涨船高，价差一度突破了 4000。总体而言，四级菜籽油与棕榈油的价差多处于 400 ~ 2650 元/吨的范围内。从比值上看，菜籽油与棕榈油平均比值在 1.208，大部分时间运行在 1.1 ~ 1.25 之间。

通过历史统计数据来看，菜籽油与豆油的价差相对平稳；菜籽油与棕榈油的价差波动要比与豆油的波动激烈。这可能与棕榈油完全依赖进口，马来西亚棕榈油价格的波动剧烈有关。

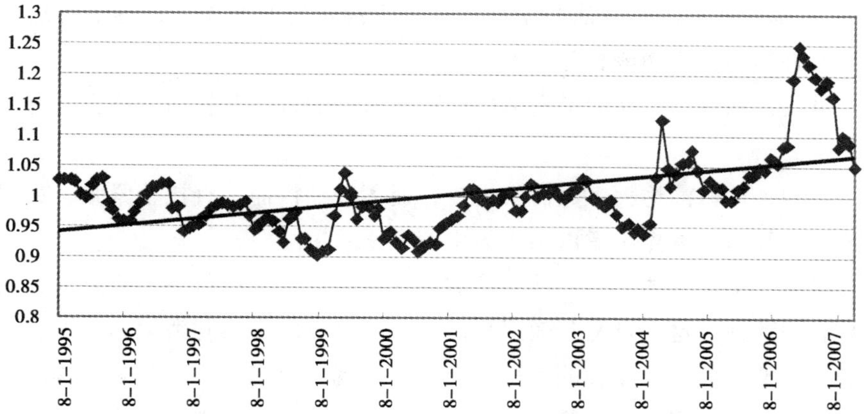

数据来源：国家粮油信息中心。

图 10－7 我国菜籽油与豆油比价变化（1995～2007 年）

（三）确定套利区间、采取相应对策

对比菜籽油与豆油、棕榈油的历史价差情况之后，对当前价差的情况做出初步定性，即看当前价差是偏大、偏小，还是处在正常区间；亦或是它们之间的价差正处于趋势性变化之中，然后采取相应的套利交易。

1. 菜籽油与豆油、棕榈油价差过大时，卖出菜籽油期货合约，买入豆油或棕榈油期货合约；

2. 菜籽油与豆油、棕榈油价差过小时，买入菜籽油期货合约，卖出豆油或棕榈油期货合约；

3. 菜籽油与豆油、棕榈油价差呈放大趋势时，买入菜籽油期货合约，卖出豆油或棕榈油期货合约；

4. 菜籽油与豆油、棕榈油价差呈缩小趋势时，卖出菜籽油期货合约，买入豆油或棕榈油期货合约。

5. 不同油脂类品种之间套利交易的特点。

通过研究，我们发现在上述套利交易中，有以下几个特点，这是套利交易中需要注意的问题：

第一，豆油在三种油脂中与其他两种油脂相关性最高。

第二，豆油与棕榈油、菜籽油价差均呈现季节性变化。从 5 月到 10 月，由于菜籽大量上市，油脂供应充分，此时豆油与菜籽油、棕榈油价差最小。

从10月到春节期间，豆油与菜籽油、棕榈油价差开始拉大；春节之后，豆油与菜籽油、棕榈油价差开始缩小。

第三，相对于豆油和棕榈油的国际化影响而言，菜籽油价格更具有独立性。

第四，棕榈油绝大多数需要进口，而菜籽油供需一直比较紧张，在理论上这两种油脂应首先考虑以买入为主。

最后，由于豆油、菜籽油和棕榈油都可以食用，所以在交割之后的用途上具有一致性，这一点是其他期货品种所不具备的。换句话说，豆油、菜籽油和棕榈油任何一个品种的大批量交割，对现货市场的冲击都是一样的。所以在某一品种出现大量交割的时候，其价差会呈现不规则变化，此时进行套利操作要慎之又慎。

八、菜籽油与其他油脂品种之间的跨品种套利如何操作?

跨品种套利也是期货套期图利的常用方法，是在两个价格相关度较高的期货品种之间，当价差偏离合理水平时，通过在两个品种进行反向操作（在一个品种买入、在另一个品种卖出，且交易数量相等），赚取价差变动的利润。

我们以菜籽油与豆油之间的套利交易为例来说明具体做法。

由于原料价格相对稍高且菜籽油的营养价值比较丰富，在一般情况下，菜籽油的价格要高于豆油。据观察，其价差的均衡区间大体在400～1200元之间，一旦其间价差出现较大的偏离，明显偏离其正常区间，即存在套利操作的可能。

【案例10－5——利用菜籽油与豆油不合理的价差进行跨品种套利交易】

某个具有菜籽油现货背景的期货投资者，坚持只做自己熟悉的品种，所以在期货投资中主要以植物油脂类为自己的投资对象和操作对象，其他品种基本不参与。2007年11月中旬，三大植物油的期货价格在经过一段时间的上涨后，陷入了调整走势，暂时失去了方向，无单方向的操作机会。

但该投资者对植物油脂的相关性和价差情况作了比较和分析，根据以往的经验，豆油与菜籽油相关性比较高，两者的价差在一般情况下表现也相对平稳，菜籽油与四级豆油价差在一般维持在 -200 ~ 700 之间。而在菜籽油期货上市之后，由于新品种的投机成分，菜籽油期货与豆油期货的价差多在1000 元上下波动，相对历史情况，这种比价显得过大，可能是一种机会。于是，该投资者决定利用这种过大的价差尝试跨品种套利操作，以此来弥补市场单向交易机会的不足。

2007 年 11 月 23 日，该投资者以 10462 的价格卖出开仓菜籽油期货 0805 合约空头头寸 20 手，并且以 9374 的价格买入开仓豆油期货 0805 合约多头头寸 10 手（数量保持吨数相同，均为 100 吨），两者开仓价格差额为1088 元/吨。

此后，菜籽油期货价格基本是强势横盘，而豆油期货价格经过回落调整，开始企稳回涨，两者价差在逐步缩小。12 月 24 日，市场机会出现，早盘菜籽油期货 0805 合约价格出现低开，而豆油期货 0805 合约价格出现高开，使得价差进一步缩小。该投资者抓住这难得的机会，以 10280 的价格迅速平掉菜籽油期货上的空单，随后以 9924 的价格平掉了豆油 0805 合约上的多单，平仓时两者价差仅为 356 元/吨，成功利用了菜籽油与豆油期价不合理的价差实现了跨品种套利，此次套利操作共计盈利（1088 - 356）×100 = 73200 元。

其中，菜籽油空单平仓盈利：（10462 - 10280）×5×20 = 18200 元

豆油多单平仓盈利：（9924 - 9374）×10×10 = 55000 元

由此可见，在市场缺乏单向行情机会的时候，利用植物油脂品种之类的相关性和价差关系，寻求跨品种的套利机会也是期货投资操作中一种不错的选择和获利方式。

（资料来源：成都倍特期货经纪有限公司）

【案例 10 - 6 ——用菜籽油与棕榈油的不合理价差进行跨品种套利】

菜籽油与棕榈油的价差波动相比豆油要大得多，两者价差最高曾突破4000 元/吨，最低时不足 500 元/吨，因此菜籽油与棕榈油之跨品种套利机会相对较多。2009 年上半年期间，某投资者就成功利用菜籽油与棕榈油之

间的不合理价差关系进行了一次跨品种套利操作，并获利丰厚，具体情况如下：

自2008年11月开始，植物油脂类期价探底企稳并走出反弹行情，但消息面上金融危机和通胀预期相互交织，并作用于期价，使植物油脂期价的反弹走势表现出多反复和震荡的特点，使操作难度增大，而且对于这波反弹的力度和空间，市场上也存在很大的分歧。该投资者正是深感这种市场格局给单向操作带来的被动，而决定放弃单向操作，转而利用植物油的相关性和价差波动来寻求套利机会。

经过连续的跟踪和分析，该投资者发现，菜籽油和棕榈油的价差自2008年底以来呈现缓慢缩小的趋势。他认为原因在于棕榈油自2008年7月份以来的跌幅达到60%以上，而菜籽油同期跌幅相对偏小，仅50%左右。物极必反，棕榈油在反弹中的上涨力度比菜籽油更强也就在情理之中，从而造成了两者价差的缩小。从这个角度看这是正常的，而且预计这种趋势还会延续。

但2009年2月，两个品种主力合约价差再度放大到1800元/吨左右，他认为这反而不正常了，而且这种价差相对于历史价差情况也是偏大的。于是，在2月10日，他以7286的价格卖出菜籽油1005合约空单40手，同时以5530的价格买入棕榈油期货1005合约多单20手（数量上保持吨数相同，均为200吨），开仓时两者价差1756元/吨。

此后期价延续反弹，棕榈油的反弹力度与预期一致，要强于菜籽油，从而使得两者价差逐步缩小。2009年4月17日，经过一段的拉升后，两者价差缩小到了1000元/吨左右，而且两者期价同时表现出上涨乏力迹象，该投资者决定了结套利头寸，以6480的价格平掉了棕榈油1005合约的多单20手，同时以7310的价格平掉了菜籽油1005合约的空单。平仓时两者价差为830元/吨。由此，该投资者此次套利共获利：（1756－830）×200＝185200元。

其中，菜籽油空单平仓盈亏为：（7286－7310）×5×40＝－4800元

棕榈油多单平仓盈亏为：（6480－5530）×10×20＝190000元

该投资者成功利用菜籽油与棕榈油价缩小的趋势，进行了一次跨植物油品种的套利操作，并获得了丰厚的利润。由此来看，期货投资不仅仅是通过

做单向涨跌来获利，通过品种间价差的不合理变化或趋势性变化进行套利，也是一种有效的获利方式，特别是在市场趋势不明朗，或者说市场不适宜做单向操作的时候，跨品种套利将是一个很好的选择。

（资料来源：成都倍特期货经纪有限公司）

这里需要说明的是，在具体实施跨品种套利时，要具体研究当时那一段时期中三个品种之间价差范围的正常水平（上述分析及案例中的数据仅供参考，不具有普遍适用性），原因是在不同的时期，由于三个品种在现货供应、消费状况等方面的特点有一定时效性，需要对该时期三者之间的价差情况进行统计分析，以便确定一个合理的区间范围，作为套利的依据。

九、菜籽油期货的跨期套利是怎样的？

跨期套利，是指利用同一交易所的同种商品但不同交割月份的期货合约的价差进行的套利交易。一般情况下，菜籽油期货远期合约的价格要高于近期合约，持仓成本就是这个价差。但由于各种原因，不同月份的价差可能出现超过合理持仓成本的现象，这就形成套利机会。从以往的经验看，菜籽油期货合约如果相近且两个合约的价差超过 180 元的时候，理论上就有可执行的套利空间了。

跨期套利也分无风险套利与投机套利两种情况。

（一）无风险套利

只有在正向市场上可以进行无风险套利。当远期月份的价格高出近期月份的价格超过某个幅度时，可以买近期、卖远期，然后持有到交割，用近期月份买入的实物去交付给远期月份，赚取无风险利润。

合约间价差达到多少可以介入呢？必须超过从近期月份开始到远期月份交割时的持仓成本，超出的部分就是无风险利润。

持仓成本的计算参看上述期现套利部分。

（二）投机套利

普通投资者无法参与期货的实物交割，因此无法在月份之间进行无风险套利，却可以在不同月份的合约价差超出正常范围时，通过在不同月份之间双向交易，然后等到价差回复正常水平时双向平仓以获得盈利。

这方面的操作方法，与上述跨品种套利是相同的。

十、参与菜籽油期货的套期图利需要注意哪些问题？

在实际参与菜籽油期货的套期图利时，由于菜籽油期货的特点，交易者需要注意以下问题：

（一）无风险套利时交割品的标准仓单存在有效期问题

前面讲过，所谓“无风险套利”是指建立双向头寸后，只要进行实物交割，就不再遭受价格波动的风险，但是，油脂内期货品种存在交割品标准仓单的有效期问题，这就蕴含了一定的风险性。

具体到菜籽油而言，由于标准仓单的有效期只有一年（从6月1日到下一年5月31日），所有的仓单在5月31日均要注销并重新检验注册。如此一来，在做跨期套利时，如果买入月份是5月31日以前、卖出月份是5月31日以后（譬如买3月、卖9月），那么，就存在这样的可能性：在3月买入并交割后得到的标准仓单，在5月31日注销后没有通过检验、无法生成新的标准仓单，进而无法在9月完成卖出的实物交割，这样一来，就将因为无法在9月卖出履约而面临很大的违约风险。

因此，在选择无风险跨期套利时，要尽量避免跨越5月31日这个时间点。这一情况在其他品种（特别是金属品种）是没有的，因此要特别留意。

《郑州商品交易所标准仓单管理办法》“第六章　标准仓单有效期”

第五十七条　各品种标准仓单有效期分别如下：

……

菜籽油：N年6月1日起注册的菜籽油标准仓单有效期至N+1年5月份最后一个工作日（含该日）。

（二）要充分考虑菜籽油供应与消费的季节性

菜籽油作为粮油产品，如前所述，存在着明显的季节性特点。其本身也可能因为季节性的供给和消费高峰而形成价格在不同月份间的强弱关系。当强弱合约的价差偏离正常区间时，也可能会产生套利机会。

通常情况下，菜籽油年度内价格变化的一般规律是：5～6月新菜籽逐渐上市，菜籽油价格开始回落；7～8月菜籽油供应增多，价格最低；9月底双节临近需求增大，价格开始回升；10月以后，气温下降，棕榈油消费减少，菜籽油消费增加，价格进一步上升；12月到次年1月份，菜籽油进入需求旺季，价格攀高，并保持高价到新菜籽上市。因此，细心的投资者可以关注相关季节性强弱合约的价差情况，并从中获取有价值的套利机会。

（三）突发因素可能造成不同月份之间价差的严重偏离

前面在介绍菜籽油期货炒作题材的特点时谈到，由于菜籽油具有很强的“中国特色”、菜籽油的生产时间最为集中等特点，突发因素对价格造成的影响往往比较迅猛，而且突发因素对不同月份之间的冲击程度会有所不同，从而导致价差出现异常变化，可能在短时间内严重偏离正常区域，这就会增大跨期套利的风险。

参与套期图利必须认清一点，当价差严重偏离正常区域时，交易者也将面临亏损，因此必须保持清醒的风险意识。

自　测　题（答案见本书最后）

一、填空题

1. 通过对菜籽油与豆油、棕榈油之间价差变化的跟踪和分析，当发现其价差出现__________或具有__________变化时，即可进行跨品种的套利操作。

2. 期货市场具有“发现价格”、“规避风险”功能以外，还有一个作用，就是为投机者提供__________的机会。

3. 期货的“高风险，高收益”主要来自它的__________。

4. 参与期货交易，__________是头等大事。

5. 菜籽油期货市__________、__________为投资者参与期货交易提供了良好的市场环境。

6. 常用的价格分析方法有__________、__________。

7. 期现套利是指利用__________与__________之间的不合理价差，通过在两个市场上进行反向交易，待价差趋于合理时而获利的一种交易方式。

8. 大豆油、菜籽油和棕榈油间的__________决定了其价格走势之间存在着密不可分的联系，这种联系为投资者提供了套利的可能性。

二、判断题

1. 菜籽油与棕榈油的价差波动要比与豆油的价差波动激烈，这可能与棕榈油完全依赖进口，马来西亚棕榈油价格的波动剧烈有关。（　　）

2. 现货企业是可以把握菜籽油期货的无风险期现套利机会的。（　　）

3. 期货的“高风险，高收益”主要来自它的保证金制度。（　　）

4. 期货交易的杠杆原理意味着投资者错误交易而产生的亏损将被缩小。（　　）

5. 按交易所标准，菜籽油期货交易手续费单边最高为4元/手，当日开平仓收双边费用。（　　）

6. 国内菜籽油的自给率很高，使得国内市场影响因素的变化对菜籽油期货价格的波动相应增大，一些国内市场的突发事件更能超越国际市场的影响。（　　）

7. 技术分析方法可以让投资者了解价格波动的内因，从而掌握价格的长期趋势。（　　）

三、选择题

1. 小李分别用10000元投资股票和菜籽油期货（期货保证金为5%），股票和菜籽油期货都上涨10%，那么小李在股票和菜油期货上面各赚了多少（　　）。

A. 1000　1000　　B. 1000　20000

C. 10000　20000　　D. 10000　40000

2. 小李分别用10000元投资股票和菜籽油期货（期货保证金为5%），股票和菜籽油期货都下跌5%，那么小李在股票和菜油期货上面各亏了多少（　　）。

A. 500　500　　B. 500　1000

C. 500　10000　　D. 5000　10000

3. 菜籽油与豆油价差过小时，进行跨品种套利，正确的操作是(　　)。

A. 卖出菜籽油期货合约，买入豆油期货合约

B. 买入菜籽油期货合约，买入豆油期货合约

C. 卖出菜籽油期货合约，卖出豆油期货合约

D. 买入菜籽油期货合约，卖出豆油期货合约

4. 正向市场上正确的无风险期现套利操作方法是（　　）。

A. 买入现货，卖出期货合约　　B. 卖出现货，卖出期货合约

C. 买入现货，买入期货合约　　D. 卖出现货，买入期货合约

5. 反向市场菜籽油无风险的期现套利机会的判断标准是（　　）。

A. ｜菜籽油期货价格－菜籽油现货价格｜＞菜籽油的期现套利费用总额

B. ｜菜籽油期货价格－菜籽油现货价格｜＝菜籽油的期现套利费用总额

C. （菜籽油期货价格－菜籽油现货价格）＞菜籽油的期现套利费用总额

D. ｜菜籽油期货价格－菜籽油现货价格｜＜菜籽油的期现套利费用总额

第十一章 菜籽油行业的产业政策和发展前景

【本章要点】

菜籽油储备作为一种保障和宏观调控的工具，一般独立于菜籽油的流通领域之外，但又是菜籽油产业的一个重要组成部分。本章作为前面几个章节的一个补充，从菜籽油托市收购出发，重点对菜籽油储备制度作了详细的介绍，包括菜籽油储备制度的具体内容、操作方式、对行业的影响，以及承储企业如何将期货市场与储备政策相结合促进自身发展。最后，本章对近年来利用菜籽油制造生物柴油的现状和前景作了阐述，以便帮助读者对整个菜籽油产业有一个更完整的认识和了解。

一、我国粮油收购政策的历史变迁是怎样的？

在计划经济时代，我国对粮食等众多物资均采取统购统销政策。改革开放后，我国经济体制开始由计划经济向市场经济转变，粮油收购政策也顺应了经济体制转变的需要。

1979～1985年，在不触动计划经济体制基本制度的前提下，引入一点市场因素的原则，国家对粮油按统购价实行统一收购政策。

1985年，国家粮油收购政策由统购改为合同定购。即由粮食部门在播种季节前与农民协商，签订定购合同，定购的粮食，国家按“倒三七”比例计价（即三成按统购价，七成按原超购价）。定购以外的粮食可以上市，如果市场粮价低于统购价，国家按原统购价敞开收购，以保护农民利益。

1992年邓小平南巡讲话之后，市场化改革的宗旨和意识被进一步强化，改革事业得到了加速推进。在这种特定时期和场景中，国务院在10月18～21日召开了全国农村工作会议，下发了《关于加快粮食流通体制改革的通知》，通知规定粮油收购由合同定购改为指导性计划收购，粮油购销实行双轨制，收购价格实施计划内按照国家定价，计划外由市场供需决定，粮油收购体制逐步向市场化转变。

到2000年，粮油指导性计划收购全部取消，粮油收购价格完全由市场化来决定。但对于主要粮食品种，为了保护生产者的利益，政府仍制定了收购保护价。自此，粮油价格逐渐步入一个新的台阶。

粮食收购保护价是我国粮食政策的核心，是一种价格政策，它是按照能够补偿生产成本并使农民可以得到适当收益的原则确定的。

二、托市收购政策出台的市场背景是什么？

2000年后，在粮油收购政策完全放开，步入市场化定价模式的情况下，食用油的供需矛盾开始越来越突出。一方面，由于非农建设占用耕地限制了油料作物种植面积的增长幅度，油料生产的增长相对缓慢。其中，油菜籽2000年国内种植面积为749万公倾，2001年为710万公顷，到2005年为728万公顷；国内油菜籽产量2000年为1138万吨，2005年的产量为1305万吨，增幅仅14.67%。可见，油菜籽种植面积不增反降，产量虽然得益于种植改良有一定的增幅，但增幅有限。到2006、2007年，由于我国出台一系列诸如小麦托市收购等政策，小麦种植收益具有比较优势，进一步挤占油菜籽种植面积，使得油菜籽种植面积和产量出现连续下降的情况。另一方面，此期间国内市场对食用油的需求却在持续旺盛，使得食用油的供需缺口越来越大，我国油料油脂市场的对外依存度不断提高，市场供应的不确定性也在增加，国内油脂油料市场的产需出现极不平衡的状态，食用油行情整体也在不断创造历史新高。

为提高我国自身油料生产能力，2007年10月8日，国务院办公厅制定了《关于促进油料生产发展的意见》，目的是为了加强我国油料自身生产能力，意见规定扩大大豆良种补贴规模、设立油菜籽良种补贴项目、建立对油料生产大县的奖励政策、开展油料作物保险试点工作等一系列的鼓励政策，其目的就是要努力提高国内油料作物的生产能力，力争到2010年，我国油料种植面积比2006年扩大6%左右，总产量增长14%左右。

2008年初，在国际原油迭创新高、我国南方出现严重雪灾等多重因素影响下，食用价格继续飚升，再次改写了历史，四级菜籽油现货价格在3月初一度达到16500元/吨的历史天价，郑州菜籽油期货价格最高也接近16000元/吨。但此后，期、现价格受投机资金获利平仓、国家为平抑物价抛售储备油以及金融危机爆发的影响，食用油价格自历史天价暴跌。到10月份，四级菜籽油现货价格跌破7000元/吨，郑商所菜籽油期货价格跌破6000元/吨，相对历史天价，每吨菜籽油价格整整跌去了一万元，农民普遍惜售，种植积极性备受打击。在这种情况下，国家发改委根据10月17日国务院常务会议精神，以保护农民利益为目的，出台了油菜籽收储政策，按每市斤2.20元的价格向农民收购油菜籽，第一批60万吨，第二批75万吨，以充实食用植物油中央储备，这是粮油价格在完全市场化几年之后，第一次以国家定价方式收购油菜籽。

2009年，国内油菜籽收获前夕，金融危机阴影下的菜籽油价格虽然探底回稳，但仍处于相对低位，市场人气持续低迷，相关菜籽油加工经营企业运作困难。对此，国家发改委发出了《关于做好2009年油菜籽收购工作的通知》，通知明确提出以每市斤1.85元的价格，对油菜籽进行托市收购，并对收购主体、操作方式作了明确的规定。

三、托市收购的必要性及意义是什么？

国家在粮油价格完全市场化后，近两年再次以国家定价的方式对油菜籽进行托市收购，是市场形势和国家政策的需要。这并不是要改变粮油价格市场化的格局，而是市场化格局之下的一种政策调控手段，其必要性及意义主要体现在以下几个方面：

（一）托市收购是确保农民种植利益的需要，是提高农民收入的保障，这是托市收购的主要原因之一

近年来，有关“三农”问题一直以一号文件的形式下发，保护农民利益、增加农民收入被放在了首位。2008 年开始的金融危机导致菜籽油价格暴跌，并远远低于了油脂企业的加工成本，而农民种植成本依然较高。如果按市场定价原则，收购价格必然被压得很低，农民的种植利益势必得不到保证。国家进行托市收购，其价格是综合考虑油菜籽种植成本等情况，按照保证农民基本收益和略高于市场价格的原则来确定的，因此，有利于农民的种植利益的保证。

（二）托市收购有利于维护和进一步调动农民油菜籽种植的积极性

在粮油价格市场化后，价格的正常波动是一种必然。但价格的大起大落，势必对整个行业造成伤害。所谓“谷贱伤农”，特别是在遭遇菜籽油价格大跌的时候，必然会打击农民的种植积极性。国家在这种情况下进行托市收购，相当于给农民吃了一颗“定心丸”，农民的种植积极性将得到保证。

（三）托市收购有利于促进国内食用油产业持续健康发展

近年来我国食用油产需缺口越来越大，油脂油料市场的产需出现极不平衡的状态。国家为了提高自身油料生产能力，对国内油料生产出台了各种扶持和鼓励政策。油菜籽作为我国第二大油料作物，其生产及整个行业的稳定，对于整个国内食用油产业的健康发展具有举足轻重的作用。因此，在近两年菜籽油价格低迷，不利于菜籽油行业稳定发展的情况下，国家有必要进行托市收购，以扶持和鼓励油菜籽的种植和生产。

（四）托市收购有利于充分发挥市场机制的作用

市场化格局之下，系统性风险引起价格的大起大落，不仅会对行业造成冲击和伤害，而且会引起市场定价机制混乱和缺失，不利于形成公平的市场价格。因此，在2008年金融危机引发物价水平大跌的系统性风险面前，对油菜籽进行托市收购，是国家以政策手段对市场进行一种正常调节，以减弱系统性风险对菜籽油行业的冲击，更有利于市场机制和功能的充分发挥。

四、国家油菜籽托市收购的政策是怎样的？

近两年国家对油菜籽的托市收购政策，在2008年下半年以临时收储的名义首次实施。2009年在国家发改委下发的《关于做好2009年油菜籽收购工作的通知》中正式提出托市收购，并对托市收购作了明确的规定，其政策内容主要涉及收购价格及时间和区域、收购的主体和方式，以及引导和监管等共七个方面。

（一）油菜籽托市收购价格水平、执行区域和时间

对于托市收购的价格，是在综合考虑化肥等农资价格变化及油菜籽种植成本等情况基础上，按照保证农民基本收益和略高于市场价格的原则确定的。2008年油菜籽的托市收购价格为每市斤2.20元；2009年托市收购价格为每市斤1.85元。

托市收购的执行区域主要是油菜籽的主产区。2009年将收购区域定为湖北、四川、安徽、江苏、湖南、河南、贵州、江西、青海、陕西、浙江、甘肃、重庆、内蒙古、云南、新疆、西藏等17个油菜产区。2009年托市收购的时间为：冬播油菜产区托市收购期限为2009年6月1日至9月底；春播油菜产区为2009年9月1日至12月底。

（二）油菜籽托市收购执行主体和操作方式

油菜籽收购的主体主要有两类，具体的操作方式也有差异。

一是中储粮总公司。公司受国家委托，承担国家临时收储任务，并安排直属企业或委托有一定资质的国有或民营粮油企业按国家确定的托市收购价格挂牌收购农民交售的油菜籽。具体委托企业名单由中储粮有关分公司负责商地方粮食部门和农发行后提出，报中储粮总公司审核确定，并报国家有关部门备案。中储粮总公司委托收购的油菜籽，要适时委托加工企业加工成菜

籽油，转入国家临时存储，之后视市场情况再择机安排销售。

二是地方储备粮企业。涉及托市收购的省（区、市）人民政府，要按照国家有关部门下达的食用植物油地方储备规模指导性计划（国粮调［2009］50号），指定地方储备粮企业入市收购农民交售的油菜籽，加工成菜籽油充实地方储备。地方储备粮企业入市收购油菜籽的价格不得低于国家规定的托市收购价格，以保护农民利益。

（三）对油脂加工企业入市收购油菜籽的引导和激励方面

为调动加工企业入市收购油菜籽的积极性，国家委托一部分规模较大、有一定资质的中央直属粮油企业和地方国有或民营油脂加工企业，按照不低于国家确定的托市收购价格挂牌收购农民交售的油菜籽，并加工成菜籽油自行销售，自负盈亏。中央财政给予委托企业每市斤0.10元的一次性费用补贴，如果油菜籽市场价格回升到每市斤2.00元以上，停止补贴。受国家委托的中央直属企业，由国家粮食局商财政部、国家发展改革委确定；地方油脂加工企业原则上每省3~5家，具体名单由有关省级人民政府审核确定，并于6月1日前报国家粮食局、财政部备案。具体补贴办法由财政部另行制定下发。

各相关省级人民政府也要按照粮食省长负责制的要求，切实采取有效措施，支持本地其他油脂加工企业入市收购，满足农民交售油菜籽需要，保护农民利益。

（四）对油菜籽收购的监督检查方面

各地和各有关部门要按照职责分工，加强对油菜籽托市收购政策执行情况的监督检查，确保国家的惠农政策落到实处。中储粮总公司作为国家临时收储的执行主体，对其收购的油菜籽及加工后的菜籽油数量、质量和库存管理等负总责。各有关省级人民政府要按照粮食省长负责制的要求，切实承担落实地方储备、保护农民利益的责任，加强对本地区执行油菜籽托市收购政策的地方储备企业、加工企业的监管，严格执行油菜籽收购的质价政策，并对国家委托的地方加工企业油菜籽收购数量和收购、加工凭证等的真实性负责。各地价格主管部门和粮食行政管理部门要会同有关单位组成联合检查组，加强对油菜籽收购政策执行情况的检查。国家有关部门将加强督导，并组织巡查。所有接受委托、享受中央财政费用补贴的油脂加工企业名单向社会公布，接受社会监督。

（五）市场监测

各级价格主管部门负责油菜籽市场价格的监测，及时掌握市场价格变化情况。中储粮系统和各级粮食行政管理部门负责对油菜籽收购进度的统计，及时汇总报送收购进展情况。

（六）舆论引导

各地要加强对油菜籽托市收购政策的宣传，明确市场预期，引导加工企业积极入市收购，指导农民合理安排油菜籽出售，保护农民利益。

（七）组织落实

各地方、各部门要按照通知要求，精心组织、密切配合，认真做好油菜籽收购的各项准备和组织实施工作。各地要抓紧腾仓并库和仓库维修，中央安排的油罐设施建设投资计划下达后，地方（企业）配套资金要早落实，项目建设要早启动，早投入使用。各地有关部门要在省级人民政府的统一领导下，认真研究、及时解决油菜籽收购中出现的矛盾和问题，确保油菜籽收购工作顺利进行。

五、我国菜籽油储备制度是怎么建立的?

鉴于食用油是关系民生的重要生活必需品，我国政府同样建有食用油国家储备体系，我国食用油储备以豆油、菜籽油等为主要形式，与国家储备粮体系相比，食用油储备规模相对偏小。近两年食用油市场价格的大幅波动，推动了我国食用储备体系的进一步发展和完善。

2007 年 10 月 8 日，国务院出台《关于促进油料生产发展的意见》，意见规定要加强健全大豆和食用植物油储备制度。进一步完善大豆及食用植物油中央和地方两级储备体系，适当扩大大豆和食用植物油的中央储备规模，并择机分步充实储备库存，充分发挥储备吞吐作用，以保护农民生产积极性和大豆油料生产能力，保证国内市场供应。鼓励大型国有粮油加工企业适当增加商业周转储备，由国家通过招标方式确定具体承储企业和承储数量，政府给予一定的贷款贴息支持。

2007 年 11 月 7 日，为贯彻落实《国务院办公厅关于促进油料生产发展的意见》（国办发［2007］59号）和国务院领导同志关于做好食用植物油供应工作的重要批示精神，国家粮食局发出了《关于做好当前食用植物油市场供应工作》的通知，通知要求进一步充实成品粮油及小包装粮油地方储备库存。各地特别是主销区和库存薄弱地区，要根据市场需求及粮食应急需要，进一步充实成品粮油地方储备库存，增强市场调控能力。京、津、沪等大中城市及敏感地区，要适当增加小包装成品粮油应急储备数量，确保10天以上的市场供应量，并积极做好货源组织调度工作，保证市场供应不脱销、不断档。自2007年12月起，各地要将成品粮油储备库存情况按月报送国家粮食局。

2008年11月，国家下发了《国家粮食安全中长期规划纲要——2008～2020年》，其中再次强调要“逐步充实中央和地方食用植物油储备；重点大中城市要适当增加成品粮油储备，做好粮油市场的应急供应保障”，食用油储备制度和体系的建设被进一步推进。

为进一步完善我国食用植物油市场调控机制，确保当前食用植物油市场供应和价格基本稳定，预计我国中央政府将一定会加大力度不断健全我国食用油储备制度，预期我国食用油储备制度将有望在未来2～3年内得到全面的建设，以致于能够更为及时、有效地采取宏观调控政策来稳定国内食用植物油市场的供应。

六、我国菜籽油储备制度的具体内容和操作方式是什么？

菜籽油是我国食用油储备的主要品种之一，在储备数量上要小于豆油。

菜籽油储备也分为中央储备和地方储备两大部分。根据《国家粮食安全中长期规划纲要——2008～2020年》的精神，中央战略专项储备主要用于保证全国性的粮食明显供不应求、重大自然灾害和突发性事件的需要。中央调节周转储备主要用于执行中央政府为保护农民利益而实行的保护性收购预案，调节年度间丰歉；地方储备主要用于解决区域性供求失衡、突发性事件的需要及居民口粮应急需求。

菜籽油国家储备库主要分布在安徽、浙江、湖北、四川、上海等地区。

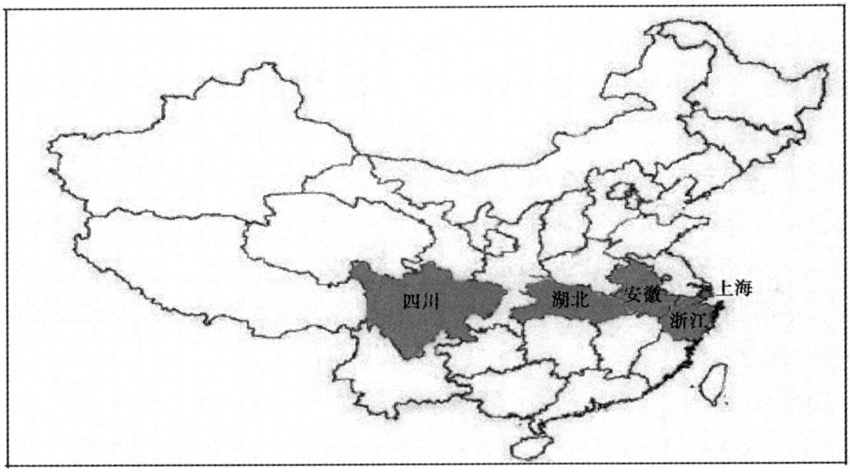

资料来源：中国商情网。

图 11－1　我国菜籽油国家储备分布图

执行主体方面，我国菜籽油等食用油储备主要由中储粮公司经营管理。食用油的抛储、轮换等举措由国家发改委、国家粮食局等部站作出决策，并由中储粮总公司及地方分公司执行。另外，根据 2007 年《关于促进油料生产发展的意见》的精神，鼓励大型国有粮油加工企业适当增加商业周转储备，并由国家通过招标方式确定具体承储企业和承储数量，政府给予一定的贷款贴息支持。

菜籽油储备制度的核心是菜籽油储备的轮换制度。由于菜籽油不适合长时间存放，存放一定时间的菜籽油国家储备需要出库，而重新购进新菜籽油进行储备，也就形成了国家储备菜籽油的轮换制度。国家储备菜籽油一般两年轮换一次，甚至有时候需要视菜籽油的品质而每年轮换一次。菜籽油的轮换时间一般在每年的 6 月中、下旬比较集中，也就是新菜籽油大量上市之际。

在操作方式上，菜籽油轮出主要是通过竞价拍卖的方式进行销售，并通过招标购买的方式购进新的菜籽油。轮出菜籽油的销售对象一般为各地菜籽油的加工企业，轮换发生的费用主要由中储粮总公司及地方分公司承担，国家财政也会给予部分支持与补贴。

为了保证中央储备粮油质量和储存安全，做好储备粮油的轮换工作，实现储备粮油管理的良性循环，2001 年 12 月 29 日，国家粮食局、财政部、中国农业发展银行联合下发了《中央储备粮油轮换管理办法（试行）》（国粮调［2001］209 号），其中对中央储备粮油轮换审批权限、程序和责任，中央储备粮油轮换的主要形式，以及轮换的有关财务和统计处理等各个方面作出了明确的规定。

延伸阅读：

要了解中央储备粮油制度的详细内容，可以阅读本书附件《中央储备粮油轮换管理办法（试行）》（国粮调［2001］209 号）。

七、国家菜籽油储备制度会对市场带来哪些影响？

菜籽油在我国是产量第二、消费第三的植物食用油品种，也是我国能够基本保证自给的唯一粮油品种，在政府重视粮食安全问题的今天，国家对油菜籽的收储及菜籽油的储备是一种必然，菜籽油储备已然是菜籽油市场一个不可或缺的重要组成部分，随着菜籽油储备制度的不断完善与发展，其对市场的影响也会越来越大。从建立菜籽油储备制度的目的、意义，以及具体的操作方式来看，其对菜籽油市场的影响主要体现在宏观和微观两个方面。

（一）宏观方面

菜籽油储备作为一种保障和国家宏观调控的政策手段，具有“削峰填谷”的功能，能够抵御和缓冲各种极端事件对菜籽油市场带来的冲击，促使菜籽油市场更加平稳、健康的发展。

国家建立菜籽油储备的主要目的，是用于保证供求失衡、重大自然灾害和突发性事件的需要，以及调节年度间丰歉。在丰产年或其他极端事件冲击造成菜籽油价格下跌的情况下，国家可以通过增加菜籽油储备的宏观调控政策，来减缓增产带来的市场压力，避免菜籽油价格过度下跌，如 2008 年的临时收储和 2009 年的托市收购正是出于此目的；相反，在遇自然灾害或减产年份，国家可释放菜籽油储备，保证供给，抑制菜籽油价格的过度上涨。

2007 年底上海等地菜籽油抛售除了正常的储备轮出外，主要也是考虑到了当时菜籽油等植物食用油价格大幅的上涨，而出于平抑物价的目的。因此，从宏观层面上看，菜籽油储备相当于菜籽油市场的“蓄水池”，充当了国家对菜籽油市场进行宏观调控的政策手段，对菜籽油市场具有“削峰填谷”的作用。

不过，从目前我国菜籽油储备的现状来看，菜籽油储备数量偏小，我国整个食用油国家储备规模也不过 60 万 ~70 万吨的水平，单从量上看，基本只能满足 10 天左右的消费水平。同时，从目前总体罐容和国家财力来讲，当前全国油脂储备罐的总容量仅 230 万吨左右，目前基本装满，在油料储备需要的资金量又非常惊人的情况下，暂时不具备大量收储菜籽油的条件，这就让菜籽油储备在充当国家宏观调控手段上的作用的发挥受到了一定的限制。所以，目前国家利用菜籽油储备作为宏观调控手段，对菜籽油市场进行政策干预的影响效力还相对有限。

针对近年来我国食用油消费的情况来分析，认为食用油国家储备规模增加到 200 万吨或以上水平，才更有利于国家政府及时、有效地作出宏观调控政策。从后期发展来看，我国政府始终在不断地增加国家储备数量，健全国家储备体系。随着菜籽油储备制度的进一步发展和完善，菜籽油储备作为国家宏观调控手段的综合能力会得到加强，对菜籽油市场的影响会越来越大。

（二）微观方面

菜籽油储备制度对菜籽油市场的微观影响，体现在菜籽油储备轮换制度对菜籽油市场形成的短期冲击，最主要又是菜籽油储备轮出时对菜籽油价格的打压上。

由于每年轮换的菜籽油一般为往年生产的并已经存放一段时间，其品质发生变化，轮换销售的价格一般低于当前市场的菜籽油的现货成交价格，每年菜籽油的集中轮出，会增加当时的市场供给，所以对当期市场都有一定的打压作用，并增加菜籽油价格变化的不确定性。

菜籽油储备轮出时所产生对价格的短期打压作用，是一种比较直观和明显的影响，但并不是绝对的，这受当期轮出量和市场环境的影响。另外，作为菜籽油储备轮换的另一面，即招标购入补充储备的操作，在一定程度上和一定的市场环境下，对菜籽油的价格也具有一定的支持作用，只是因其采取更加市场化方式，所以其支持作用更加不明显和不确定，但这也是菜籽油储备制度对菜籽市场的一种潜在的影响。以下是所收集的近几年菜籽油国家储备轮出动态。

表 11－1　　2003～2007 年部分国家储备菜籽油轮换动态

日　期	轮换动态
2007 年 12 月 18 日	甘肃省粮食局将于 12 月 18 日在省粮油批发市场公开销售省级储备食用油 200 万公斤
2007 年 9 月 28 日	上海直属油库向市场抛售 3244 吨国标四级菜籽油，生产年份为 2007 年
	浙江中央储备粮嘉兴直属库抛售 2705 吨国标四级菜籽油，生产年份为 2005 年
	安徽几家中央直属库抛售 16500 吨国标四级菜籽油，生产年份为 2005 年和 2006 年
2007 年 7 月 19 日	西藏举行首次粮油拍卖会，对那曲地区轮换油进行公开拍卖，数量为 350 吨菜籽油
2005 年 12 月 25 日	浙江永康市粮食收储有限责任公司向社会公开招标收购 75 吨四级菜籽油
2005 年 8 月 18 日	萧山区粮食局粮食购销公司，就 490 吨四级菜籽油储备轮换进行公开竞价
2005 年 3 月 8 日	湖北省省级储备油开始轮换销售工作，价格为 5850～5900 元/吨，明显低于当时的市场成交价格
2003 年 1 月 13 日	浙江椒江区对 50 吨区级储备菜籽油进行轮换

八、国储食用油轮换的时间差对市场有什么影响？

食用油的轮换制度是整个食用油储备制度的核心。为保证国家储备食用油的质量和储存安全，必须按规定对国储油进行轮换，即轮出不宜存粮油和陈化粮油，并通过招标方式购入新油进行储备。储备油的轮出和轮入并不是同时进行，要么先销后购，要么先购后销。一般情况下是先轮出，再轮入，这样轮出和轮入之间存在一个时间差。根据 2001 年 12 月 29 日，国家粮食局、财政部、中国农业发展银行联合下发的《中央储备粮油轮换管理办法（试行）》的规定，“中央储备粮油的轮空期最长不超过 4 个月，如遇特殊情况，在粮油轮出后，4 个月还不能轮入的，须向国家粮食局、财政部报告，否则按照擅自动用中央储备粮油处理。”也就是说，储备油的轮出和轮入之间的时间差最长可达 4 个月之久。

国储油轮换的时间差的存在，会对市场产生相应的影响，主要表现在四个方面：

（一）影响市场短期供求，不利于市场供求的平衡

国家储备食用油的目的是以备不时之需的，按规定保有一定的数量规模，更重要的是储备食用油作为一种特殊的库存，一般情况下是独立于市场流通领域之外的。如果是先销后购，在国储油轮出时，被轮换的这部分储备油就进入市场，加入到流通领域。由于国储油轮换时间差的存在，在储备油流入市场的同时，没有立即从市场上购入新油加入储备，这就导致了在轮出和轮入间隔的时间段内，市场上无形中多出了一部分食用油，相当于增加了供给；相反，如果是先购后销，在新油被购走而轮出储备油没有流入市场前的这段时间，相当于减少了市场的正常供给。所以不论哪种方式下的轮换时间差都不利于市场供求的平衡。

（二）储备油轮换时间差在造成供求格局变动的同时，必然会引发市场价格的变化，增大食用油市场价格的波动

在先销后购的情况下，食用油轮出时，因为供给突然增加，加之轮出储备油价格相对偏低，会对当时的市场价格形成打压，引发价格下跌。当市场适应了新的供求格局时，又会因为轮入需要导致食用油供给的相对减少，使食用油价格存在回涨可能；在先购后销的情况下，对市场价格的影响刚好相反。

（三）国储油轮换的时间差增加了承储企业的轮换风险

不管国储油轮换是采取先销后购，还是先购后销，由于轮入与轮出之间存在时间差，而其间菜籽油价格处在不断的变化之中，其价格变化的不确定性可能会给承储企业带来轮换风险。在先销后购时，面临着价格上涨带来成本增加风险；在先购后售时，面临着价格下跌带来储备油贬值风险。在轮换实行自负盈亏的政策条件下，轮换时间差带来的价格风险是需要企业自己承担的。

（四）国储油轮换采取先销后购的方式时，国储油轮换的时间差在资金占用和费用方面对承储企业是有利的

首先，减少轮换时资金的占用，并增加了企业在轮空期内的流动资金。

由于国储油轮换的时间差，承储企业在轮出储备油后会获得相应的货款，但轮入工作没有马上展开，这笔货款在轮空期内就成了企业的流动资金，在获取利息的同时还有灵活运作的机会。其次，由于国储油轮换时间差造成了轮空期，承储企业就省去了轮空期内储备油的仓储和管理费用。同时，按《中央储备粮油轮换管理办法（试行）》的规定，“在规定的轮空期间，储备粮油的费用补贴照常拨付”。从这个方面来讲，对承储企业也是有利的。所以在轮换工作有相应保障的前提下，承储企业可以考虑最大限度地利用储备油轮换政策规定的合理轮空期，以争取更多的利益。

九、怎样合理利用期货市场为菜籽油储备的轮换保驾护航？

为了稳定国内粮油市场，加强国家宏观调控力度，近年来，国家和地方储备规模逐年增加，储备轮换量逐年加大。在轮换过程中，如何确保国家和地方储备的安全，提高轮换的效率，平抑粮油市场价格是关系到国泰民安的重大问题。加入世贸后，我国农产品价格特别是油脂价格与国际市场联动性增强，价格波动加大。作为主要油脂储备品种之一，菜籽油价格不仅波动大，而且还出现了反季节变化，即菜籽油季节末价格低于大量上市季节，这给国家储备油轮换带来了极大的市场风险。

对于承储企业而言，储备菜籽油的轮出一般集中在6月中下旬，而轮入与轮出之间的轮空期最长不超过四个月，轮换时间相对固定；同时轮换是采取竞价和招标的市场化方式，价格上基本是随行就市。因此，承储企业无论是在轮换的时间上还是在轮换价格上都处于被动接受地位，可选择机会不多。更重的是，在轮换间隔期，菜籽油价格存在很大的不确定性，这容易导致承储企业因价格的上涨或下跌而出现轮换亏损的风险。

在国家对中央储备粮油轮换实行“自负盈亏”的政策下，轮换中存在的风险只有企业自己承担，存在的问题也只能靠企业自己解决。因此，作为菜籽油承储企业，在菜籽油价格市场化、全球化的今天，更应该思考如何规避价格波动给轮换工作带来的风险，如何在轮换中争取主动，扩大自己的利益？

2007年6月8日菜籽油期货的推出，为菜籽油承储企业解决上述问题提供了一个新的工具和手段，改变了承储企业在轮换工作中的被动局面。由于承储企业在储备油轮换中，即是卖方又是买方，所以只要轮换计划一经确定，不用等到实际轮换时间的到来，就可以利用期货市场的买空卖空机制，一方面伺机在期货上做卖出操作，为将要轮出储备油保值；另一方面也可在期货上伺机做买入操作，为将要购入的储备油锁定成本。这样，既变相地延长了储备油轮换的时间跨度，增加可选择的机会，同时也争取到储备油轮换价格选择上的主动权。此外，在期货的保驾护航下，承储企业可以有效规避储备油轮换时间差内价格变动带来的轮换亏损风险，最大限度地利用储备规则中的轮空时间，节约仓储费和管理费等相关费用，也可在轮空期间内获得更多的流动资金效应。所以合理地利用期货市场不仅有利于储备油轮换的安全，而且有利于储备油的保值增值，也有利于增加承储企业的利益。

由此，将期货市场与储备规则相结合，利用期货市场为菜籽油储备的轮换工作保驾护航是市场的需要，也是承储企业的必然选择。

在具体操作方式上，最基本的、最主要的操作方式有两个方面，一是利期货市场做卖出为准备轮出的储备油保值增值；二是利用期货市场做买入，为将要轮入的储备油锁定成本。西安、四川等地承担轮换的油脂企业，在积极利用期货市场确保轮换安全过程中，探索出了成功的模式，也取得了很好的管理经验。

【案例11－1——在期货市场上为计划轮出的储备菜籽油保值增值】

川内某菜籽油承储企业，2007年底就确定了2008年的菜籽油轮换计划，计划对往年生产的，品质已被评为不宜储存的2000吨储备菜籽油进行轮换，轮换准备根据以往惯例在6月份前后进行。但2008年春节后，菜籽油期现价格在雪灾及投机资金推动下创出历史天价，之后于3月初菜籽油价格急转直下，迅速回跌。企业经过分析认为，年初的雪灾对油菜籽的生长威胁不如预期的大，同时投机资金炒作成分太大，后市菜籽油价格倾向于回落。当时现货市场在经历了价格的大起大落后，交投清淡，该企业准备改变计划先提前轮出，但又一时落实不了具体的工作，形势紧急。看着菜籽油价格急速回落，该企业决定利用期货市场卖出期货合约，对准备轮出的2000

吨储备菜籽油进行保值。具体操作如下：

3月12日在期货市场开仓卖出菜籽油期货0809合约400张（400×5＝2000吨），平均价格13430元/吨，当时菜籽油现货全国平均价格在16300元/吨左右，轮出储备油品质虽有所欠缺，但卖到15000元/吨以上还是可能的。

到5月初，该菜籽油承储企业终于落实了2000吨储备菜籽油的轮出抛售工作，最终储备菜籽油的平均轮出销售价格为12300元/吨，同时将400张菜籽油期货0809合约作买入对冲平仓，平仓价格为11500元/吨。

期货市场盈利：（13430－11500）×400×5＝3860000元

现货市场轮出的储备菜籽油销售收入相对3月初减少：（15000－12300）×2000＝5400000元

用期货盈利进行弥补后，相当于轮出菜籽油的销售价格在14230元/吨，销售收入实际减少额仅只有：（5400000－3860000）＝1540000元，比起在现货市场坐以待毙要好得多（而这批轮出的菜籽油由于是前两年购入的，实际成本价仅6100元/吨）。

分析上述案例我们可以看出，虽然计划轮出的储备菜籽油没有在高位及时抛售，但通过在期货市场做卖出，用卖出期货合约的盈利弥补了因价格下跌而造成的储备油销售收入的减少，相当于储备菜籽油仍卖在了相对的高价，实现了对此批轮出的储备菜籽油的保值，同时，只要后期的轮入菜籽油的价格低于14230元/吨，企业就有利可图，相当于扩大了企业轮入价格的选择范围和轮换的利润空间。

（资料来源：成都倍特期货经纪有限公司）

【案例11－2——利用期货锁定将要轮入的储备菜籽油价格，规避菜籽油储备轮换风险】

西安市政府将菜籽油地方储备放在西安爱菊粮油工业集团，轮换由该公司操作。一般情况下，菜籽油储备要在季节末每年1～5月份轮出，在新菜籽油大量上市季节7～9月份轮入。2007年3～5月份，该公司通过现货市场销售西安市地方储备四级菜籽油1万吨，销售价格不到7400元/吨。该公司希望在菜籽油现货大量上市季节（7～9月份）低价位轮入。但是，6月份，国内新菜籽上市后，受国内菜籽减产和国际市场油脂油料大幅上涨的影响，菜籽油现货价格即上涨到8400元/吨，按照当时的价格计算，该公司储备油亏损达1000万元（后期菜籽油现货价格一路上涨，如果不锁定，亏损更大），大大超过地方储备补贴和仓储费用，给企业造成了巨大损失。

2007年6月，菜籽油期货上市，爱菊集团深入研究并积极利用期货进行套期保值。自从参与了菜油期货市场之后，上述价格风险得到了有效地控制，储备油不仅得到保值，更增加了升值的空间。以爱菊集团下属企业西安市油脂公司为例：

2007年11月份，西安市油脂公司根据规定要出库2800吨菜籽油。“按照以往的做法，仓库都是在计划下达之后，按市场价格卖出成品油，然后再依据新菜籽上市季节油价往往处于低位的经验买进补库。”西安市油脂公司经理李国珍介绍说，这完全是蒙着眼睛依计划行事，很难保证做到高卖低买。而有了期货价格的指导和期货套期保值这样一个平台，企业的经营就有了安全保障。

当时，菜籽油期货价格以及西安当地现货市场价格都已涨至每吨9000多元。依据期货价格的基差排列以及多年的现货购销经验，李国珍认为菜籽油市场价格的上涨“一触即发”。因此，他们果断地在期货市场上以每吨9200元左右的价格，将未来需要补库的2800吨菜籽油的成本锁定，然后将需要出库的油逐步地在现货市场出售。“到了11月下旬，西安市场菜籽油价格就已经上涨到每吨9800元，我们最高的一笔卖到了每吨12000元，而买进的成本已经锁定在每吨9200元左右。”李国珍说，如果还是按照以前的做法，依计划随行就市，先把需要出库的油卖出去，收回货款后再买进补库，由于价格上涨所带来的价差损失企业是难以承受的。

从上述案例看，菜籽油上市前，储备菜籽油轮换没有期货价格参考，企业对未来的价格走势不清楚，只能凭经验确定轮换时间，因此往往出现经验性错误。同时，没有期货市场，无法买入远期合约保值，因而轮换价格风险也无法回避。菜籽油期货上市后，承储企业可以利用菜籽油期货锁定将要轮入的储备菜籽油的成本，规避价格上涨风险。而且有了期货市场，也不用拘泥于先轮出再轮入的常规模式，选择权更大，更能撑握市场的主动权，在保证轮换安全的同时为企业谋求更大的利益。

（资料来源：2009年6月3日《期货日报》“菜籽油期货助油企稳扎稳打避‘风暴’”）

【案例 11 -3 ——利用菜籽油期货为轮换油锁定亏损】

四川新兴油脂公司 2007 年 5 月份轮出国家储备油 2000 吨，轮出价格 7900 元/吨。菜籽油期货上市后，2007 年 7 月份，9 月份菜籽油期货合约价格基本在 8500 元/吨波动，四川菜籽油现货价格在 8900 ~ 9000 元/吨，由于担心菜籽油价格继续上涨，四川新兴油脂公司通过期货市场买入 400 多手（每手 5 吨）9 月份合约，价格在 8500 元/吨。8 月底，该公司本打算期货交割，将菜籽油从产区交割库运回四川。此时，四川贸易商给出的价格比交割成本更低，因此决定在菜籽油期货市场平仓，价格 9200 元/吨，赚取差价 140 万元，同时从四川现货商购入现货入储备，价格为 9150 元/吨。

轮换时现货市场亏损：(7900 - 9150) ×2000 吨 = -250 万

期货市场套期保值盈利：(9200 - 8500) ×2000 吨 =140 万

将亏损锁定到 110 万。

对于此次操作，按照该公司负责人讲，如果不通过期货市场锁定，后期菜籽油现货价格上涨到 10000 元/吨以上，亏损更大。按照储备轮空期四个月规定，如果提前在现货市场上购进菜籽油，也可以锁定亏损，但实际运作上存在很多问题，一是资金提前占压，利息成本高；二是现货质量参差不齐，担心不符合国储油要求；三是现货价格谈判成本高，价格也比期货高。期货市场不仅锁定了价格风险，而且降低了资金利息，规范了现货流通秩序，确保了价格公开透明。

（资料来源：成都倍特期货经纪有限公司）

通过以上几个案例可以看出，利用期货市场，承储企业克服了以往在菜籽油储备轮换中的尴尬和问题，在轮换工作中由被动变主动，不仅保证了储备油轮换安全，回避了轮换风险，同时也为企业谋求了更大的利益空间。所以，利用菜籽油期货为储备油的轮换保驾护航是市场经济下的一种必然，也是承储企业轮换工作的一个发展趋势。

十、承储企业怎样用活库存？

菜籽油承储企业作为国家食用油储备的市场主体，担负着国家菜籽油的储存任务，其经营活动有一定的特殊性，经营行为受到一定约束。但在市场经济条件下，企业又作为市场的主体，是自主经营、自负盈亏的经济实体，争取效益最大化仍是企业追求的目标。

菜籽油储备作为保障国家稳定和经济安全的战略性储备物资，具有很强的政策性，收购资金由国家农业发展银行提供贷款，贷款利息与仓储保管费用由政府财政补贴。对此，企业只有管理之责，无动用之权，主要经营活动限于储备油的储存管理和轮换出入库；但它作为企业的一种特殊库存和资产，如果能在政策允许的范围内将其用活，也能为企业创造价值，带来收益，有助于企业效益最大化目标的实现。

那又该如何来用活库存呢？结合目前的政策环境和市场环境来看，承储企业用活库存可能从三个方面来考虑：

（一）加大储备油的轮换力度，增加储备油的轮换批次，在对储备油的轮换中寻求更多的获益机会

按目前食用油储备政策的规定，承储企业除了对菜籽油储备按计划进行轮换，再也没有其他动用之权，所以用活库存首先要从轮换上下功夫。

根据《中央储备粮油轮换管理办法》规定，食用油的储备期限为1～2年，对储存条件差的取低值，储存条件好的取高值；同时轮换计划以品质检查分类为依据。据此，承储企业在确定轮换计划时，可对储备油品质要求取上限制，对储备期限要求取下限值，从而增加储备油的轮换批次和数量。储备油轮换批次和数量的增加，也就增加了承储企业动用储备油的机会和权限，也才有了用活库存的基础和前提。在更多的轮换工作中，以储备油的购销为手段，企业可以把握和利用更多的市场机会，从而为企业谋求更多的利益。

目前，菜籽油期货的推出及期货市场的逐步成熟，为承储企业提供了一个有效规避轮换风险的手段和工具，也为承储企业加大轮换力度创造了更好的条件。所以，目前承储企业不用再过于畏惧轮换风险，在轮换上可以放开手脚，积极主动地去争取轮换机会，利用轮换工作来用活库存。同时，菜籽油期货市场的存在，也让菜籽油承储企业用活库存的方式更加多样化，接下来两个用活库存的方法就是利用期货市场来展开的。

（二）以菜籽油储备为基础，利用期货市场做卖出套期保值操作

菜籽油承储企业，手中持有的是菜籽油现货，是市场的天然卖出方。但企业对储备菜籽油除了轮换之外，再无动用之权。在有了菜籽油期货之后，承储企业虽然仍不能随意动用菜籽油储备，但多了一个选择，就是以菜籽油储备为基础，在期货市场上做卖出操作，对菜籽油储备进行保值甚至增值。试想，如果没有菜籽油储备作基础，企业在期货市场上作卖出操作就是纯粹的投机行为，是相关法律法规所不允许的；而以菜籽油储备为基础在期货市场做卖出操作，就属于套期保值的范畴，是合情与合理的。从这个角度上讲，利用期货市场，对储备菜籽油进行套期保值，也是承储企业用活库存的一个方面。而且在承储企业“自负亏盈”的政策下，套期保值的收益归企业所有，这也有利于承储企业利益的最大化。但这种方式需要注意的是卖出套保的数量不能超过企业所承储的菜籽油储备数量，否则又变成了投机行为。

（三）以菜籽油储备和轮换计划为基础，主动把握期现套利机会

以菜籽油储备及轮换计划为基础的期现套利仅指在反向市场状况下的期现套利，因为在反向市场上做期现套利，需要企业在现货市场做卖出，而承储企业因具有菜籽油现货储备，是天然的卖出方，正好满足这一条件。因此，在反向市场状态下，如出现期现套利机会，即出现菜籽油期货价格低于菜籽油的现货价格，并且价格差额大于期现套利费用总额的情况之下，承储企业就可以积极加以把握。在现货市场抛售菜籽油现货储备，同时等量买入菜籽油期货合约，待价差趋于合理时在两个市场再反向操作，或者直接等待最后的交割，以赚取两个市场的不合理价差，同时还可以完成储备油的轮换工作，实现一举两得。具体的套利机会的分析和操作方法参见前面的期现套利，这里不再详述。另外，需要注意的是，因期现套利涉及到菜籽油储备现货的变动，因此这种操作必须以菜籽油储备的轮换计划为基础，期现套利的数量必须在计划轮换的数量之内。

可见，承储企业用活库存有利于自身利益的最大化，而菜籽油期货的推出为菜籽油承储企业用活库存创造了更好的条件，也使得用活库存的方式趋于多样化。但承储企业具有自身的特殊性，这要求企业在用活库存方面必须是在国家政策的允许范围内。特别是第一、三两种方式，涉及到菜籽油储备

现货的动用和数量的变动，需要以菜籽油的轮换计划为前提。

十一、我国在菜籽油行业还有哪些产业政策？

除了上述政策之外，我国为了扶持菜籽油行业的发展，还出台了其他一些政策。现列举几例。

目前，我国油料供应不能满足市场需求，为从根本上解决我国油料生产有限的问题，2007 年 10 月 8 日，国务院办公厅制定了《关于促进油料生产发展的意见》，指出要着力培育长江流域“双低”（低芥酸、低硫苷）油菜，恢复种植面积。同时从 2007 年起，在长江流域“双低”油菜优势区（包括四川、贵州、重庆、云南、湖北、湖南、江西、安徽、河南、江苏、浙江），实施油菜良种补贴，中央财政对农民种植油菜给予每亩 10 元补贴，鼓励农民利用冬闲田扩大“双低”油菜种植面积。积极引导一批生产规模较大、效益较好的油脂加工企业，在主产区建立原料生产基地，与农户签订产销订单，开发低芥酸油菜。积极支持“企业 + 基地 + 农户”的农业产业化经营模式，支持国内油脂和油料生产、加工、贸易企业参与期货市场交易。引导企业和农民利用期货交易进行套期保值。稳定企业和农民生产收益，促进油料产业健康发展。

十二、全球生物柴油的发展现状及原料选择的情况是怎样的？

近年来，全球能源紧缺导致原油价格不断攀升，环境保护对汽车排放提出了越来越严格的要求，生物柴油以其优越的环保性、润滑性、安全性和可再生性也进一步受到世界各国的重视。菜籽油作为制造生物柴油的理想原料之一，其发展现状和前景又是怎样的呢？我们首先来看看全球生物柴油的发展情况。

目前，世界各国，特别是发达国家都在致力于生物柴油的开发。欧洲已成为全球生物柴油的主要生产地，美国、意大利、法国已相继建成生物柴油生产装置数十座，其他的如日本、西班牙、韩国等也紧随其后，但国家和地区之间在制造生物柴油的原料选择上各有不同。

（一）欧盟——目前生物柴油的主要生产地和使用地，生产原料以菜籽油为主

欧盟自20世纪90年代初开始，就高度重视生物能源战略。欧盟委员会提出，到2020年，运输燃料的20%将用燃料乙醇等生物燃料替代；2001年11月，欧盟理事会提议大力推广使用生物柴油，努力使生物替代燃料2005年达到2%的比例，到2010年达到5.57%，2020年达到20%左右。欧盟制定优惠政策鼓励开发和使用生物柴油，如免征生物柴油增值税，并规定机动车使用生物燃料占动力燃料总额的最低份额。欧洲各国在这方面行动较为一致，德国、法国、意大利、奥地利、比利时、丹麦、匈牙利、爱尔兰、西班牙等国也纷纷参与生物柴油研发领域的竞争，并制定了各自的发展战略，在生物柴油研究开发和产业化方面取得了相当的进展。

欧盟27国生物柴油产量逐年上升。2005年为320万吨，2006年为490万吨，2007年达到570万吨。

与此同时，欧盟27国生物柴油的产能扩张也比较迅速。到2007年，柴油产能达到1030万吨，这大大超过上年610万吨的产能规模。

德国凯姆瑞亚·斯凯特公司自1991年起开发研制了用植物油如菜籽油生产生物柴油的工艺和设备。目前利用该公司的工艺和设备已在德国和奥地利等欧洲国家建起了多个生物柴油生产工厂，最大产量达300吨/天。

生物柴油使用最多的也是欧洲，份额已占到成品油市场的5%。目前在欧洲用于生产生物柴油的原料主要为菜籽油，目前的生物柴油标准也主要是参照菜籽油的生物柴油标准品质作出的。

（二）美国——最早研究生物柴油的国家，生产原料以大豆油为主

生物柴油在美国的商业应用始于20世纪90年代初，联邦政府、国会以及有关州政府通过政令和法案，支持生物柴油的生产和消费，并采取补贴等措施，使生物柴油产业迅速发展起来。目前，美国已经有多家生物柴油生产厂和供应商，生产原料主要以大豆油为主，年生产生物柴油30万吨以上，并且生物柴油的税率为零。美国在生产大豆生物柴油的同时，也积极探索其他途径生产生物柴油，美国可再生资源国家实验室通过现代生物技术制成“工程微藻”。实验室条件下可以使其脂质含量达到40%～60%，预计每英

亩“工程微藻”可年产6400升~16000升生物柴油，为生物柴油的生产开辟了一条新途径。

在政策上，1992年美国能源部及环保局提出以生物柴油作为燃料，以减少对石油资源的消耗。1999年克林顿总统签署了开发生物质能的法令，其中生物柴油被列为重点发展的清洁能源之一，并对生物柴油的生产实施免税优惠政策。截至2005年4月，包括筹建的工厂在内，美国共有60家生物柴油生产厂，并计划到2011年生产生物柴油115万吨，2016年达到330万吨。

为了促进美国可再生能源应用，于1998制定了相应的生物柴油标准，严格规范生物柴油的使用和生产。2002年美国材料试验学会（ASTM）通过了生物柴油标准，同时制定了更加严格的石油柴油标准，将于2006年开始执行，以促进生物柴油的生产能力持续增长。美国的生物柴油的发展迅速，并计划于2012年使美国的生物柴油消费量增加到4.62亿升。

表11-2　美国与欧盟生物柴油产量　单位：万吨

	美国	欧盟
2000年	3	68
2001年	16	78
2002年	46	114.5
2003年	65	151.5
2004年	82	195
2005年	245	318
2006年	818	489

（三）其他西方国家生物柴油的发展状况

在巴西，以蓖麻油为主要原料生产生物柴油，经推广后发展十分迅猛。巴西2004年生物柴油产量只有4吨，但到了2006年就达到了6.03万吨。

在西班牙，政府2002年12月30日颁布法令，对生物燃料全部免征特别税，该税是浮动的，根据石油产品和生物燃料的生产成本的变化进行调整。此举刺激了生物柴油行业的快速发展。

在奥地利，生物柴油的税率为石化柴油的4.6%，比利时目前有两个生物柴油生产厂，总生产能力约24万吨/年。

此外，在欧盟新加盟的国家中。如捷克、波兰、匈牙利等国目前也在积极发展生物柴油的项目。

（四）亚洲国家生物柴油的发展情况

日本1995年开始研究生物柴油，由于植物油资源贫乏，日本主要以煎炸油为原料生产生物柴油，1999年建成了259L/d生产生物柴油的工业化实验装置（注：L/d系该装置长度直径比的简称），目前日本生物柴油年生产能力达40万吨。

印度，生物燃料产业刚刚起步。企业界认为，政府应该提供政策，以降低该绿色行业的风险。如：免除消费税、免收一定期限的所得税和非食用油进口零关税等。他们认为，当这一行业发展到一定规模，农民自然会从中获利。

泰国，发展生物柴油计划已于2001年7月发布。泰国石油公司承诺每年收购7万吨棕榈油和2万吨椰子油，实施税收减免，泰国第一套生物柴油装置已经投运。

此外，马来西亚采用棕榈油和废油也生产出了生物柴油，但整个国家的用量不大。韩国目前也拥有年生产能力20万吨的生物柴油生产厂。

十三、我国生物柴油的发展现状及原料选择的情况是怎样的？

我国早在十多年前就开始了生物柴油的研究和推广工作。科技部在“八五”、“九五”、“十五”分别从开发能源作物、生物柴油生产实验、生物柴油车辆实验等层面支持了可再生液体油品的发展，如2004年，科技部高新技术和产业化司启动“十五”国家科技攻关计划项目“生物燃料油技术开发”。“863计划”支持了生物酶为基础的生物柴油合成新技术，同时支持隔油池垃圾生产生物柴油。国家发展与改革委员会组织实施“节能和新能源关键技术”国家重大产业技术开发专项，利用油脂类废料和野生植物生产生物柴油关键技术作为节约和替代石油关键技术予以支持，并将生物柴油生产及过程控制关键技术工业化；国家自然科学基金委在生物柴油燃烧实验方面做了一些支持，中国石油化工集团总公司在生物柴油储备技术方面做了一些支持，支持酶技术与高温高压和超临界生物柴油合成方法。在以上这些政策和资金支持之下，我国生物柴油产业逐渐进入推广阶段。目前，我国已达到 10 万吨生物柴油的年生产能力。

在远期规划上，2007 年 8 月 31 日，国家发展改革委发布了《可再生能源中长期发展规划》，规划提出到2010 年，我国可再生能源消费量占能源消费总量的比重要达到10%，2020 年达到15%。其中，到2010 年生物柴油年利用量要达到20 万吨，至2020 年，生物柴油年利用量要达到200 万吨。考虑到我国的实际国情，规划也进一步指出，在制造生物柴油原料的选择上主要是以餐饮业废油、榨油厂油渣、油料作物（非粮）为主。

十四、菜籽油作为制造生物柴油原料的前景是怎样的?

全球能源紧缺是催生生物柴油的主要诱因，近年来一些新的变化也进一步拓展了生物柴油的发展空间，一是生物柴油与石油柴油价格差在不断缩小，生物柴油的竞争力在不断提高；二是为鼓励进一步使用生物柴油，许多国家相继出台了优惠政策；三是世界范围内出现汽车车型柴油化和柴油供应严重不足的趋势，为生物柴油的发展留下了广阔的空间。

菜籽油作为生产生物柴油理想原料之一，必然会受到生物柴油发展的影响，特别是在菜籽油的工业消费方面，会得到显著提高。2007/2008 年全球菜籽油在提炼生物柴油行业的消耗量占到了总消耗量的28%，约 510 万吨（一般生产 1 吨生物柴油要消耗 1.08 吨菜籽油）。随着生物柴油的发展，对菜籽油需求还有扩大之势。

由于各个国家和地区情况不同，用菜籽油作为原料生产生物柴油不具有普遍性。纵观目前世界各国生产生物柴油的发展和原料选择情况，目前就欧洲是以菜籽油作为生产生物柴油的主要原料，其原因主要是欧洲是全球第一大菜籽油主产区，其菜籽油产量约占到全球总产量的38%，相对其他原料，菜籽油在量上占据了优势，自然成为欧洲制造生物柴油原料的首选。欧洲目前也是生物柴油生产和消费最大的地区，近 6 年菜籽油工业消费的增长大部分来自欧洲，比例达到93%以上。

从其他几个菜籽油生产大国的情况来看，以菜籽油为主要原料发展生物柴油都受到了不同程度的制约。

我国作为全球菜籽油的第二大主产区，菜籽油产量占了全球总产量的22%。但我国作为发展中国家，要大规模采用菜籽油或其他食用植物油作原料来生产生物柴油，还有较大的难度，需要考虑以下三方面的情况：

（一）目前我国植物油脂的食用缺口太大

尽管当前中国人均食用油消费水平较低，但国内生产仍不能满足消费需要，还需要进口。据有关部门测算，2006年我国食用植物油消费量约2100万吨，2007年在2250万吨左右；2007年我国进口食用植物油838万吨，比上年增加169万吨。由此决定了今后很长时间内，中国食用植物油生产只能是力争满足人们生活需要，不可能出现足量剩余植物油用来发展生物柴油。

（二）我国植物油脂的增产潜力不足

我国植物油脂的加工能力过剩，但是，我国目前种植大豆和油菜籽的平均含油量及单产较世界平均水平都低，其开发空间仍然有限，即使完全达到国际较高的油籽含油量和单产水平，以此估算，仍然难以弥补目前巨大的食用消费缺口。

（三）在我国，粮食安全问题比较突出

中国以全世界5%的耕地养活21%的人口，这已经对中国土地生产造成很大压力。从2004年开始，中国谷物类粮食由净出口转变为净进口。“粮食安全”永远是最重要的。在生物能源的开发上，国家一再强调“不与人争粮”原则。因而，在油料作物与粮食生产存在严重的耕地竞争的情况下，扩大油料种植面积的可能性就很小了。所以用菜籽油来发展生物柴油在我国不现实。

加拿大，作为菜籽油的第三大主产国，具有用菜籽油制造生物柴油的条件，但目前其主要生产用于食品市场的菜籽油，并且菜籽油主要以出口为主。同时，生物柴油的生产相对欧洲等其他发达国家相对滞后，所以目前菜籽油用作发展生物柴油的量很小。在今后随着该国生物柴油的发展，用于生产生物柴油的菜籽油会有一定的提高。

此外，印度作为菜籽油第四大生产国，其和中国一样属于发展中国家，菜籽油等植物油脂主要用作食用，以菜籽油作为其发展的生物柴油的主要原料的可能性也不大。

十五、生物柴油的发展对菜籽油产业的发展将产生什么影响?

从全球来看，世界生物柴油的快速发展为整个油脂行业提供了新的消费途径，充分带动了全球油脂行业的强劲需求，成为油脂加工行业利润增长的一个新的亮点，为油脂行业的发展提供了广阔的前景。

菜籽油作为三大植物油脂之一，虽然在生物柴油的应用上因国家和地区不同而有所差异，但在经济全球化和行业联动作用下，也将受益匪浅。除了前面提及的行业影响外，在价格方面，生物柴油的发展有望推动菜籽油价格中枢的上移。

在过去几年中，国际油脂市场多次出现因生物柴油的题材而导致价格连续暴涨的情况，这也成了生物柴油概念影响菜籽油等植物油脂价格的现实例证。

【案例 11 -4 ——油料油脂需求旺盛 生物柴油热潮将推高粮食价格】

［证券日报　2006 年 10 月 26 日讯］具备可再生性特点的生物能源受到各国广泛青睐。而生物柴油热潮使得全球能源领域对油料油脂的需求日益旺盛，这或许将推动全球粮食价格在未来几年中出现上扬。

在过去几年中，高涨的原油价格使得原本长期依赖政府补贴的生物燃料生产变得有利可图。在美国，以玉米为原料生产的乙醇价格涨幅是生产成本的两倍，利润十分可观。尝到甜头的生产商正在推动生物柴油的加速发展。根据世界油料油脂权威杂志《油世界》预测，到 2007 年底，全球生物燃料产能将达到 2000 万 ~2100 万吨。

“长远来看，原油价格的涨跌并不能阻碍生物能源的进一步发展。”生物能源生产商 Frost & Sullivan 集团工业部亚洲地区总裁乐卫金在近日大商所举办的“世界油料油脂大会”上如此表示。他说，各国逐步落实《京都议定书》，为具备可再生性特点的生物能源发展奠定了法律框架。

目前多数国家对生物燃料的应用都制定了具体的应用比例。日本要求

2010年前将生物柴油使用量达到占所有运输燃料的10%，欧盟要求2010年前达到5.75%，中国要求2020年达到10%。这些势必将进一步推动粮食等农作物转化成燃料的力度，生物柴油的应用将在未来几年中成为一股潮流。

有数据显示，去年美国乙醇行业消耗了5500万吨玉米，比加拿大的总产量还要多。而新的生物燃料工厂正如雨后春笋般涌现，目前，美国有105家乙醇厂，其中40个在建，另外50～75个还在计划中，而中国也计划到“十一五”期末，将燃料乙醇产能从目前的102万吨增加到500万吨。

由于生物燃料产能快速增长导致全球植物油需求增长，2007/2008年度全球植物油市场将出现牛市几成定局。《油世界》预测，2006/2007年度全球植物油供应将增长700万吨，而需求将增长1200万吨，短缺500万吨，不过由于前期库存较大，目前全球市场仍可维持脆弱的平衡，但到了2007/2008年度供需缺口却会突显出来。

“用粮食作物制造代用燃料的全球性热潮，可能会增加贫穷国家的饥荒现象。”美国地球政策研究所、著名学者布朗对此忧心忡忡。他说，“农作物首先应用来生产粮食和饲料，而不是燃料。可是目前还没有一个国际团体能来调停其间的矛盾，更为重要的是，由于生物能源扩张所导致的全球范围内的粮价上涨，将会对那些低收入却又依赖进口的国家造成空前危机。”

针对布朗的观点，加拿大可再生燃料协会执行理事特尼克称，没有证据能证明生物燃料部门的扩张会导致世界饥荒现象恶化。世界上的粮食供应并不短缺，造成饥荒的原因是很复杂的。

更主要的是，在对粮食在食用和燃料之间的冲突问题上，国际市场还没有一个协调机制。为此，乐卫金呼吁，国际社会应该努力建立一个真正合理的协调系统，并形成一个良好的定价机制。

自　测　题（答案在本书最后）

一、填空题

1. 托市收购的价格，是在综合考虑化肥等农资价格变化及油菜籽种植成本等情况基础上，按____原则确定的。

2. 到2000年，粮油指导性计划收购全部取消，粮油收购价格完全由______________________来决定。

3. 菜籽油作为我国食用油储备的主要品种之一，其储备也分为______________和______________两大部分。

4. 储备菜籽油的轮换时间一般在每年的______________时间比较集中。

5. 国家菜籽油储备制度对市场的影响主要体现在______________和______________两个方面。

6. 欧盟是目前生物柴油的主要生产地和使用地，生物柴油的生产原料以______________为主。

二、判断题

1. 国储油轮换不论采取哪种方式，国储油轮换的时间差对承储企业都是完全不利的。

2. 从目前我国菜籽油储备的现状来看，菜籽油储备数量偏大。

3. 菜籽油期货的推出，改变了承储企业在储备油轮换中的地位，由被动变为主动。

4. 我国的自身国情决定了在我国大量使用菜籽油来发展生物柴油是可行的。

5. 从全球来看，世界生物柴油的快速发展为整个油脂行业提供了新的消费途径，有望推动菜籽油价格中枢的上移。

三、单选题

1. 2007年11月7日，国家粮食局发出了(　　)，要求进一步充实成品粮油及小包装粮油地方储备库存。

A. 《关于促进油料生产发展的意见》

B. 《关于做好当前食用植物油市场供应工作》

C. 《国家粮食安全中长期规划纲要——2008～2020年》

D. 《中央储备粮油轮换管理办法（试行）》

2. 国家规定的菜籽油、豆油等食用油的储备年限为(　　)年，对储存条件差的取低值，储存条件好的取高值。

A. 1～2 年　　B. 1～3 年

C. 2～3 年　　D. 2～4 年

3. 中央储备粮油的轮空期最长不超过(　　)个月。

A. 2　　B. 3

C. 4　　D. 6

4. 每年菜籽油储备轮换销售的价格一般(　　)当前市场的菜籽油的现货成交价格。

A. 高于　　B. 等于

C. 低于　　D. 不确定

5. “以菜籽油储备和轮换计划为基础，主动把握期现套利机会”——是菜籽油承储企业用活库存的方式之一，这里所指的期现套利仅指(　　)。

A. 正向市场上的期现套利　　B. 正常市况下的期现套利

C. 反向市场上的期现套利　　D. 任何情况下的期货套利

四、多选题

1. 托市收购的必要性和意义主要有(　　)。

A. 是确保农民种植利益的需要，是提高农民收入的保障

B. 有利于维护和进一步调动农民油菜籽种植的积极性

C. 有利于促进国内食用油产业持续健康发展

D. 有利于充分发挥市场机制的作用

E. 是国家粮油统购政策的需要

2. 菜籽油国家储备库的主要分布在(　　)等地区。

A. 安徽　　B. 浙江

C. 湖北　　D. 四川

E. 上海

3. 将期货市场与储备规则相结合，利用期货市场为菜籽油储备的轮换工作保驾护航，在实际操作上主要体现在(　　)方面。

A. 利用期货市场做卖出为准备轮出的储备油保值增值

B. 变相地延长了储备油轮换的时间跨度，增加可选择的机会

C. 争取储备油轮换价格选择上的主动权

D. 利用期货市场做买入为将要轮入的储备油锁定成本

E. 可以有效回避储备油轮换时间差带来的轮换亏损风险

4. 承储企业用活库存主要体现在(　　)。

A. 加大储备油的轮换力度，增加储备油的轮换批次

B. 以菜籽油储备和轮换计划为基础，主动把握期现套利机会

C. 只要市场出现有利可图的机会就可以进行储备油同品种的轮换

D. 以菜籽油储备为基础，利用期货市场做卖出套期保值操作

E. 储备油库存是企业在管理，可以随便使用

第十二章 菜籽油期货的实物交割

【本章要点】

实物交割是期货交易的重要一环，是连接期货市场与现货市场之间的纽带，是保证期货市场价格与现货市场价格保持紧密关系的重要保障。本章介绍了菜籽油期货实物交割制度的一些常见问题，为企业熟悉各个环节、顺利完成实物交割提供帮助。

一、菜籽油期货实行滚动交割，具体是怎样操作的？

我国商品期货交易所实行的实物交割制度有两种，一是集中交割，二是滚动交割。菜籽油期货实行的是滚动交割方式。

滚动交割是指在期货交易进入交割月后，持有交割月合约及标准仓单的卖方可在交割月第一个交易日至交割月最后交易日前一交易日的交易时间提出交割申请，并按交易所规定程序完成交割的交割方式。

滚动交割由客户提出交割申请，会员代客户办理。办理时间为交割月第一个交易日至交割月最后交易日的前一交易日。

滚动交割采用三日交割法，具体操作如下：

（一）第一日为配对日

持有交割月合约的买方会员和持有标准仓单的卖方会员均可在交割月第一个交易日至最后交易日的前一交易日下午14时30分之前的交易时间内通过会员服务系统提出交割申请，并可在当日下午14时30分前通过会员服务系统撤销已提出的交割申请；卖方配对后，相应标准仓单予以冻结，释放相应的交易保证金。

交易所依据卖方会员的交割申请数量，于当日收市后先对提申请的买方会员，按持该交割月多头合约时间最长优先的原则进行配对。当卖方申请数量多于买方申请数量时，根据多余的卖方申请数量，仍按持仓先后顺序找出未提出交割申请的买方会员与卖方会员进行配对；当卖方会员申请量少于买方会员申请量时，以卖方会员申请量为准与提出申请的买方会员予以配对。

交割关系一经确定，买卖双方不得擅自调整或变更。

（二）第二日为通知日。配对日的下一交易日为通知日

买卖双方会员在通知日通过会员服务系统确认《交割通知单》。会员未收到《交割通知单》或对《交割通知单》有异议的，应在通知日17时之前以书面形式通知交易所，在规定时间内没有提出异议的，则视为对《交割通知单》的认可。

（三）第三日为交割日。通知日的下一个交易日为交割日

交割日上午9时之前，买方会员应当将尚欠货款划入交易所账户，卖方会员应当将《标准仓单持有凭证》交到交易所结算部门。买卖双方应当在规定时间到结算部门办理具体交割及结算手续，同时，买方会员把客户名称和税务登记证号等事项提供给卖方会员。

交割日，交易所收取买方会员全额货款，并于当日将全额货款的80%划转给卖方会员，同时将卖方会员的仓单交付买方会员。余款在买方会员确认收到卖方会员转交的增值税专用发票时结清。发票的传递、余款的结算均须会员盖章和签字确认。

按照《郑州商品交易所期货交割细则及流程》第四条规定："不能交付或者接收增值税专用发票的客户不得交割"。可见，自然人客户是不能进行交割的，只有具备法人资格的企业才能交割。

二、交割过程中，企业和期货公司分别需要做哪些事情？

在交割过程中，标准仓单转让人与受让人（提货方）均为企业。

标准仓单转让人应做好交割的准备，包括检查仓单凭证数量与转让数量相符，将已付清仓储费用的标准仓单及增值税专用发票交交易所。

仓单受让人（提货方），应按交易所的规定，按期拨付承接仓单的资金，向交易所提交所需商品的意向书。内容包括品名、牌号、数量及指定交割仓库名等。买方须在规定时间内到交易所交付货款，交款后取得标准仓单，而后做好货物出库后的检验及运输准备工作，完成货物的接收过程。

对于期货公司，可协助企业进行套保方案的设计，协助标准仓单转让人或受让人向交易所进行实物交易的申报事宜，为企业现货发运、到站接货、仓储安排、申请仓单、抵押贷款到实物交割提供全程的咨询服务。

三、菜籽油期货的实物交割允许"期货转现货"，请问期货转现货有什么优越性？如何具体操作？

期货转现货是指持有方向相反的同一月份合约的会员（客户）协商一致并向交易所提出申请，获得交易所批准后，分别将各自持有的合约按交易规定的价格由交易所代为平仓，同时按双方协议价格进行与期货合约标的物数量相当、品种相同、方向相同的仓单的交换行为。

举例来说，在北京，某个月份有一个买家，想要通过实物交割买入100吨菜籽油，另外还有一个卖家，也想通过实物交割卖出100吨菜籽油。按照正常的交割方式，他们只能分别到指定交割仓库去完成交割程序（由于北京没有菜籽油期货的指定交割仓库，他们最后可能是在湖北或浙江的仓库进行交割），即卖家把菜籽油从北京运到湖北去，买家再把同一批货从湖北运回北京。从结果看，显然双方都浪费了运费和时间。有了“期转现”，就可以让他们直接在北京完成货物的交收。

由此可见，期转现交易是有显著的优越性的。我们总结一下，主要有以下几个方面：

1. 加工企业和生产经营企业利用期转现可以节约期货交割成本，如搬运、整理和包装交割费用；可以灵活商定交货品级、地点和方式；可以提高资金的利用效率。加工企业可以根据需要分批分期购回原料，减轻资金压力，减少库存量，生产经营企业也可以提前回收资金。

2. 期转现比“平仓后购销现货”更便捷。期货转现使买卖双方在确定期货平仓价格的同时，确定了相应的现货买卖价格，由此可以保证期货与现货市场风险同时锁定。

3. 期货转现比远期合同交易和期货交易更便利，远期合同交易有违约问题和被迫履约问题，期货交易存在交割品级、交割时间和地点选择等没有灵活性问题，而且成本较高。

期转现的基本作法是：

1. 期货合约自上市之日起到该合约最后交易日期间，均可进行期转现。

2. 期转现分为标准仓单期转现和非标准仓单期转现。用标准仓单进行期转现，可由交易所进行货款划转。用标准仓单以外菜籽油进行期转现时，应当提供相关现货买卖协议。货物交收和货款划转由买卖双方自行协商确定，由此产生的纠纷自行解决，交易所对此不承担责任。

3. 持有同一交割月份合约的买卖双方达成协议后，在每个交易日的下午 2 时 30 分之前到交易所办理期转现审批手续。交易所批准后，对买卖双方持有的期货头寸按其约定的平仓价格平仓。

4. 期转现申请批准后的下一交易日，交易所为平仓成功的期转现买卖双方办理仓单过户。

四、出现交割争议和违约风险怎么办？

首先，交易所有权随时对用于期货交割的商品进行抽查。对期货交割商品抽查不合格的不予注册。对已经注册成仓单的商品质量和数量抽查中发现质量不合格或者数量有差额的，责成交割仓库或者仓单持有人采取限期提供足量、合格商品等补救措施，由此发生的一切费用和损失由交割仓库或者仓单持有人承担。出现违规行为的，交易所按规定对违规者进行处罚。

标准仓单转让人与受让人（提货方）之间、客户与交割仓库及仓单质量免检承诺人之间产生交割纠纷的，双方可先行协商解决；协商无法达成一致意见的，应当在纠纷发生之日起 5 个工作日内以书面形式向交易所申请调解。调解不成的，依法向人民法院起诉或者依约向仲裁机构申请仲裁。

交割商品出库时，对交割商品的质量和数量发生争议的，交易所按本办法规定对责任归属进行确认，最终责任由责任方承担。交割仓库或标准仓单转让人不能向客户（提货方）交付符合合约出库规定标准的商品，造成客户（提货方）损失的，应当承担赔偿责任。交割仓库不能履行其债务时，交易所承担补充赔偿责任。

五、不同地点的交割仓库价格有哪些差异？

不同地点的交割仓库价格有差异，是由于入库菜籽油的费用差异造成的，按照郑州交易所规定，菜籽油仓储费（包括储存费、保管损耗）收取标准为 0.5 元/吨天，但菜油的入库费用，浙江、江苏为 30 元/吨，其他地区为 25 元/吨，这样，就造成了交割仓库的价格差异了。

六、企业怎样处理期货业务的账目？

商品期货交易分为套期保值业务和非套期保值业务。

办理商品期货套期保值业务的企业，在“期货保证金”科目下设置“套保合约”和“非套保合约”（投机）明细科目。

企业从事商品期货套期保值业务时，应当遵循的原则为：如果现货交易尚未完成，而套期保值合约已经平仓的，套期保值合约平仓损益不确认为当期损益，计入“递延套保损益”科目，待现货交易完成时，再将期货上的盈亏与被套期保值业务的成本相配比，冲减或增加被套期保值业务的成本；

如果现货交易已经完成，套期保值合约必须立即平仓，以实现套期保值目标。

在会计分录上，有以下具体做法：

（一）期货月底损益的核算

会计制度规定，企业的经营活动充满风险和不确定性，在会计核算工作中自始至终应坚持谨慎性原则。我国会计制度规定，谨慎性原则要求不得多计资产或收益，不得少计负债或费用，不得设置秘密准备。按照谨慎性原则的要求，目前资产计提八项减值准备，分别是：坏账准备、存货跌价准备、长期投资减值准备、短期投资跌价准备、委托贷款减值准备、固定资产减值减备、在建工程减值准备、无形资产减值准备。但是，不管是持有套期保值合约还是非套期保值合约，财政部对于盈亏的不确定性都没有作出明细的规定。而在亏损至保证金不足，追加保证金时规定：

借：期货保证金——某期货公司

　　贷：银行存款

如果发生浮动盈利，企业不需要追加保证金，也就不需要进行任何会计账目处理。这种作法显然存在不足之处：一是不能准确地通过会计账目反映情况，核实账面价值。二是不能更好地体现会计制度中谨慎性原则的要求。

（二）会计分期的问题

期货业务有其特殊性，所以，在期货会计实务中形成了一些特殊的跨期摊配事项和损益确认事项。

会计分期假设将企业持续不断的经营活动人为地划分为等距的会计期间，为分期确定企业经营损益设定了前提条件。无论从哪个角度看，会计分期都是重要的，它是权责发生制的基础，也是会计确认、计量的依据。但是，随着客观经济环境变化而出现的新的经营业务也波及到了这一假设，从而形成了依赖这一假设不能解决的一些会计事项。由于只以会计年度为对外报告的期间而提供的会计信息不能满足报表使用者的需要，由此就有了中期会计报告和以企业清算期为特殊报告期的特有报告事项。而期货业务的发展，已使现行的定期财务报告制度难以及时提供有效的信息，这些业务都要求依据各类事项确定出独特的损益确认等期限要求。因此，财政部应制定一套有效的办法，更好地适应于会计期货业务。

（三）纳税调整的问题

由于财政部没有对期货业务会计处理进行详细的规定，不少投资企业误以为，通过套期保值交易所得利润不用缴纳所得税。而事实并非如此，它只是通过递延在库存商品中，递期分期而已。其他项目，如固定资产折旧、股权投资的所得税纳税调整都有明确的规定，而对期货会计业务的规定尚未出台。

另外，期货交易是高风险的投资业务，在套期保值业务转为非套期保值业务中，或者直接进行套期保值业务中，取得巨大盈利或者发生巨大亏损都是极有可能的。直接通过递延套保损益，转入到存货成本中，不利于相关涉期企业充分利用国家优惠政策，不利于存货成本的正确核算，也不利于推动期货市场的健康发展。

七、怎么让不动的仓单变成流动的钱？

通用标准仓单是指标准仓单持有人按照交易所的规定和程序可以到仓单载明品种所在的交易所任一交割仓库选择提货的财产凭证。“让不动的仓单变成流动的钱”就是指标准仓单的交割、转让和仓单质押。

仓单交割按《郑州商品交易所交割细则》的有关规定办理。

仓单转让标准仓单应当符合以下规定：

1. 客户的标准仓单转让须委托会员办理；

2. 达成转让意向的买卖双方会员应当向交易所提交标准仓单转让申请；

3. 交易所对标准仓单转让申请审核后，为买卖双方会员办理标准仓单过户和货款结算划转等手续；

4. 标准仓单转让的货款划转及增值税专用发票的开具、传递参照《郑州商品交易所交割细则》执行。

仓单质押是促进期货市场发展，方便会员和客户与商业银行之间开展标准仓单融资业务，郑州商品交易所提供了两种基本的协助方式：一是根据部分商业银行申请，为其开通了标准仓单质权登记及质权行使通道，为出质人和质权人提供质押登记服务；二是配合没有取得质权登记及质权行使通道的商业银行依据银行、期货公司、客户等三方申请将客户仓单予以冻结。

八、菜籽油期货指定交割仓库是怎样管理的?

交割仓库的日常业务分为三个阶段：菜籽油入库、菜籽油保管和菜籽油出库。货物入库前，交割仓库应保证储油罐的清洁，符合国家规定的卫生要求。交割仓库应保证用于期货交割的菜籽油优先办理入库、出库。

交割菜籽油必须与非交割菜籽油分油罐储存。转基因菜籽油与非专基因菜籽油分油罐储存。

交割仓库在入库过程中，应按照《郑州商品交易所菜籽油交割细则》和《郑州商品交易所菜籽油标准仓单管理办法》的有关规定验收货物，按照交易所规定对入库菜籽油进行抽样和检验，合格的货物入库完毕之日起一个工作日内向交易所通报。协助并监督质检机构对提出复议的货物进行抽样。

交割仓库必须对货物实行挂牌管理，挂牌标识的内容应包括：（1）储货性质（期货交割）；（2）油罐编号；（3）产品名称；（4）数量；（5）类别（转基因/非转基因）；（6）入库时间；（7）产地。

交割仓库不得允许未出具《提货通知单》的客户进入仓库查看储存货物、抽取样品。

此外，交割仓库必须建立库存样品陈列室。样品室应避光，保持较低温度。样品室应明确责任人进行管理。

菜籽油样品室必须做到每入一批交割商品对应一个样品。样品应存放在规定玻璃瓶内。每一样品的数量不得少于1.0公斤。每一样品必须有入库客户（或具有入库客户委托书的被委托人）和交割仓库抽样人员的签字封口，未经交易所批准不得拆封。每个样品的标签必须标明所代表商品的品名、类别（转基因/非转基因）、产地、数量、油罐编号、入库时间、抽检时间、产品生产许可证编号、食品卫生许可证编号、生产企业及入库客户（或具有入库客户委托书的被委托人）签名等。菜籽油样品标签还必须标明所代表商品的酸值、过氧化值、溶剂残留量、水分和杂质等。样品标签不得涂改。样品保存时间为货物出库后3个月。

交易所不定期对菜籽油样品保管情况进行抽查。

交割仓库应定期对交割菜籽油进行质量检验，检验时间为第一批交割货物入油罐后每3个月一次，直至货物出库。检验结果应及时报交易所。

检验结果不符合出库规定，交割仓库应及时向交易所申请调换，交割仓库应在交易所批准期限内调换完毕，调换差价和费用等由交割仓库承担。

菜籽油在保管期间，交割仓库必须做好储存记录。

菜籽油储存记录内容包括：货物入库时间、储存期间酸值、过氧化值等指标变化情况、出库情况等。同时还应定期将库存情况通报交易所交割部。

未经交易所同意，交割仓库不得移动存放的交割菜籽油。

交割仓库库区应保持整洁，库区消防设施和消防队伍应健全、有效。

货物出库时，交割仓库负责办理出库手续，做好以下核对工作：

1. 核对《提货通知单》及其他提货手续是否完备、真实、有效；
2. 核对《提货通知单》与之相对应的货物是否完全相符；
3. 核对交易所规定的其他提货手续。

交割仓库必须指定专人向交易所通报菜籽油发运进度及发运方向等情况。

自菜籽油发运结束之日起五日内，交割仓库应当向交易所报送菜籽油运输的有关手续，包括：

1. 发货单位、收货单位及地点；
2. 承运单位证明。

九、期货交易所是如何对交割仓库进行监督管理的？

交割仓库应当按照交易所交割业务的有关规定，制定并遵守期货交割业务内部管理制度。

交割仓库必须对库存交割菜籽油投保财产险，在交割菜籽油出库前不得中断保险。

交割仓库必须对期货交割菜籽油单独设账管理。

交易所对交割仓库实行抽查和年审制度，并可要求交割仓库进行自查。

交易所审查的内容包括财务状况、仓储设施、库容库貌、业务能力、业务实绩、账目管理、样品管理、会员满意程度以及交易所认为必要的其他内容。

在自查、抽查和年审过程中，发现交割仓库有违规等行为的，按《郑州商品交易所违规处理办法》的有关规定处理。

交易所严格禁止交割仓库下列行为：

1. 擅自处理交割商品；

2. 与会员或客户联手，以虚占库容等方式影响或企图影响期货市场价格；

3. 未取得检验结果或未完成入库而申请注册标准仓单；

4. 商品交割中滥收行收费；

5. 蓄意刁难客户，不配合交割货物的出入库；

6. 拒绝、阻挠交易所依法、依规监督检查；

7. 弄虚作假，影响期货交割业务正常进行；

8. 违反交易所规定的其他行为。

十、如果客户由于交割仓库的原因不能顺利完成交割，造成的损失由谁来赔偿？

由于交割仓库的原因造成标准仓单持有人不能行使或不能完全行使标准仓单权利的，交割仓库及担保单位应当承担赔偿责任；赔偿不足的部分由交易所按有关规定补充赔偿，补充赔偿后，交易所有权对交割仓库及其担保单位进行追偿。

自　测　题（答案在本书最后）

一、选择题

1. 在期货市场中，商品期货通常都采用(　　)方式。

A. 现金交割　　B. 实物交割

C. 现金或实物交割　　D. 无可选项目

2. 郑州交易所的滚动交割方式，交易所实行(　　)日交割法。

A. 一日　　B. 二日

C. 三日　　D. 五日

3. 根据郑州交易所颁发的期货有关业务细则规定，菜籽油入库检验费用由(　　)承担。

A. 卖方　　B. 买方

C. 交割仓库　　D. 交易所

4. 关于交割违约处理，计算买方交割违约合约数量时，交易所应对违约部分预扣合约价值(　　)的违约金和赔偿金。

A. 10%　　B. 20%

C. 30%　　D. 40%

5. 关于交割违约处理，买卖双方同时违约的，交易所按终止交割处理，并对双方分别处以违约部分合约价值(　　)的罚款。

A. 5%　　B. 10%

C. 15%　　D. 20%

6. 入库菜籽油应当提供加盖生产厂家公章的《产品生产许可证》(复印件)和《食品卫生许可证》(复印件)以及随货同行的(　　)。

A. 数量确认单　　B. 产品化验单

C. 产品合格单　　D. 产品注册单

7. 菜籽油标准仓单的有效期：N年6月1日起注册的菜籽油标准仓单有效期至N+1年5月份(　　)(含该日)。

A. 15日　　B. 最后一个工作日

C. 最后日　　D. 第三周周五

8. 转让标准仓单应当符合以下规定：客户的标准仓单转让须委托(　　)办理。

A. 会员　　B. 交易所

C. 卖方　　D. 交割库

9. 关于出库复检：自《提货通知单》开具之日起(　　)工作日内，仓单持有人对商品质量有异议的，可向交易所申请一次复检，并预交复检费用。

A. 5个　　B. 8个

C. 10 个　　D. 二周

10. 标准仓单转让人与受让人（提货方）之间、客户与交割仓库及仓单质量免检承诺人之间产生交割纠纷的，双方可先行协商解决；协商无法达成一致意见的，应当在纠纷发生之日起（　　）工作日内以书面形式向交易所申请调解。调解不成的，依法向人民法院起诉或者依约向仲裁机构申请仲裁。

A. 3 个　　B. 5 个

C. 一周　　D. 10 个

二、判断题

1. 菜籽油基准交割品：符合郑州商品交易所《期货交易用菜籽油标准》（Q/ZSJ 003－2007）三级质量指标的菜籽油。（　　）

2. 菜籽油交割替代品及升贴水：符合《菜籽油所标》二级、一级质量指标的菜籽油可以交割，可进行升贴水，详细遵照交易所网站的公告。（　　）

3. 菜籽油期货合约的交割基准价为该期货合约的基准交割品在基准交割仓库出库时的车船（汽车、火车、轮船）板交货的含税价格。（　　）

4. 最后交易日闭市后，同一会员同一交易编码客户所持有的该交割月买卖持仓相对应部分由计算机自动平仓，平仓价按 10 日结算价的平均价计算；其他未平仓合约，一律视为交割合约，由计算机按数量取整、最少配对数原则予以配对（配对日）。（　　）

5. 交割结算价为期货合约配对日前 10 个交易日（含配对日）交易结算价的算术平均价。（　　）

6. 自交割日（不含该日）起 7 个交易日内，卖方应当提供增值税专用发票。延迟 1 至 10 日（公历日）的，卖方会员应当每天支付货款金额 0.5‰的滞纳金；超过 10 日（公历日）仍未提供增值税专用发票的，视为拒绝提供增值税专用发票，卖方会员应当按货款金额的规定比例支付违约金。菜籽油的违约金比例为 17%。（　　）

7. 期货转现货是指持有同一交割月份合约的多空双方之间达成现货买卖协议后，变期货部位为仓单部位的交易。（　　）

8. 期货合约自上市之日起到该合约最后交易日期间，均可进行期转现。（ ）

9. 买方提交期转现申请前应当有30%以上的货款，货款不足的不予批准或者办理。（ ）

10. 菜籽油运达交割仓库指定货位的一切费用由卖方客户承担，货物装到汽车板（菜籽油包括火车、轮船）后的一切费用由买方客户承担。出入库费用由卖方客户承担，货物入库时向交割仓库支付。（ ）

自测题参考答案

第一章

一、1. 菜籽油　2. 菜籽油　3. 2007　6
4. 郑州商品交易所　5. 36% ~38%　6. 价格波动
7. 发现价格　8. 期货仓单质押

二、1. ×　2. ×　3. √　4. √　5. √　6. ×

三、1. D　2. D　3. A　4. C　5. A　6. B

第二章

一、1. 期货交易所　2. RO　3. 10　4. 12　5. 5
6. 合约设　7. 季节性　8. 14

二、1. √　2. √　3. √　4. ×　5. √　6. √

三、1. A　2. B　3. B　4. D　5. D　6. A

第三章

一、1. 30%　2. 9　5　3. 西北和西南　4. 产量质量
5. 2006　6. 中国　印度　欧盟　7. 甘蓝型油菜和芥菜型油菜
8. 4672

二、1. √　2. ×　3. √　4. ×　5. √

三、1. D　2. A　3. B　4. C　5. A　6. C　7. B

第四章

一、1. 压榨　浸出　2. 150　3. 60%　4. 6 ~10 月份
5. 引导性　权威性　6. 35、59

二、7. √　8. ×　9. √　10. √　11. ×　12. √　13. ×
14. √

三、15. C　16. A　17. C　18. B　19. D　20. D

第五章

一、1. B　2. A　3. C　4. A　5. C　6. C　7. C
8. B　9. A　10. A

二、1. AC　2. ABD　3. ABD　4. AD　5. ABC

三、1. √　2. ×　3. ×　4. √　5. ×

第六章

一、1. 30　2. 欧盟　3. 豆油　4. 购买力　5. 三　6. 能源
7. 15

二、1. A　2. D　3. C　4. C　5. D　6. B

三、1. ×　2. √　3. ×　4. ×　5. ×　6. ×　7. √

第七章

一、1. 中西部　2. 供求　3. 策略，价格　4. 生产，采购
5. 升贴水　6. 规避风险　7. 实物交割

二、1. ×　2. ×　3. √　4. √　5. ×　6. ×

三、1. B　2. C　3. B　4. C　5. A　6. A　7. D

第八章

一、1. 约束，履约　2. 期货　3. 期货，规避风险
4. 基差交易　5. 利用期货市场　6. 期货交割

二、1. √　2. ×　3. ×　4. ×　5. √　6. ×　7. ×

三、1. A　2. D　3. B　4. B　5. A　6. A　7. C

第九章

一、1. 内部　外部　供应　需求　2. 郑州商品交易所　3. 3700

4. 负相关性　　5. 提价申报　调价备案　　6. 领涨　滞跌

二、1. √　2. ×　3. √　4. ×　5. √　6. √

7. √　8. √

三、1. D　2. C　3. C　4. D　5. B　6. D

第十章

一、1. 不合理、趋向性　　2. 投机获利　　3. 保证金制度

4. 控制风险　　5. 场规模大、流动性良好　　6. 基础分析方法、技术分析方法　　7. 期货市场　现货市场　　8. 替代关系

二、1. √　2. √　3. √　4. ×　5. ×　6. √　7. ×

三、1. B　2. C　3. D　4. A　5. A

第十一章

一、1. 保证农民基本收益和略高于市场价格　　2. 市场化

3. 中央储备、地方储备　　4. 6月中下旬

5. 宏观影响、微观影响

6. 菜籽油

二、1. ×　2. ×　3. √　4. ×　5. √

三、1. B　2. A　3. C　4. C　5. C

四、1. ABCD　2. ABCDE　3. AD　4. ABD

第十二章

一、1. B　2. C　3. C　4. C　5. A　6. B　7. B　8. A

9. A　10. B

二、1. ×　2. ×　3. √　4. ×　5. √　6. ×

7. ×　8. √　9. ×　10. √

参考文献

北京东方艾格农业咨询公司:《中国菜籽油市场专项研究报告（2007年版)》。

千讯（北京）信息咨询有限公司：《中国菜籽油行业发展研究报告(2009专业版)》。

中商情报网公司:《2009~2012年中国菜籽油产业分析及投资战略咨询报告》。

郑州商品交易所:《菜籽油期货市场运行报告（2009年版)》。

郑州商品交易所:《菜籽油期货光盘解说（2008年版)》。

郑州商品交易所:《菜籽油宣传册（2009年)》。

黄运成、张辉、马卫锋:《期货市场价格发现功能：理论和案例分析》。

吴谋成:《油菜籽加工与综合利用》，中国轻工业出版社2009年版。

孙才仁：《套期保值与企业风险管理实践》，中国经济出版社2009年版。

曾少军、李华林:《中国生物柴油发展的现状、问题及对策分析（2008年)》，清华大学公共管理学院。

附件 1

什么是期货市场的发现价格功能?

所谓发现价格功能，指在一个公开、公平、高效、竞争的期货市场中，通过期货交易形成的期货价格，具有真实性、预期性、连续性和权威性的特点，能够比较真实地反映出未来商品价格变动的趋势。

期货市场之所以具有发现价格功能，主要是因为期货价格的形成有以下特点：

第一，期货交易的透明度高。期货市场遵循公开、公平、公正的“三公”原则。交易指令在高度组织化的期货交易所内撮合成交，所有期货合约的买卖都必须在期货交易所内公开竞价进行，不允许进行场外交易。交易所内自由报价，公开竞争，避免了一对一的现货交易中容易产生的欺诈和垄断。

第二，供求集中，市场流动性强。期货交易的参与者众多，如商品生产商、销售商、加工商、进出口商以及数量众多的投机者等。这些套期保值者和投机者通过经纪人聚集在一起竞争，期货合约的市场流动性大大增强，这就克服了现货交易缺乏市场流动性的局限，有助于价格的形成。

第三，信息质量高。期货价格的形成过程是收集信息、输入信息、产生价格的连续过程，信息的质量决定了期货价格的真实性。由于期货交易参与者大都熟悉某种商品行情，有丰富的经营知识和广泛的信息渠道及一套科学的分析、预测方法，他们把各自的信息、经验和方法带到市场上来，结合自已的生产成本预期利润，对商品供需和价格走势进行判断、分析、预测，报出自己的理想价格，与众多对手竞争。这样形成的期货价格实际上反映了大多数人的预测，具有权威性，能够比较真实地代表供求变动趋势。

第四，价格报告的公开性。期货交易所的价格报告制度规定，所有在交易所达成的每一笔新交易的价格，都要向会员及其场内经纪人及时报告并公诸于众。

第五，期货价格的预期性。期货合约是一种远期合约，期货合约包含的远期成本和远期因素必然会通过期货价格反映出来，即期货价格反映出众多的买方和卖方对于未来价格的预期。

第六，期货价格的连续性。期货价格是不断地反映供求关系及其变化趋势的一种价格信号。期货合约的买卖转手相当频繁，这样连续形成的价格能够连续不断地反映市场的供求情况及变化。

附件 2

什么是期货市场的套期保值功能?

一、套期保值的概念

套期保值是指把期货市场当作转移价格风险的场所，利用期货合约作为将来在现货市场上买卖商品的临时替代物，对其现在买进准备以后售出商品或对将来需要买进商品的价格进行保险的交易活动。

二、套期保值的基本特征

套期保值的基本做法是，在现货市场和期货市场对同一种类的商品同时进行数量相等但方向相反的买卖活动，即在买进或卖出实货的同时，在期货市场上卖出或买进同等数量的期货，经过一段时间，当价格变动使现货买卖上出现盈亏时，可由期货交易上的亏盈进行抵消或弥补。从而在“现”与“期”之间、近期和远期之间建立一种对冲机制，以使价格风险降低到最低限度。

三、套期保值的逻辑原理

套期之所以能够保值，是因为同一种特定商品的期货和现货的主要差异在于交货日期前后不一，而它们的价格，则受相同的经济因素和非经济因素影响和制约。而且，期货合约到期必须进行实货交割的规定性，使现货价格与期货价格还具有趋合性，即当期货合约临近到期日时，两者价格的差异接近于零，否则就有套利的机会。因而，在到期日前，期货和现货价格具有高度的相关性。在相关的两个市场中，反向操作，必然有相互冲销的效果。

四、套期保值的方法

1. 生产者的卖期保值。不论是向市场提供农副产品的农民，还是向市场提供铜、锡、铅、石油等基础原材料的企业，作为社会商品的供应者，为了保证其已经生产出来准备提供给市场或尚在生产过程中将来要向市场出售商品的合理的经济利润，以防止正式出售时价格的可能下跌而遭受损失，可采用卖期保值的交易方式来减小价格风险，即在期货市场以卖主的身份售出数量相等的期货作为保值手段。

2. 经营者的卖期保值。对于经营者来说，他所面临的市场风险是商品收购后尚未转售出去时，商品价格下跌，这将会使他的经营利润减少甚至发生亏损。为回避此类市场风险，经营者可采用卖期保值方式来进行价格保险。

3. 加工者的综合套期保值。对于加工者来说，市场风险来自买和卖两个方面。他既担心原材料价格上涨，又担心成品价格下跌，更怕原材料上升、成品价格下跌局面同时出现。只要该加工者所需的材料及加工后的成品都可进入期货市场进行交易，那么他就可以利用期货市场进行综合套期保值，即对购进的原材料进行买期保值，对其产品进行卖期保值，就可解除他的后顾之忧，锁牢其加工利润，从而专门进行加工生产。

五、套期保值的作用

企业是社会经济的细胞，企业用其拥有或掌握的资源去生产经营什么、生产经营多少以及如何生产经营，不仅直接关系到企业本身的生产经济效益，而且还关系到社会资源的合理配置和社会经济效益提高。而企业生产经营决策正确与否的关键，在于能否正确地把握市场供求状态，特别是能否正确掌握市场下一步的变动趋势。期货市场的建立，不仅使企业能通过期货市场获取未来市场的供求信息，提高企业生产经营决策的科学合理性，真正做到以需定产，而且为企业通过套期保值来规避市场价格风险提供了场所，在增进企业经济效益方面发挥着重要的作用。

六、套期保值策略

为了更好实现套期保值目的，企业在进行套期保值交易时，必须注意以下程序和策略：

1. 坚持“均等相对”的原则。“均等”，就是进行期货交易的商品必须和现货市场上将要交易的商品在种类上相同或相关数量上相一致。“相对”，就是在两个市场上采取相反的买卖行为，如在现货市场上买，在期货市场则要卖，或相反；

2. 应选择有一定风险的现货交易进行套期保值。如果市场价格较为稳定，那就不需进行套期保值，进行保值交易需支付一定费用；

3. 比较净冒险额与保值费用，最终确定是否要进行套期保值；

4. 根据价格短期走势预测，计算出基差（即现货价格和期货价格之间的差额）预期变动额，并据此作出进入和离开期货市场的时机规划，并予以执行。

附件 3

"大平模式——菜籽油期货保障订单农业健康发展"

（本文引自《郑州商品交易所服务"三农"报告》，
见 2009 年 9 月 28 日《证券日报》）

安徽巢湖地区是我国油菜籽的主产区，自 2001 年以来，当地的安徽大平工贸（集团）有限公司为了发展产业化农业，一直在探索和实践订单农业模式，从最初的"龙头企业 + 农户"，到"龙头企业 + 基地 + 农户"，最后又到"龙头企业 + 专业合作社 + 社员"与"订单 + 期货"相结合的模式，实现了"小生产"与"大市场"有效对接，提高了农户组织化程度，推动了农业产业化发展，在实现企业利润增长的同时，带动当地农民增收，形成了"大平模式"。

一、安徽大平工贸（集团）有限公司概况

安徽大平工贸（集团）有限公司（下称大平集团），是一家总部位于巢湖市的民营企业，集团所属的核心企业安徽大平油脂有限公司（下称大平油脂），是国家财政农业综合开发资金投资参股企业，注册资金 14367. 39 万元，下辖非独立油脂加工企业 3 家，年油料加工能力达 50 万吨，为安徽省油脂行业之冠。大平集团是农业产业化国家级重点龙头企业、全国农业产业化优秀龙头企业，还是安徽省粮食行业协会油脂分会会长单位，在安徽省油脂油料加工业占有重要地位。

二、“大平模式”的探索历程

1. 早期的订单农业模式——“龙头企业 + 农户”。

为了发展农业产业化，解决农民卖籽难、卖价低的问题，在当地政府的推动下，2001 年大平集团开始尝试推行“龙头企业 + 农户”的订单农业模式。这种模式的特点是：乡镇政府代表农户与企业签订订单，约定油菜籽上市时，企业以略高于市场的价格收购农户油菜籽。但这种模式在实践中很不理想，主要原因是这种模式的核心是订单，而订单在执行中约束性差，履约率没有保障，难以实现双赢。据安徽油脂协会秘书长章茂顺介绍，2001 年大平集团所签订的油菜籽订单约 40 万余亩，每年产量约 6 万吨。当市场行情好时，农民纷纷向市场出售，不卖给大平集团，企业无法让农户履行订单，实际平均履约率不到 30%，企业只能收购不到 2 万吨油菜籽，严重影响了企业的生产。而当行情不好时，农民积极履行订单，企业风险增大，不堪重负。比如 2003 年，适逢市场低迷，市场油菜籽价格降至 2560 元/吨，而大平集团的订单价格为 2860 元/吨，大平集团为履约订单所承担的市场风险高达 700 多万元，当年亏损 800 多万元，从而直接影响企业的发展和对订单农业的信心。除了履约率低，这种模式由于缺乏对订单的统一管理，农民种植品种混杂，产量不高，出油率低，菜籽品质较差，影响企业的产品竞争力。

2. 改进的订单农业模式——“龙头企业 + 基地 + 农户”。

2003 年大平集团根据国家政策和行业引导，又开始探索“龙头企业 + 基地 + 农户”的订单新模式。这种模式的特点是：县农委与企业一起划定油菜籽生产基地，企业为基地进行一定的科技和管理投入，基地上的农户就是订单对象。乡镇政府代表农户与企业签订订单，约定油菜籽上市时，企业按照订单合同的约定收购基地农户的油菜籽。

这种模式的好处是，企业能够通过推广优质品种，进行种植指导，较好地保障产品质量。在种植之初，大平集团就通过网络、媒体和简报等多种形式向基地农民发布产业市场信息，推荐油菜籽品种，让农户生产前就心中有底。在种植中，企业从良种供应、土壤测定、肥料订制、生产技术指导直到收割保管，全程提供产业化服务，对基地中的重点示范片直接免费供种、供肥、供药，并与安徽省农科院作物所油料室合作，科技推广和技术服务进村户、到田头，从而有效地提高了当地油菜籽生产水平，加快了基地油菜籽的优质化步伐。大平集团的“双低”（低硫甙、低芥酸）优质无公害油菜籽基地曾被国家质监总局列为“国家安全优质农产品生产标准化示范区”。

相对于第一种模式，该模式最大的进步是，大平集团通过建立基地，增加种子、科技等投入，实现了油菜籽的规模种植，促进了油菜品种的更新换代，保证了油菜籽的品质。但2005年之后，随着油菜种植比较效益的下降，农村青壮年劳力纷纷外出打工，留守的妇女和老人不愿意从事繁重的油菜种植，因而继续实行基地标准化种植方式的难度加大。另外，虽然这种模式在一定程度上保障了优质油菜籽的来源，但和第一种模式一样，企业仍面临着价格风险无法规避的难题，订单履约率依然很低。

3. 完善的订单农业模式——“龙头企业 + 合作社 + 社员” + “订单 + 期货”。

2004年以来党中央关于推动“三农”工作的一号文件中，多次大力倡导积极发展农业中介组织，以实现“小生产”和“大市场”的有效对接。2006年8月大平集团开始领办安徽巢湖市含山县巨兴大平油料合作社，在原有种植基地模式的基础上，订单农业又上升到“龙头企业 + 合作社 + 社员”的新模式。2007年6月菜籽油期货上市后，大平集团在原有的“龙头企业 + 合作社 + 社员”的基础上又开展了“订单 + 期货”的经营模式，从而完善了原先的组织和运作模式，规避了市场风险，实现了企业和农户的和谐发展，达到共赢，最终形成了稳定的农业现代化发展之路。

“大平模式”的实质是通过“龙头企业 + 专业合作社 + 农户”的组织模式创新，保证菜籽供给数量和质量；通过“订单 + 期货”的经营模式创新，利用期货市场转移订单农业的价格风险，提高订单农业的履约率，推动农业产业化发展，增加农民收入。

在这一过程中，合作社起着承上启下的组织作用。大平集团发起领办合作社，每个农户交纳10元股金，成为社员。大平集团与合作社签订免费供种、保护价收购和加价收购油菜籽的合同，合作社与每户社员签订详细的订单，规定菜籽价格上不封顶、下要保底，在菜籽市价低时，按保护价收购；市价高时，在市价基础上每斤加价3～5分收购；在年底实现利润时，对合作社二次返利。“大平模式”的核心是通过合作社，把农民有效地组织起来，实现了企业和农民的有效对接；通过期货市场的介入，保障了订单的执行，实现了期货与现货的有效对接。“大平模式”是大平集团在国家政策支持和引导下积极探索的结果，非常适合农村目前这种生产力状况，消除了农民和企业的利益矛盾，打破了农民在市场经济中无所适从的困窘局面，保障了企业的原料来源和安全优质，而“订单 + 期货”的运用从根本上解决了企业风险规避问题，提高了订单履约率，实现了多赢局面。

三、“大平模式”的要素及其功能

在“大平模式”的运作过程中，包括公司、合作社和订单农户三大构成要素。其中，农户直接从事标准化生产；大平集团则起到统领及核心作用，是此模式中农户与期货市场发生关系的通道；合作社的作用是联姻搭桥、产品交易、信息交换、技术服务。

1. 创新组织，实现共赢。

合作社的建立将分散经营的农户组织起来，把产前、产中、产后的相关环节链接起来，形成规模经济。用社员的话说，一是“两在”，指的是“生产在家、服务在社”；二是“两先”，指的是“先有生产、后有合作，先有意愿、后有建设”；三是“两自”，指的是“自主管理、自由进退”。合作社实行“民办、民管、民受益”的原则，建立规范的章程、制度和准则，领办企业、合作社和农民三方自主经营、自我发展、自我完善。截至 2008 年年初，大平油料合作社入社社员共 919 户，涉及 14 个自然村，拥有土地面积 4875 亩。合作社注册资金 3 万元，现有固定资产 50 万元，流动资金 10 万元。

2. 产销对接，保障履约。

为了强化农户的合同意识，提高履约率，企业在每年的油菜籽播种之前都要通过合作社与农户签订书面订单，明确品种、种植面积、产品价格确定方式、价款结算方式等内容，另外，订单中还就双方的违约责任等方面进行了说明。

3. 统一管理，提高产出。

大平集团通过合作社免费提供优质、高产油菜种子，统一播种，按照科学方法施肥、管理，稳步提高油菜籽的产量和质量。由于使用了优质、高产的油菜种子，按照科学方法施肥、管理，提高了种植水平，平均每亩产量达200多公斤，平均每亩增产75公斤。油菜籽产量增长了35%以上，出油率增加1~2个点。通过生产资料集中供应、机耕服务、技术信息、病虫害防治等一系列服务，降低了一家一户分散种植的成本，节省了大量的人力物力财力，实现了规模经营。仅此一项就使社员增收20万元，户均增收340元。

4. 信息指导，增强意识。

合作社对社员进行期货价格及相关信息的宣传和指导，增强社员市场风险意识。合作社定期邀请期货公司给合作社农民进行期货知识培训，讲授国内外油菜籽市场最新动态、期货市场最新行情走势，提高他们利用期货市场提供的信息来调整种植结构的能力，让市场来保护他们的收益，使农民更理解合作社的重要作用。

5. 期货保值，农民增收。

大平集团通过在期货市场上套期保值，锁定利润，敢于加价收购合作社的油菜籽，让社员不仅增产还要增效。2007年以来，大平合作社共向社员返利2万元。这样，期货既保障了订单的履约，又提高了农民收入。

四、期货市场在"大平模式"中的作用

从大平集团进行订单农业探索的历程看，在菜籽油期货上市之前，无论龙头企业、基地、中介组织、农户采取何种模式，只是解决了现货产销问题，无法解决市场价格波动给双方利益带来的分配难题，无法实现真正的双赢局面，因此订单履约率低在所难免。直到菜籽油期货的推出，"订单+期货"的有效运用，才使订单模式终于可以良性运行下去，保证了农业合作组织的稳定和健康发展。"大平模式"通过期货市场的操作方式如下：

1. 进行套期保值，规避市场风险，保障订单执行，实现农民增收。

为了更好地履行订单合同，大平集团在菜籽油期货上进行卖期保值，转移价格风险，锁定利润。具体操作如下：

2008年6月夏收油菜籽上市以来，受高油价影响，油菜籽收购价格一路上涨，安徽地区从2.4元/斤涨到2.8元/斤的历史高价。大平集团认为由于国际金融危机爆发，市场风险很大，后市一旦下跌，在买涨不买跌的心理

作用下，很难找到合适的买家。但此时如果不收油菜籽或降价收购，将失信于合作社，同时也会失去市场。因此，油菜籽还要收，市场还要有，前提就是要在期货市场上保值。

从6月15日开始，大平集团将菜籽油期货0809、0901合约分批卖出，保值数量是8000吨左右，约1600手，平均建仓价位是12800元/吨。

7月9日，安徽省对省级储备菜籽油进行招标采购，来自安徽、江苏等省近30家油脂公司参加了竞标。大平集团获得竞标数量6300吨，价格是12750元/吨。大平集团通过订单合同共收购油菜籽2.2万吨，压榨成菜籽油约8300吨。由于省储备竞标的6300吨菜籽油已经预售，价格已经确定，公司决定平掉部分套保头寸。这时菜籽油期货、现货价格已经开始下跌，公司在7月9日~15日陆续平仓了1200手（6000吨）菜籽油期货合约，平均平仓价位12300元/吨，平仓盈利约300万元［（12800－12300）×1200×5＝300万元］。同时保留400手空单，继续为余下的2000吨还没有找到买主的菜油保值，以应对市场价格继续下跌的风险。

7月17日后，随着金融危机的恶化，国际市场商品期货价格大跌，菜籽油期、现货价格也同步暴跌，菜籽油期货0809合约从7月初的12500元/吨跌至8月初的9700元/吨。此时，国内菜籽油行业哀声一片，很多没有在期货市场保值的企业均被高位套牢，大平集团剩余的2000吨现货菜籽油也已经贬值。为了防止现货菜油继续贬值，尽快回笼资金，公司一方面在现货市场上低价销售，一方面按照销售进度，在期货市场上把剩余的400手空单陆续平仓，平均平仓价位在9700元/吨左右，平仓盈利620万元［（12800－9700）×400×5＝620万元］。

在这次行情中，大平集团除了向国储交售的6300吨菜籽油没有产生亏损外，剩余的2000吨现货由于生产成本高（菜籽价2.9元/斤，折合菜籽油约12700元/吨），销售价格低（10000元/吨），亏损540万元。但由于该公司在期货市场上做了套期保值，套保盈利900多万元，不但完全弥补了现货市场的亏损，而且还有盈利。

2008年菜籽油价格大幅波动，全行业面临亏损，但大平集团仍能保持稳健经营，是2008年国内除中粮、益海等公司外为数不多的不亏损有盈利的油脂企业。总经理李立荣说："在菜籽油期货上市后，我们就开始利用菜籽油与现货的相关性，参考郑州菜籽油期货价格以及芝加哥期货交易所的期货价格来指导现货购销。在7、8月份菜籽油价格大幅下跌之前，我们就已经根据计划进行套期保值操作，加工利润已经锁定了。"安徽粮食协会油脂分会主任舒兴佳认为，如果企业都能像大平油脂这样利用期货市场套保来锁定加工利润，那么剩下的事情自然就是考虑如何扩大生产规模了。

大平集团通过"订单+期货"的模式获得了稳定的压榨利润，同时也促进了订单的履行。在2008年油菜籽收购价格高开低走的情况下，大平集团不仅全部履行与合作社的订单，而且收购价格在安徽省是最高的，为2.9元/斤，比2007年高1.2元/斤，仅此一项，即实现农民增收880万元。通过"订单+期货"，实际是把期货市场的部分利润转移到了社员手里，从而有效提高了农民收入，保护了农民利益，树立了农民—企业协调发展的典范。

2. 跨品种套利，形成新的利润增长点。

菜籽油期货上市以后，交易日趋活跃，与前期上市的豆油期货、后来上市的棕榈油期货成为油脂期货的"三驾马车"。豆油和菜籽油作为替代性食用油，其期货价格具有高度的相关性，走势基本相同，且两者之间有一个较为合理、稳定的价差区间。一旦价差变动超出该区间，就会为现货企业提供较好的跨品种套利机会。

2008年，大平集团通过长期分析后，制定了买入菜籽油期货同时卖出豆油期货的跨品种套利方案，时间为3~4个月。2008年11月14日，菜籽油期货0905合约和豆油期货0905合约两者价差在310点时，大平集团果断建仓，买入400手菜籽油0905（菜籽油期货合约为5吨/手），同时卖出200手豆油0905（豆油期货合约为10吨/手）。在经过三个月的持仓等待之后，于2009年2月10日当两品种价差在800点时平仓，共计获利98万元[（800-310）×200×10=98万元]。

五、"大平模式"总结

章茂顺在谈起设立油料专业合作社的初衷时说，"没有稳定的原料来源，油脂厂就不能稳健经营"。对于领办合作社的大平集团来说，随着合作社规模的不断扩大，良种和新技术的规模化推广，公司不但实现了原料稳定，而且油菜籽最终的出油率也得到了提高。章茂顺介绍，大平集团通过合作社使原料供应提高了差不多20%，出油率平均增加了近2%。因为巨兴合作社的成功，大平集团已经着手在同县的仙鹤村筹建另外一个油料合作社，以实现更大的规模化发展。

大平集团将“龙头企业 + 合作社 + 社员”的产业模式和“订单 + 期货”的经营模式相结合，经过不断实践，取得了初步成功。该模式保证了订单的履行，促进了规模生产；规避了企业价格风险，提供了企业持续发展的动力；稳定了企业和农民关系，使企业可以放心大胆地按订单方式运作，扩大订单规模，推动合作组织能够长期发展下去。

附件 4

"奥星模式——菜籽油期货助推民族产业做大做强"

（本文引自《郑州商品交易所服务"三农"报告》，
见 2009 年 9 月 28 日《证券日报》）

实现农业产业化的关键是提升整个行业的竞争力，尤其是提升龙头企业的市场竞争力。在我国，大豆压榨业基本上被外资控制，而菜籽压榨业也面临着被跨国公司进一步蚕食的窘境，因此，应尽快发展壮大民族菜籽压榨产业。湖北奥星粮油工业公司通过充分利用期货市场，加快自我发展步伐，成功地闯出了一条民族中小企业自强之路，形成了"期货套保＋升贴水点价＋品牌建设"的"奥星模式"，为我国民族中小企业的发展壮大提供了有益借鉴。

一、奥星粮油工业公司概况

湖北老河口奥星粮油工业公司（下称奥星公司）成立于 2006 年，公司主导产品为菜籽油，2007 年菜籽油油料收购和加工量排名均为全省第三、全国第八。2008 年加工油料 15 万吨，目前正在建设 50 万吨油菜籽精加工项目，建成投产后年产值可达 20 亿元，将成为湖北省设备最先进的大型油脂加工企业之一。2009 年 5 月，湖北省授予"奥星牌"菜籽油"湖北优质菜籽油"称号。短短两年，奥星公司从一家名不见经传的民办企业，快速成长为菜籽加工行业的内资领军企业。奥星公司董事长梁红星认为，菜籽油期货助推企业实现了高速发展。

二、“奥星模式”的运作及效果

菜籽油期货上市后，奥星公司是第一批参与的菜籽油企业之一，在近两年的实践中形成了以“期货套保＋升贴水点价＋品牌建设”为核心的“奥星模式”。通过套期保值，扩大了经营规模；通过升贴水点价，稳定了产销关系；通过品牌建设，实现了产业升级。

1. 通过套期保值，规避原料采购和库存风险。

由于2007年至2008年上半年油脂价格暴涨，大部分油脂加工企业加大了对通货膨胀的预期，在一些媒体宣传保护价收购菜籽的信息引导下，出现了油菜籽上市后的抢购风潮。奥星公司面对这一状况，陷入两难：不采购原料将出现公司停产的状况，采购原料公司将面临巨大的价格下跌风险。经过研究，奥星公司决定一边积极入市采购原料，一边根据当天的原料收购数量进行套期保值，保值目标为5000吨菜籽油，于是6月份陆续在0809合约上卖出1000手期货合约，平均价位12400元/吨。在当时的情况下，套期保值与生产成本有每吨200多元的倒挂亏损，很多企业认为应等到期货价格上升到成本以上或期货价格有利润空间后再进行套保。奥星公司分析后认为，虽然按目前的期货价格套保后会有少量亏损，但套保不仅是保价格，更主要是保趋势，考虑到期货交割时也会有物流、交割、保管、检验、利息占用等费用，如果先行套期保值，待产品生产出来后，产品走现货销售，然后再平掉套保头寸，到时现货价格必然会高于期货价格，会有效地弥补当时的套保亏损。果然，2008年9月油脂期货、现货价格暴跌，很多菜籽油生产企业由于没有在期货市场上套期保值，现货库存产生严重账面亏损。如果销售产品，账面亏损会变成实际亏损，因此现货企业纷纷惜售，出现现货市场菜籽油流通断流的局面，造成了菜籽油现货价格比期货价格高1000元/吨的严重倒挂的局面。奥星公司抓住这一有利时机，从8月开始一边积极卖掉现货，一边及时平掉菜籽油期货0809合约的1000手空单，最终期货盈利1000万元，现货亏损约500万元。通过期货市场这一快捷的金融衍生工具，奥星公司不但规避了风险，而且保证了企业的正常生产，掌握了菜籽油销售市场的主动权。

2. 通过利用期货价格开展点价模式，迅速完成现货销售。

期货市场对现货经营的稳定作用不仅体现在企业的经营方式上，还体现在现货市场价格的制定环节上。2008 年 9 月以后，油脂现货市场价格暴跌，面对单边下跌的市场，很多下游贸易商在从购销合同签订到运输的过程中承担了巨大的路途风险，因而不敢下订单。在这种情况下，奥星公司率先推出了升贴水报价模式，与贸易商约定：贸易商先把货款以高于市场价格的价格支付给奥星公司，待货物到达销区后以约定时间内任意一天的当日期货收盘均价加上预定的 600 ~ 800 元/吨升水价格，作为双方成交价格。通过期货点价和升贴水模式打消了贸易商的在途价格风险顾虑，维持了公司的正常销售，加速了公司的资金流转，又极大地扩大了客户销售网络。通过这种升贴水报价模式，仅 2008 年 7 ~ 11 月份奥星公司菜籽油贸易量就达 3 万多吨，直接贸易获利 1000 多万元，不但弥补了前期菜籽收购亏损，而且使下游客户能够很好地规避风险，实现双赢。目前，已有西安油脂公司、陕西建兴油脂公司、四川金府油脂公司、广安巨泰、川新粮油等近 10 家现货企业开始与奥星公司开展期货点价贸易，稳定了供销关系，取得了良好的经济效益。

升贴水点价模式是国际市场上大宗农产品贸易中主要的价格确定方式，这种模式不仅能打破谈判僵局，解决熊市中客户货物的在途价格风险，也能丰富企业运营方式，增加利润。但在我国国内贸易中点价模式一直没有实现，主要原因是企业对点价模式非常陌生。而奥星公司敏锐地发现这一模式对公司业务的发展有极强的推动作用，积极学习并在实践中率先使用，同时不断联络油脂业同行一起使用、推广点价模式，推动了经营方式的创新。

3. 积极创新经营模式，开展期现一体化经营。

由于菜籽油价格大跌，菜籽油市场价严重低于成本价，一些菜籽油企业的库存难以实现顺价销售，但又占用大量资金，造成很多企业资金链断档。奥星公司结合期货价格走势和现货市场形势，判断跌势仍将继续，便以资金作抵押，向同行油脂企业"借油"销往下游企业，并与"借出"的企业约定归还周期。随后利用期现倒挂的形势，在相对低价位买入未来相应月份的菜籽油期货，到期"归还"给"借出"的企业，并赚取其中的差价。借助"现货做空 + 期货做多"，奥星粮油减轻了自身的经营成本压力，在价格急剧下跌过程中反而获得了稳定收益，同时也为同行缓解了资金压力。当然，在此过程中奥星公司是最大的受益者，通过灵活运用期、现货市场的基差变化开展期现套做，奥星公司跟国内有影响力的几十家油脂企业建立了贸易往来关系，扩大了市场份额。2008 年奥星公司收购加工油菜籽共计 12 万多吨，通过“工贸结合、期现互补”，销售收入突破 10 亿元，菜籽油贸易额和贸易量均居湖北省前列。2008 年湖北省农业发展银行基于奥星公司的行业地位、稳健的期货套保和良好的经营业绩，给予其 1.45 亿元的授信额度，光大银行也给予奥星公司 1 亿元的授信额度，从而增强了企业融资能力，降低了财务成本。

4. 通过期现运作提升企业品牌，用企业品牌打造产品品牌。

2008 年商品价格大幅下跌，使菜籽油行业遭受全面亏损。虽然奥星公司通过期货保值成功规避了风险，但也清醒地认识到国内菜籽油行业的现实问题。近年来国内菜籽油消费份额不断减少，居民的菜籽油消费习惯持续弱化，国内缺少高知名度的国产菜籽油品牌。只有培育终端市场，提高终端市场对国产菜籽油的认可度和忠诚度，才能发展壮大菜籽油产业，提高农民种植油菜籽的积极性、稳定性，从而保障国家油脂油料安全。

奥星公司通过套期保值、工贸结合、期现互补、经营创新等一系列措施，扩大了客户网络，提高了市场占有率，极大地提升了奥星公司的企业品牌价值。基于公司经营规模的不断扩大和战略发展的需要，奥星公司加快了品牌建设。2008 年先后推出了浓香菜籽油、纯生冷榨菜籽油、火锅专用油等十余种中国特色的菜籽油新产品，形成了奥星品牌特色。2009 年 5 月，“奥星牌”菜籽油被湖北省政府认定为湖北菜籽油第一品牌，并被湖北省政府列为农业产业化品牌重点建设工程。2009 年 6 月，“奥星”牌小包装菜籽油进入武汉中百仓储、富迪实业的 400 多家连锁店和家乐福、武商量贩店等大型超市，这是湖北奥星争创全国知名品牌的第一步。菜籽油期货市场的价值在奥星公司得到了充分体现。

为了打造全国知名品牌，奥星公司提出了“用思想创造价值，用品牌实现理想”口号，争取用两年时间完成奥星粮油的企业品牌打造，之后力争用三年时间把奥星菜籽油打造成全国知名品牌的长远规划。为此，奥星公司采取改变经营模式、实现期现结合、推广点价模式、搭建信息平台、研发自主产品、畅通物流体系等措施，为品牌建设创造条件。

三、"奥星模式"对我国油脂行业的启示

"奥星模式"的核心是"期货套保+升贴水点价+品牌建设"。通过套期保值，扩大了经营规模；通过升贴水点价，稳定了产销关系；通过品牌建设，实现了产业升级。

在谈到中国菜籽油行业现状时，梁红星认为，目前国内民营油脂加工企业与大型国企及外资企业的差距，一是在于信息渠道，大型国企及外资企业可以把国内国际信息进行联动，而民营企业难以做到；二是在于风险控制程序，民营企业应对市场风险的经验不足，风险控制体系不健全，不能有效利用期货市场控制风险；三是物流体系不健全，民营企业掌握的物流资源较少。梁红星说："面对种种不利条件，企业只有不断创新，并且利用好期货这一金融工具，弥补自身劣势，从而具备更强的前瞻性和风险抵御能力，把经营做活，才能在激烈的市场竞争中立于不败之地，实现民族油脂加工产业的振兴。"

梁红星在总结自己利用期货市场成功经验时认为，要最大限度地提高企业的盈利能力，就必须最大限度地提高规避风险的能力，必须学会利用期货市场。对于生产企业来说，期货市场是一个发现价格、规避风险的工具，参与期货市场不是为了投机，企业要做的是利用好这个工具稳定经营。在菜籽油期货上市前，加工企业只能在价格上升时期赚钱，在下跌时都赔钱，甚至一年要赔出好几年的积累，"现在有这么好的工具，企业如果不研究怎么充分利用，那么这个企业不管设备多先进，都是一个落后的企业。"梁红星深有感触地说。

附件5

加拿大农业进出口贸易政策概要

这里简要介绍加拿大农业进出口贸易政策中的若干要点。

一、农产品进口贸易政策

1. 最惠国关税。2005/2006年度，进口关税占政府财政总收入的1.5%。海关依据进口商品离岸价对商品征收进口关税。政府履行对所有WTO成员实行最惠国关税待遇承诺。

最惠国简单平均实施税率从2002年的6.8%降到2006年的6.5%。2006年农产品平均实施税率22.4%，比2002年提高0.7个百分点；非农产品平均实施税率3.8%，比2002年降低0.4个百分点。2006年农产品平均实施税率是非农产品的6倍。

实行最高从价税（或非从价税等值）的产品包括干卵清蛋白（532.3%）、精制鸡肉（377.8%）、从牛奶中提取的脂（313.5%），对牛奶及奶油的最惠国税率292.5%。

2. 关税配额。关税配额产品均为农产品，占总税目数的2%。作为对世贸组织承诺的一部分，加拿大对21种产品实施关税配额，且主要针对进口商品，包括乳制品、家禽、蛋类等。2006年配额外最惠国简单平均税率为129.1%，配额内平均税率为3.1%。

近年来，关税配额管理未进行重大调整。政府采取多种方式管理关税配额，包括先到先得、历史进口绩效和市场份额等，配额由国际贸易部长分配。进出口许可证法案发布了几种配额分配方法及准入条件。

3. 自贸区关税。根据与澳大利亚、智利、哥斯达黎加、以色列、新西兰、墨西哥和美国（北美自由贸易协定）的协定，加拿大为协定规定的商品给予优惠关税待遇。

4. 优惠关税。设置了单方关税优惠（Unilateral Tariff Preferences）。根据普惠关税提供单边优惠关税待遇（GPT）、最不发达国家关税优惠（LDCT）及英联邦加勒比国家关税优惠（CARIBCAN）。其中单边优惠关税待遇是对多数发展中国家提供的关税优惠。在单边优惠关税待遇下，约67%的关税税目享受免税待遇，乳制品、家禽、鸡蛋、白糖等不能获得优惠关税待遇。2006年单边优惠关税待遇的简单平均税率是5.2%，延续至2014年6月。

最不发达国家关税优惠为来自最不发达国家（不包括缅甸）的进口提供免税准入。2003年1月扩大后的单边优惠关税待遇中有近99%的关税税目符合免税待遇，其余1%税目的平均关税约为224%。对奶牛、家禽和蛋制品不实行最不发达国家关税优惠，征收配额外关税。2006年单边优惠关税待遇简单平均关税为2.5%，延续至2014年6月。

5. 关税减免。2002～2006年，海关关税行政局共颁布九个新关税减免命令，对某些进口商品减免关税。此外，政府实施关税延期计划。作为该计划的一部分，进口产品可储存在海关保税仓库，无需缴付关税，保存期限一般不超过4年。一旦货物进入国内市场就要缴纳关税。在保税仓库可进行有限度活动。至2006年，约有400个保税仓库，私营和国营各占一半。

6. 数量限制和许可证。出于一些非经济原因，政府实行许可证制度及进口数量限制。2006年10月向世贸组织提交了关于进口许可程序的最新答复。许可证制度用来管理关税配额产品的市场准入，要求农产品以配额内税率进口。

7. 技术贸易措施。2002年7月至2006年8月间向世贸组织提出了119项技术法规，其中51%由卫生署制定，22%来自运输部，13%来自环境部，8%来自工业部，6%来自其他部门。设定技术法规一方面为紧急状况提供应急解决措施，一方面是出于保护人类健康、安全和保护环境考虑。政府提出进口水果和蔬菜须符合新鲜水果和蔬菜法规规定的质量、标签、包装、卫生和安全要求。进口苹果、洋葱、马铃薯须附有由加拿大食品检验局（饲料工业协会）颁发的检验证书，以确保其满足要求。对来自美国的苹果、洋葱和马铃薯，加拿大接受由美国农业部颁发的证书。同样，进口新西兰的苹果，加拿大接受新西兰农业部和林业部的证书。

8. 卫生与植物卫生措施（SPS）。涉及食品安全的联邦立法主要是食品和药品法及食物和药物规定，其他联邦立法可参考食品和药品法，如有害生物控制产品法、加拿大农产品法、肉类检验法、鱼类检验法、种子法、肥料法和饲料法等。动物健康法和植物保护法及其相关规定是涉及动植物卫生问题的主要法规。根据SPS协定，由加拿大标准委员会（SCC）负责提供相关咨询和通报。

二、农产品出口贸易政策

1. 出口限制和出口许可证。对农产品出口不设限制。

2. 出口补贴。根据世贸组织农业协定，政府对出口补贴进行了一定程度削减，范围包括11个产品种类，涉及谷物、油料、乳制品和蔬菜等。2004/2005年度，用于出口补贴总支出为939万加元，接受出口补贴的商品包括黄油、脱脂奶粉、奶酪和其他乳制品。

附件6

《中央储备粮油轮换管理办法（试行）》
（国粮调［2001］209号）

为保证中央储备粮油质量和储存安全，做到储备粮油轮换的制度化、规范化，实现储备粮油管理的良性循环，达到管住管好、保质保值、结构优化、布局合理的目的，根据国家有关法律、法规和国家粮油政策以及国务院有关文件规定，制定本办法。

一、轮换粮油品质的控制

中央储备粮油的轮换，是指在储备规模不变的情况下，为保持中央储备粮油品质符合国标规定，经营管理中央储备粮油的单位根据中央储备粮油的品质检查认定结果，按照国家计划，以新粮油替换库存粮油。品质认定以粮油储存品质控制指标作为依据，以储存年限作为参考。

（一）品质检测

中央储备粮油必须达到国标规定的各项指标。粮食质量符合国标规定的中等（含）以上标准，食油质量符合国标规定的二级（含）以上标准。中央储备粮油轮换前必须经过检测，品质检测按照国家粮食局、原国家质量技术监督局《关于印发〈粮油储存品质判定规则〉的通知》（国粮发［2000］143号）的有关规定执行。

（二）储存年限（以生产时间计算）

长江以南地区：稻谷 2 ~3 年；小麦 3 ~4 年；玉米 1 ~2 年；豆类 1 ~2 年。

长江以北地区：稻谷 2 ~3 年；小麦 3 ~5 年；玉米 2 ~3 年；豆类 1 ~2 年。

食油：1 ~2 年。

对储存条件差的取低值，储存条件好的取高值。地下库粮油的储存时间，可根据质量情况酌情延长。

（三）定期检查

中央储备粮油质量管理工作，在国家粮食局的监督指导下，按照《粮油质量管理办法》的规定，由中国储备粮管理总公司（以下简称中储粮总公司）负责。中央储备粮油执行定期质量检查制度和质量报表制度。质量检查由中储粮总公司负责组织，每年检查两次，检查结果由中储粮总公司以统一的质量报表汇总后，于每年 5 月末、11 月末报国家粮食局、财政部等有关部门。国家粮食局、财政部可根据情况对储备粮油质量组织抽查。

（四）品质认定

每次质量检查后，根据《粮油储存品质判定规则》的规定，对储备粮油品质作出评价，将质量检查结果分为宜存粮油、不宜存粮油和陈化粮油三个类别。

二、中央储备粮油轮换审批权限、程序和责任

（一）中央储备粮油轮换实行计划管理。中央储备粮油的轮换以质量检查结果为依据，对不宜存的粮油，必须进行轮换；对宜存粮油中接近品质控制指标或超过储存规定年限的，也要按照先入先出、均衡轮换、降低费用的原则进行轮换。按照每年轮换一定比例（总量的 20% ~30%）的储备粮油库存总量的原则和库存粮油质量情况，中储粮总公司在每年 11 月底前提出下年度轮换计划（分省、分品种）报国家粮食局、财政部、中国农业发展银行，国家粮食局等有关部门综合平衡后在 12 月底前将轮换计划下达给中储粮总公司。中储粮总公司负责每半年将轮换计划执行情况报国家粮食局等有关部门。

（二）中储粮总公司负责中央储备粮油轮换计划的组织实施。根据年度轮换计划，中储粮总公司安排下达分批、分省、分品种计划，并报送国家粮食局、财政部和中国农业发展银行备案。

（三）中储粮总公司对中央储备粮油质量负责。因未及时申报轮换（串换）计划，或者下达的轮换（串换）计划没有落实而导致粮油陈化的，造成的损失由中储粮总公司承担，并追究有关人员责任。国家粮食局、财政部适时组织对轮换情况进行检查。

（四）中央储备粮油的轮空期最长不超过4个月，如遇特殊情况，在粮油轮出后，4个月还不能轮入的，须向国家粮食局、财政部报告，否则按照擅自动用中央储备粮油处理。

（五）中储粮总公司在实际轮换中，应严格执行国家计划和有关规定，如确需调整计划，须报国家粮食局、财政部、中国农业发展银行审批，国家粮食局等有关部门应在15个工作日内批复。需审批的事项包括：

1. 不同品种粮油的串换；

2. 根据市场情况及轮换需要，对确需超过4个月轮空期的；

3. 变更国家下达的轮换计划；

4. 中储粮总公司认为有利于提高储备粮质量，但又超越国家计划和有关规定的轮换事项。

（六）未经批准自行决定轮换（串换）的，视同擅自动用中央储备粮油处理。

（七）国家粮食局、财政部、中国农业发展银行要按其职能及时审批并下达轮换计划，及时拨补轮换费用和提供轮换资金，保证轮换工作的顺利进行。

三、中央储备粮油轮换的主要形式

（一）结合粮油进出口实现中央储备粮油的轮换。国家根据宏观调控和国际市场行情等因素安排粮油进出口计划。在执行落实粮油进出口计划时，应尽可能按推陈储新的原则进行，以促进中央储备粮油的轮换。

（二）同品种等量轮换。在国家未安排储备粮油收购和销售计划，或安排的储备粮油购销计划不能满足轮换需要的情况下，可以进行同品种等量轮换，即在储备规模、品种不变的前提下，采取先销后购或先购后销的方式，实现储备粮油的轮换。

（三）不同品种的等量串换。应按照有利于优化结构、保值增值的原则进行。

四、轮换的有关财务和统计处理

（一）中储粮总公司在按规定的补贴费用标准包干后，对中央储备粮油的轮换自负盈亏（不含进出口轮换）。轮换发生的盈利，应主要用于改善粮食的保管及用作今后轮换的风险准备；轮换产生的亏损由企业自行承担消化。

（二）中央储备粮油轮换费用含在财政部对中储粮总公司的包干费用中，财政部按季预拨，在规定的轮空期间，储备粮油的费用补贴照常拨付。财政部对轮换费用实行总额控制，年终清算。中储粮总公司在财政部规定的金额及使用范围内，制定不同品种、不同地区轮换费用补贴标准，并根据轮换需要，分批拨付轮换费用，轮换费用标准及轮换费用拨付情况需报财政部备案。年终财政部按实际轮换数量和轮换费用标准对总公司进行清算，核销当年轮换费用支出。未轮换的，资金结转下年使用。财政部会同有关部门根据总公司报送的轮换情况进行检查，对虚报轮换，套取补贴的给予相应的处罚。实行包干后，中储粮总公司对保管费、轮换费、公司经费必须分开管理，单独记账，不能混用混管。

（三）除结合进出口轮换外，中央储备粮油轮换采取成本不变、实物兑换，即轮入的粮油按照轮出粮油的入库成本记账。

（四）结合进出口实现中央储备粮油轮换，实行单独的财务处理政策。具体财务处理方式，原则上采取成本不变，实物兑换。另外也可采取进口轮入和轮出分别核算的方式，即对轮入的进口粮油由财政部根据购进价及有关费用重新核定入库成本，对轮出的粮油实行竞卖等方式公开销售，相应结转轮出粮油的原库存成本。根据进出口的需要，由财政部会同有关部门另行确定财务处理方式及进出口轮换盈亏负担办法。

（五）中央储备粮油的损失损耗处理问题按国家有关规定执行。

（六）中央储备粮油的轮换，要按中央储备粮油统计制度的有关规定在统计报告中单独反映，中储粮总公司负责设立储备粮油轮换台账，准确、动态反映储备粮油轮出、轮入的数量及轮空期。如不能按要求提供有关数据，财政部将停止拨付轮换费用，中储粮总公司承担相应的责任。

五、轮换资金管理

（一）中央储备粮油进出口、轮换所需资金，由中国农业发展银行开户行根据中储粮总公司或分公司下达的分批、分库点轮换计划和国家规定的价格政策，按照“库贷挂钩、封闭管理”的原则，发放贷款。轮换贷款发放和管理的具体事宜由中国农业发展银行商中储粮总公司另行规定。

（二）中储粮总公司使用国家拨入的专项资金进行轮换，应严格按财政部财建［2000］939号文件规定，确保资金的保值增值，不得将轮换风险转嫁到国拨专项资金。

中储粮总公司可根据本办法制定实施细则，并报国家粮食局、财政部、中国农业发展银行备案。

本办法自2002年1月1日起试行，由国家粮食局、财政部、中国农业发展银行负责解释。

后 记

本书是以期货投资者为主要服务对象而编写的一本普及性读物，同时，本书也特别针对各类实体企业根据自身经营需求，尤其是在套期保值方面，提供了不少值得借鉴的应用型案例。因此，本书也供期货从业人员和企业决策者参考。

本书遵循基础性、通俗性、实用性、规范性原则，力图用通俗易懂的语言与案例说明问题，尽量避免深奥的理论性介绍。本书针对菜籽油生产、经营、消费等各个环节的具体情况，着重介绍了实体企业如何发挥期货市场的独特功能来规避价格风险、创新经营模式的基本思路和操作原理。同时，本书结合菜籽油行业的特点，从供求关系入手，详细介绍了影响菜籽油期货市场的各方面因素，为投资者提供参考。

需要说明的是，“期市有风险，入市需谨慎”。本书由于篇幅所限，无法一一尽述相关企业及投资者在期货市场上可能面临的所有具体情况，因此，企业参与套期保值，务必结合自身经营需求、制定科学合理的交易策略，并严格控制交易规模，切忌“以套保之名、行投机之实”。同时，普通投资者在决定参与交易之前，应审慎评估自身能力，尽可能熟悉并掌握交易品种的市场特点及操作技能，从而避免遭受不必要的风险。

作为《期货投资者教育系列丛书》之一，本书由中国期货业协会组织编写。具体的编写人员通过公开遴选，并经专家评审最终确定。本书由成都倍特期货有限公司高峰、李攀峰、张中云、康黎、熊羚淇、朱岩同志承担编写任务。本书在编写过程中得到了中国证监会投资者教育办公室、期货二部、郑州商品交易所和成都倍特期货公司领导的指导和帮助，在此表示衷心的感谢！书中错误之处，敬请批评指正。

中国期货业协会
《期货投资者教育系列丛书》编委会
2010年3月18日